マンガでよくわかる
少《しょう》年《ねん》剣《けん》道《どう》

道場《どうじょう》で
習《なら》うけいこの
すべてが
わかる！

マンガでよくわかる少年剣道《しょうねんけんどう》

もくじ

第《だい》4章《しょう》 仕《し》かけ技《わざ》で打《う》ち込《こ》む

第《だい》5章《しょう》 応《おう》じ技《わざ》で反撃《はんげき》する

この本《ほん》の使《つか》い方《かた》

この本《ほん》は、「マンガページ」と「実技解説《じつぎかいせつ》ページ」の2つで剣道《けんどう》を学《まな》ぶことができるよ。しっかり読《よ》んで強《つよ》く正《ただ》しい剣士《けんし》になろう！

マンガページ

マンガストーリーは、ダイチが剣道《けんどう》を学《まな》んでいく中《なか》で、基本《きほん》からそれぞれの技《わざ》のコツまでが紹介《しょうかい》されているよ。登場人物《とうじょうじんぶつ》の動《うご》きやセリフに注目《ちゅうもく》だ！

実技解説《じつぎかいせつ》ページ

剣道《けんどう》をはじめるための基本的《きほんてき》な知識《ちしき》や素振《すぶ》り、基本技術《きほんぎじゅつ》から仕《し》かけ技《わざ》、応《おう》じ技《わざ》などをたくさんのイラストで紹介《しょうかい》。ポイントを読《よ》んで動《うご》きのコツをつかもう！

おもな登場人物《とうじょうじんぶつ》

ダイチ

仙崎 大地
(せんざき だいち)

この本《ほん》の主人公《しゅじんこう》。活発《かっぱつ》で好奇心旺盛《こうきしんおうせい》だが、落《お》ちつきがないのがたまにきず。天性《てんせい》のバネを活《い》かして剣道《けんどう》を学《まな》んでいく。

ナナミ

佐原 七海
(さはら ななみ)

ダイチの同級生《どうきゅうせい》。剣道《けんどう》一家《いっか》に生《う》まれ、幼《おさな》いころから剣道《けんどう》を学《まな》ぶ。しっかり者《もの》でダイチのコーチ役《やく》になる。

ソラ

赤城 天空
(あかぎ そら)

ナナミの幼《おさな》なじみ。いつも沈着冷静《ちんちゃくれいせい》で将来《しょうらい》を期《き》待《たい》された剣士《けんし》。剣道《けんどう》へ取《と》り組《く》む姿勢《しせい》は誰《だれ》にも負《ま》けない。

師範《しはん》

佐原 義正
(さはら よしまさ)

ナナミの父《ちち》で、城南道《じょうなんどう》場《じょう》の師範《しはん》。温和《おんわ》な性格《せいかく》だが剣道《けんどう》、とくに礼儀《れいぎ》については厳《きび》しい一面《いちめん》をもつ。

第《だい》1章《しょう》

剣道《けんどう》をはじめる

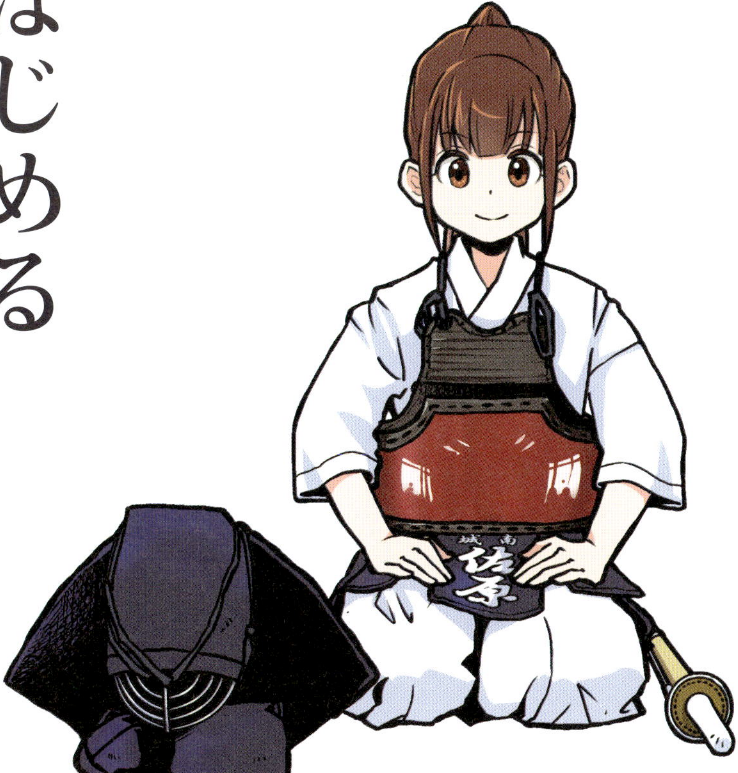

日曜日《にちようび》
へへへ
そよ
そよ
いい場所《ばしょ》を見《み》つけたぞ
仙崎《せんざき》 大地《だいち》
小学《しょうがく》５年生《ねんせい》
通称《つうしょう》：ダイチ
はじめいっ!!
うわっ
何《なん》だ!?
メン―――っっっ!!
赤城《あかぎ》 天空《そら》
小学《しょうがく》５年生《ねんせい》
通称《つうしょう》：ソラ
パア
赤城

うわっ すごい…っ!
メン
ダン
コテッ
パーン
カッコいい!
おおおっ
ダイチじゃない
おナナミ!
佐原《さはら》 七海《ななみ》
小学《しょうがく》5年生《ねんせい》
通称《つうしょう》：ナナミ
オレ剣道《けんどう》はじめるから! ヨロシクな!
ええっ!?
どうしたんだ ナナミ
先生《せんせい》
佐原《さはら》 義正《よしまさ》
城南剣道道場《じょうなんけんどうどうじょう》
師範《しはん》
はじめまして 仙崎大地《せんざきだいち》です!
オレに剣道《けんどう》教《おし》えてください!
ばーーん!
靴《くつ》を脱《ぬ》げ
え?
道場《どうじょう》に土足《どそく》で上《あ》がるな

あ
ゴメン！
どぴゅん
あ…っ！さっきすごい技《わざ》やってたよね！
タタタッ
ふいっ
スタ スタ
何《なに》もいわないで行《い》っちゃった変《か》わったやつだな
ソラは中学生《ちゅうがくせい》相手《あいて》でも一本《いっぽん》を取《と》れるくらいの実力者《じつりょくしゃ》よ
大会《たいかい》でも敵《てき》なしなんだから
そんなにすごいんだ！よし オレもソラみたいに強《つよ》くなるぞ！
いや……
ソラに勝《か》つ！
はあ？何《なに》いってるのよ
ぐっ
ふむ
おもしろい子《こ》だな
これはナナミやソラにもいい影響《えいきょう》を与《あた》えるかもしれないぞ
よし入門《にゅうもん》を許可《きょか》しようナナミが教育係《きょういくがかり》な
やった！ありがとうございます！
ええ！何《なん》で私《わたし》が!?

いい？上達《じょうたつ》するには正《ただ》しい剣道《けんどう》を身《み》につけることが大切《たいせつ》なのよ
それには基本《きほん》をしっかりと稽古《けいこ》すること！
わかった！しっかりやるよ！
それじゃあ立《た》って礼《れい》をする「立礼《りつれい》」から教《おし》えるわよ
礼《れい》？そんなの毎日学校《まいにちがっこう》でやってるよ
早《はや》くメーンっ！っていうのをやりたいんだけど
それはもっとずーっと先《さき》よ剣道《けんどう》の基本《きほん》は礼《れい》なの！
うう……しかたないか……
じゃあ「正面《しょうめん》（神前《しんぜん》）や上座《かみざ》に対《たい》する礼《れい》」をするから真似《まね》してみて
30°
背《せ》すじを伸《の》ばしたまま腰《こし》から先《さき》を30度《ど》の角度《かくど》をつけて礼《れい》をする
次《つぎ》は「相互《そうご》の礼《れい》」対戦相手《たいせんあいて》にする礼《れい》よ
相手《あいて》の目《め》を見《み》たまま15度《ど》の角度《かくど》で礼《れい》をする
15°
相手《あいて》から視線《しせん》を外《はず》さないように注意《ちゅうい》して
これは相手《あいて》に隙《すき》を見《み》せないためよ
ふーん礼《れい》にもちゃんと意味《いみ》があるんだな
剣《けん》の道《みち》は『礼《れい》にはじまり礼《れい》に終《お》わる』ものっていわれているの
「礼法《れいほう》」はとても大切《たいせつ》なことだからしっかりと身《み》につけてね

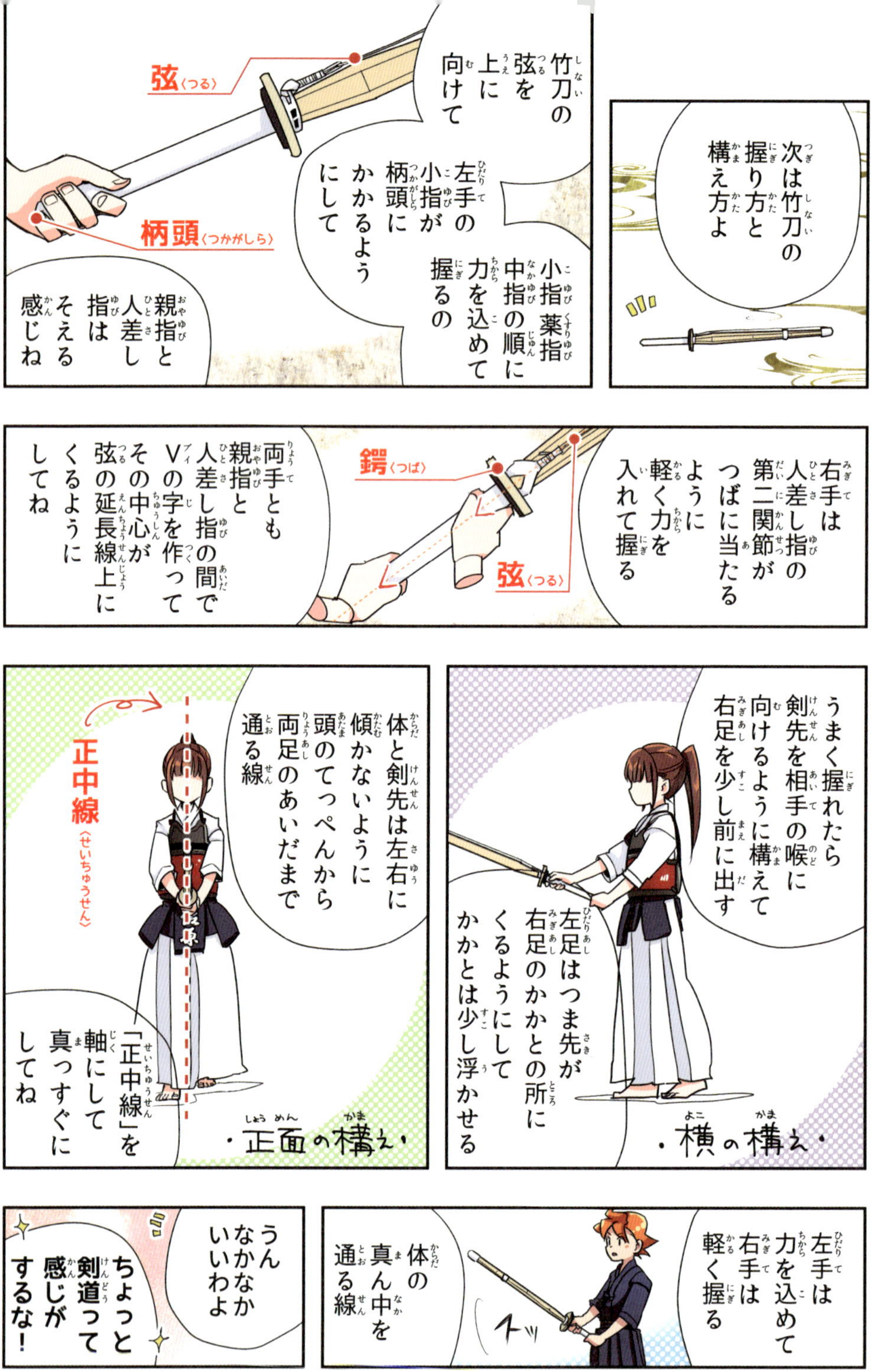
次《つぎ》は竹刀《しない》の握《にぎ》り方《かた》と構《かま》え方《かた》よ
竹刀《しない》の弦《つる》を上《うえ》に向《む》けて
弦〈つる〉
左手《ひだりて》の小指《こゆび》が柄頭《つかがしら》にかかるようにして
柄頭〈つかがしら〉
小指《こゆび》 薬指《くすりゆび》 中指《なかゆび》の順《じゅん》に力《ちから》を込《こ》めて握《にぎ》るの
親指《おやゆび》と人差《ひとさ》し指《ゆび》はそえる感《かん》じね
右手《みぎて》は人差《ひとさ》し指《ゆび》の第二関節《だいにかんせつ》がつばに当《あ》たるように軽《かる》く力《ちから》を入《い》れて握《にぎ》る
弦〈つる〉
鍔〈つば〉
両手《りょうて》とも親指《おやゆび》と人差《ひとさ》し指《ゆび》の間《あいだ》でV《ブイ》の字《じ》を作《つく》ってその中心《ちゅうしん》が弦《つる》の延長線上《えんちょうせんじょう》にくるようにしてね
・横《よこ》の構《かま》え・
うまく握《にぎ》れたら剣先《けんせん》を相手《あいて》の喉《のど》に向《む》けるように構《かま》えて右足《みぎあし》を少《すこ》し前《まえ》に出《だ》す
左足《ひだりあし》はつま先《さき》が右足《みぎあし》のかかとの所《ところ》にくるようにしてかかとは少《すこ》し浮《う》かせる
・正面《しょうめん》の構《かま》え・
正中線〈せいちゅうせん〉
体《からだ》と剣先《けんせん》は左右《さゆう》に傾《かたむ》かないように頭《あたま》のてっぺんから両足《りょうあし》のあいだまで通《とお》る線《せん》
「正中線《せいちゅうせん》」を軸《じく》にして真《ま》っすぐにしてね
左手《ひだりて》は力《ちから》を込《こ》めて右手《みぎて》は軽《かる》く握《にぎ》る
体《からだ》の真《ま》ん中《なか》を通《とお》る線《せん》
スッ
うんなかなかいいわよ
ちょっと剣道《けんどう》って感《かん》じがするな!

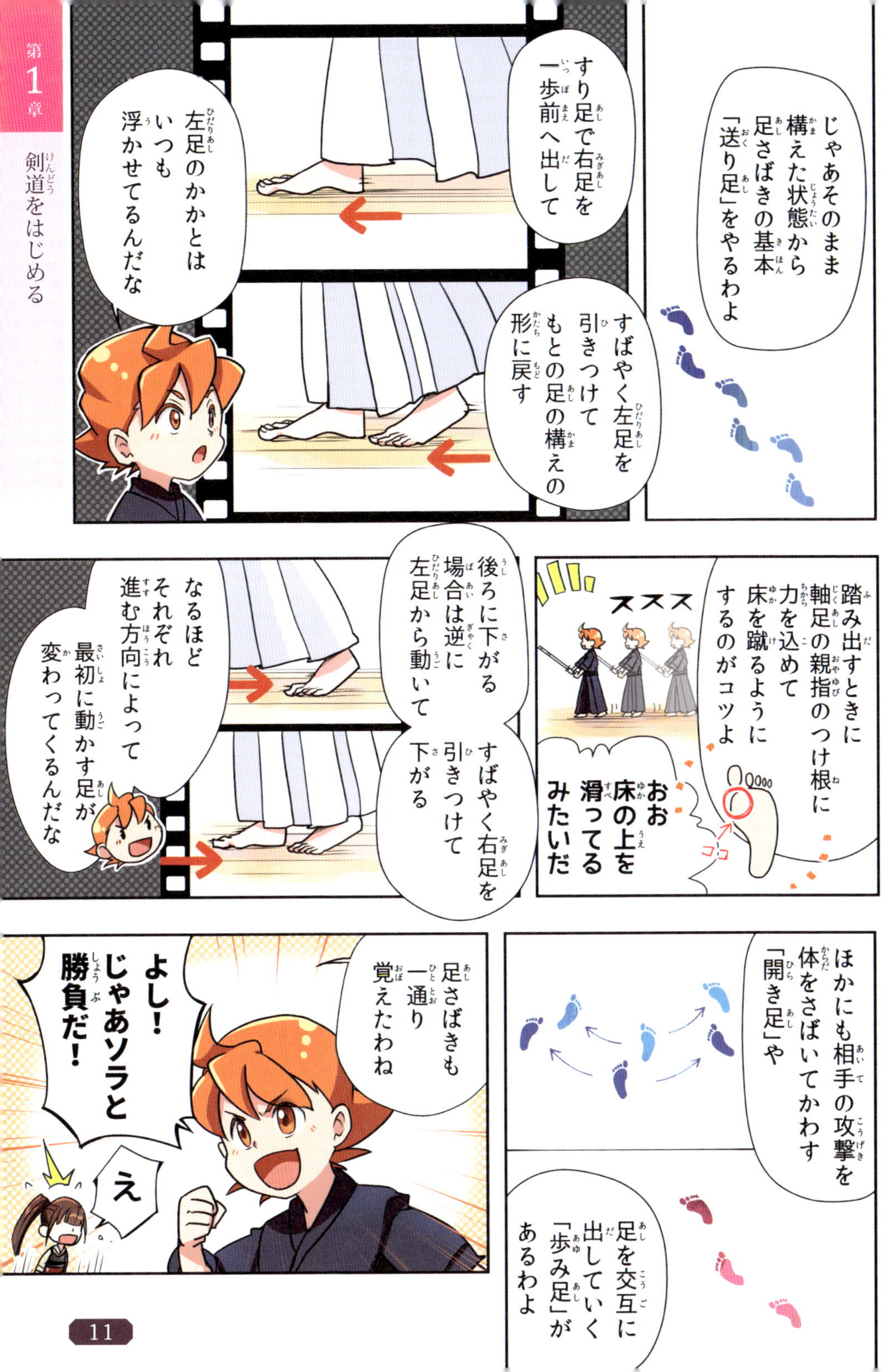
じゃあそのまま構《かま》えた状態《じょうたい》から足《あし》さばきの基本《きほん》「送《おく》り足《あし》」をやるわよ
すり足《あし》で右足《みぎあし》を一歩前《いっぽまえ》へ出《だ》して
すばやく左足《ひだりあし》を引《ひ》きつけてもとの足《あし》の構《かま》えの形《かたち》に戻《もど》す
左足《ひだりあし》のかかとはいつも浮《う》かせてるんだな
踏《ふ》み出《だ》すときに軸足《じくあし》の親指《おやゆび》のつけ根《ね》に力《ちから》を込《こ》めて床《ゆか》を蹴《け》るようにするのがコツよ
ススス
ココ
おお床《ゆか》の上《うえ》を滑《すべ》ってるみたいだ
後《うし》ろに下《さ》がる場合《ばあい》は逆《ぎゃく》に左足《ひだりあし》から動《うご》いて
すばやく右足《みぎあし》を引《ひ》きつけて下《さ》がる
なるほどそれぞれ進《すす》む方向《ほうこう》によって最初《さいしょ》に動《うご》かす足《あし》が変《か》わってくるんだな
ほかにも相手《あいて》の攻撃《こうげき》を体《からだ》をさばいてかわす「開《ひら》き足《あし》」や
足《あし》を交互《こうご》に出《だ》していく「歩《あゆ》み足《あし》」があるわよ
足《あし》さばきも一通《ひととお》り覚《おぼ》えたわね
よし！じゃあソラと勝負《しょうぶ》だ！
え

ダメよ！まだ竹刀《しない》の振《ふ》り方《かた》だって覚《おぼ》えていないのに！
やってみなきゃわからないだろ！
ダッ
ダダダダッ
お願《ねが》いします！ソラと勝負《しょうぶ》させてください!!
ビシイィッ
いい立礼《りつれい》だな……
うーん ソラとの実力差《じつりょくさ》をわからせるにはいい機会《きかい》かもしれないな
わかった 今日《きょう》は特別《とくべつ》に勝負《しょうぶ》させてあげよう！
やったぁ！
ザワ
ザワ

今回《こんかい》は特別《とくべつ》ルールで行《おこな》う
ダイチはソラの防具《ぼうぐ》に竹刀《しない》を当《あ》てたら勝《か》ち
ソラは打突禁止《だとつきんし》30秒間《びょうかん》ダイチの攻撃《こうげき》をさばき切《き》ったら勝《か》ちだ！
ええっ！
オレは当《あ》てるだけでいいの？
なんだかちょっと見《み》くびられてる？
まいっか
ラクショウだぜ！
……
ぎゅ
はじめっ！
やあ！
ダダッ
ズッ
あれ

何《なん》でだ?
ブンッ
ブンッ
ブンッ
ズッ
ビッ
全然《ぜんぜん》当《あ》たらない!
そうだ
アレをやってみよう!
やああああ!
飛《と》び込《こ》み面《めん》!?
えっ!?

ブンッ
ズ
カッ
うわああっ！
べしゃっ
そこまで！
ちょっと大丈夫《だいじょうぶ》？だからいったのに
タタタッ
ゴツゴツ
すごい！かすりもしなかった！
最後《さいご》のはソラの真似《まね》してみたんだけど
メンーっっ
ダメだった！
ソラはやっぱりすごいんだな！
……
最後《さいご》の飛《と》び込《こ》みにはおどろいた……
でも絶対《ぜったい》ソラに勝《か》ってみせるぞっ！

【正《ただ》しい剣道《けんどう》を身《み》につけよう！】

入門《にゅうもん》

礼法《れいほう》にはじまり、正《ただ》しい竹刀《しない》の握《にぎ》り方《かた》や構《かま》え方《かた》、足《あし》さばきから身《み》につけよう！

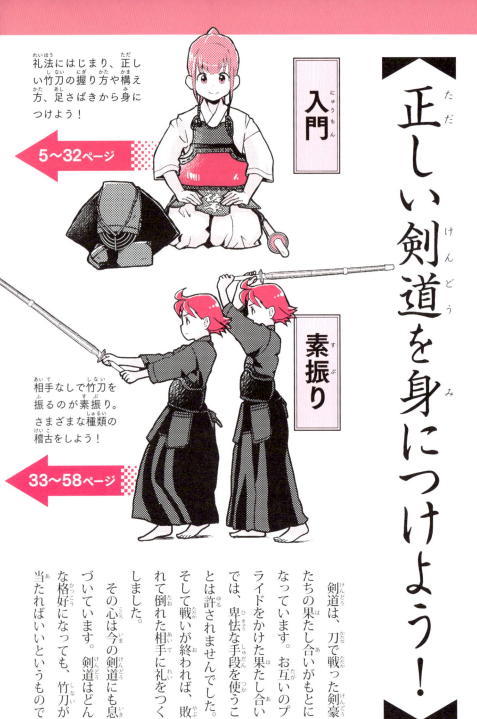

5〜32ページ

素振《すぶ》り

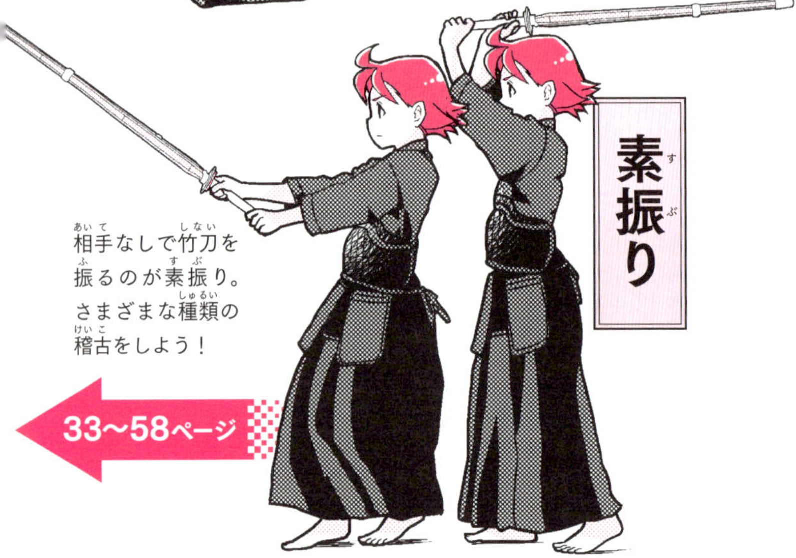

相手《あいて》なしで竹刀《しない》を振《ふ》るのが素振《すぶ》り。さまざまな種類《しゅるい》の稽古《けいこ》をしよう！

33〜58ページ

剣道《けんどう》は、刀《かたな》で戦《たたか》った剣豪《けんごう》たちの果《は》たし合《あ》いがもとになっています。お互《たが》いのプライドをかけた果《は》たし合《あ》いでは、卑怯《ひきょう》な手段《しゅだん》を使《つか》うことは許《ゆる》されませんでした。そして戦《たたか》いが終《お》われば、敗《やぶ》れて倒《たお》れた相手《あいて》に礼《れい》をつくしました。

その心《こころ》は今《いま》の剣道《けんどう》にも息《いき》づいています。剣道《けんどう》はどんな格好《かっこう》になっても、竹刀《しない》が当《あ》たればいいというもので

基本技術《きほんぎじゅつ》

基本《きほん》の打《う》ち込《こ》みや間合《まあ》いについて学《まな》び、切《き》り返《かえ》しにも挑戦《ちょうせん》しよう！

59〜92ページ

仕《し》かけ技《わざ》

自分《じぶん》から攻《せ》めて仕《し》かける出《で》ばな技《わざ》や二段打《にだんう》ち、引《ひ》き技《わざ》をマスターしよう！

93〜126ページ

応《おう》じ技《わざ》

自分《じぶん》から攻《せ》め、相手《あいて》を引《ひ》き出《だ》して応《おう》じる技《わざ》で実戦《じっせん》に強《つよ》くなろう！

127〜153ページ

はありません。勝《か》った瞬間《しゅんかん》にガッツポーズなどで大喜《おおよろこ》びすることは許《ゆる》されないのです。

　そうした武道《ぶどう》の厳《きび》しさをもった剣道《けんどう》ほど、基本《きほん》が大《たい》切《せつ》なものはないといえるかもしれません。上達《じょうたつ》するためには、正《ただ》しい剣道《けんどう》を身《み》につけることが必要《ひつよう》であり、そのためには基本《きほん》を毎日《まいにち》しっかり稽古《けいこ》することが大《たい》切《せつ》です。

　剣道《けんどう》は、姿勢正《しせいただ》しく、礼《れい》儀正《ぎただ》しい人間《にんげん》を育《そだ》ててくれます。さぁ、強《つよ》く正《ただ》しい剣《けん》士《し》を目指《めざ》し、稽古《けいこ》をはじめましょう！

礼法《れいほう》 1

立礼《りつれい》と座礼《ざれい》

「**礼**《れい》にはじまって礼《れい》に終《お》わる」のが剣道《けんどう》です。試合《しあい》や稽古《けいこ》のはじまりと終《お》わりにする立礼《りつれい》（立《た》ってする礼《れい》）には2つあり、正面《しょうめん》（神前《しんぜん》）や目上《めうえ》の人《ひと》へする「**上座**《かみざ》**への礼**《れい》」は、立《た》った状態《じょうたい》からゆっくり下《した》を向《む》くように上体《じょうたい》を30度《ど》倒《たお》します。次《つぎ》に対戦相手《たいせんあいて》には「**相互**《そうご》**の礼**《れい》」といって、相手《あいて》の目《め》を見《み》たまま15度《ど》倒《たお》します。どちらも腰《こし》から頭《あたま》までが一直線《いっちょくせん》になるようにしましょう。

正座《せいざ》からの礼《れい》、「**座礼**《ざれい》」は胸《むね》を張《は》った姿勢《しせい》から、背《せ》すじを伸《の》ばし、上体《じょうたい》が床《ゆか》と平行《へいこう》になるように倒《たお》していきます。

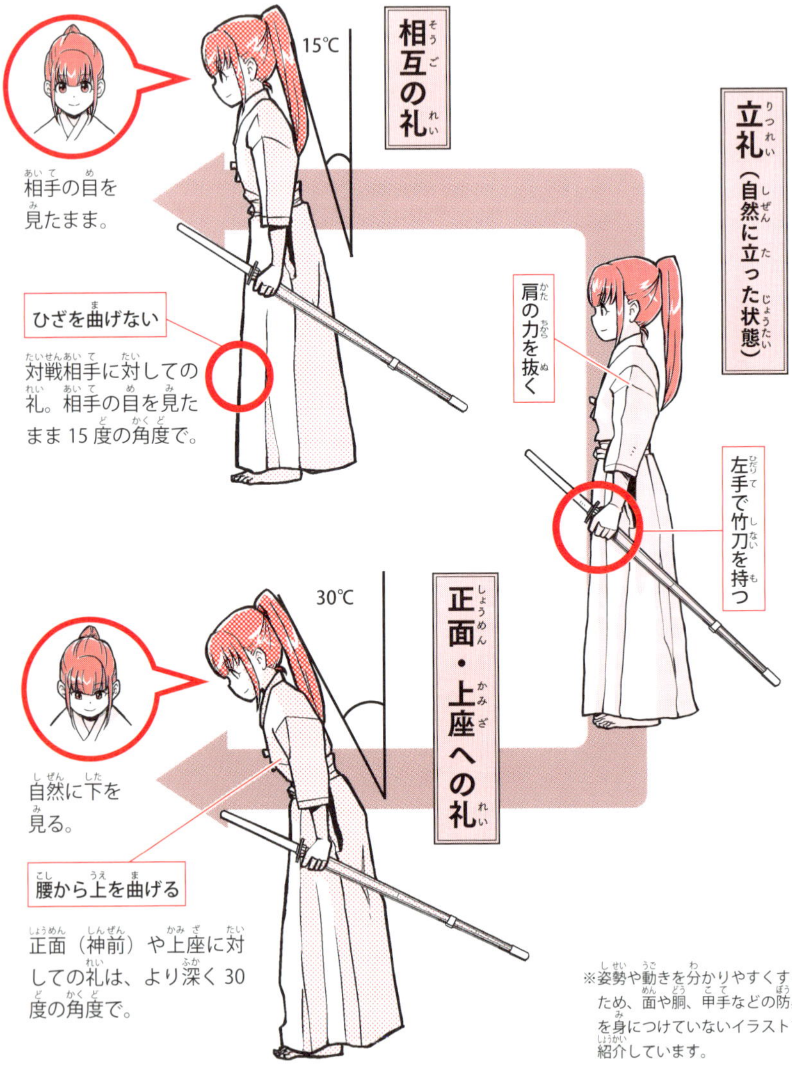

相互《そうご》の礼《れい》
15℃
相手《あいて》の目《め》を見《み》たまま。
ひざを曲げない
対戦相手《たいせんあいて》に対《たい》しての礼《れい》。相手《あいて》の目《め》を見《み》たまま 15 度《ど》の角度《かくど》で。
立礼《りつれい》（自然《しぜん》に立《た》った状態《じょうたい》）
肩《かた》の力《ちから》を抜《ぬ》く
左手《ひだりて》で竹刀《しない》を持《も》つ
正面《しょうめん》・上座《かみざ》への礼《れい》
30℃
自然《しぜん》に下《した》を見《み》る。
腰《こし》から上《うえ》を曲《ま》げる
正面《しょうめん》（神前《しんぜん》）や上座《かみざ》に対《たい》しての礼《れい》は、より深《ふか》く 30 度《ど》の角度《かくど》で。

※姿勢《しせい》や動《うご》きを分《わ》かりやすくするため、面《めん》や胴《どう》、甲手《こて》などの防具《ぼうぐ》を身《み》につけていないイラストで紹介《しょうかい》しています。

テーマ

立《た》ってする2種類《しゅるい》の礼《れい》（立礼《りつれい》）、正座《せいざ》の状態《じょうたい》から行《おこな》う礼《れい》（座礼《ざれい》）の姿勢《しせい》や動《うご》きを覚《おぼ》えよう。

正座《せいざ》からの座礼《ざれい》

1

目《め》
相手《あいて》の目《め》を見《み》る

肩《かた》
力《ちから》を抜《ぬ》いてリラックス

手《て》
太《ふと》ももの上《うえ》におく

胸《むね》を張《は》り、背《せ》すじをまっすぐ伸《の》ばして座《すわ》る。

竹刀《しない》
体《からだ》の横《よこ》に置《お》く

2

両手《りょうて》で三角形《さんかくけい》をつくる

両手《りょうて》の親指《おやゆび》と人《ひと》さし指《ゆび》で三角形《さんかくけい》をつくり、床《ゆか》につける。

3

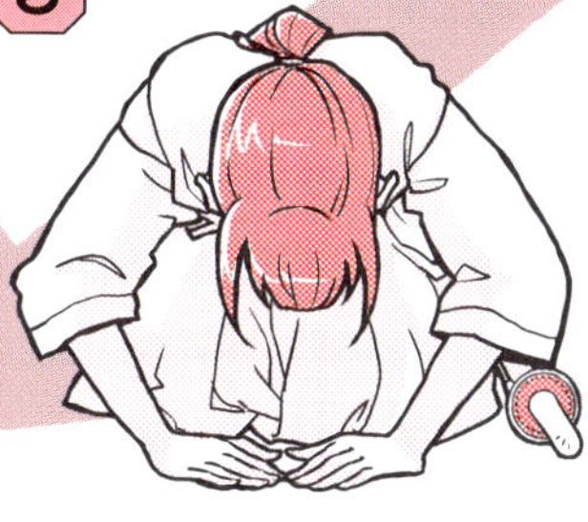

両手《りょうて》の三角形《さんかくけい》に鼻《はな》を入《い》れていくように上体《じょうたい》を倒《たお》す。

✕ 両手《りょうて》が広《ひろ》がる

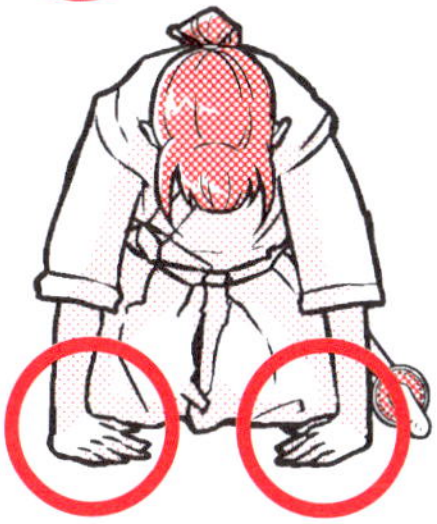

両手《りょうて》の親指同士《おやゆびどうし》がはなれないように注意《ちゅうい》しよう。

✕ 猫背《ねこぜ》

背《せ》すじはつねにまっすぐにしよう。

ポイント

面《めん》と甲手《こて》は右前方《みぎぜんぽう》に置《お》く

防具《ぼうぐ》をつけ、面《めん》と甲手《こて》を置《お》く場合《ばあい》は、座礼《ざれい》ができるスペースを保《たも》つために、正座《せいざ》した自分《じぶん》の右前方《みぎぜんぽう》に置《お》こう。

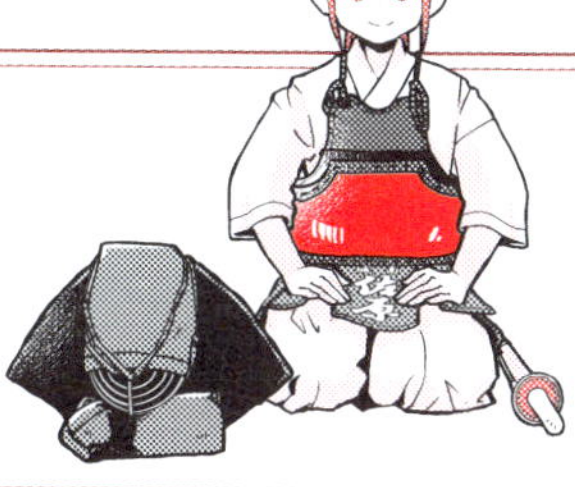

竹刀《しない》は体《からだ》の左横《ひだりよこ》。防具《ぼうぐ》は右前方《みぎぜんぽう》に置《お》く。

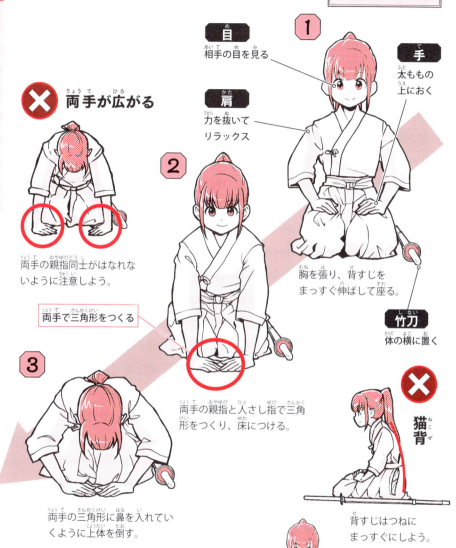

礼法《れいほう》 2

座《すわ》り方《かた》と立《た》ち方《かた》

稽《けい》古《こ》をはじめるときや試合《しあい》会場《かいじょう》で順番《じゅんばん》を待《ま》つときは〝正座《せいざ》〟で座《すわ》るのが剣道《けんどう》の基本《きほん》です。立《た》った姿勢《しせい》から正座《せいざ》をするとき、正座《せいざ》から立《た》ち上《あ》がるときにも作法《さほう》があります。

座《すわ》り方《かた》・立《た》ち方《かた》の基本《きほん》は「左座右起《さざうき》」といわれます。座《すわ》るときは左足《ひだりあし》から、立《た》つときは右足《みぎあし》から動《うご》かすという決《き》まりがあるので、覚《おぼ》えておきましょう。どちらもあわてて動《うご》くのではなく、ゆっくりした動作《どうさ》を心《こころ》がけましょう。**正面《しょうめん》をしっかりと見《み》たまま、背《せ》すじを伸《の》ばしておくことが大切《たいせつ》です。**

座《すわ》り方《かた》

1 まっすぐ前《まえ》を向《む》き、自然《しぜん》に立《た》つ。

2 竹刀《しない》を腰《こし》の高《たか》さまで引《ひ》き上《あ》げる。

3 背《せ》すじを伸《の》ばしたまま左《ひだり》ひざを床《ゆか》につける。

テーマ

座《すわ》るときは左足《ひだりあし》から、立《た》つときは右足《みぎあし》からという「左座右起《さざうき》」を覚《おぼ》えておこう。

立《た》ち方《かた》

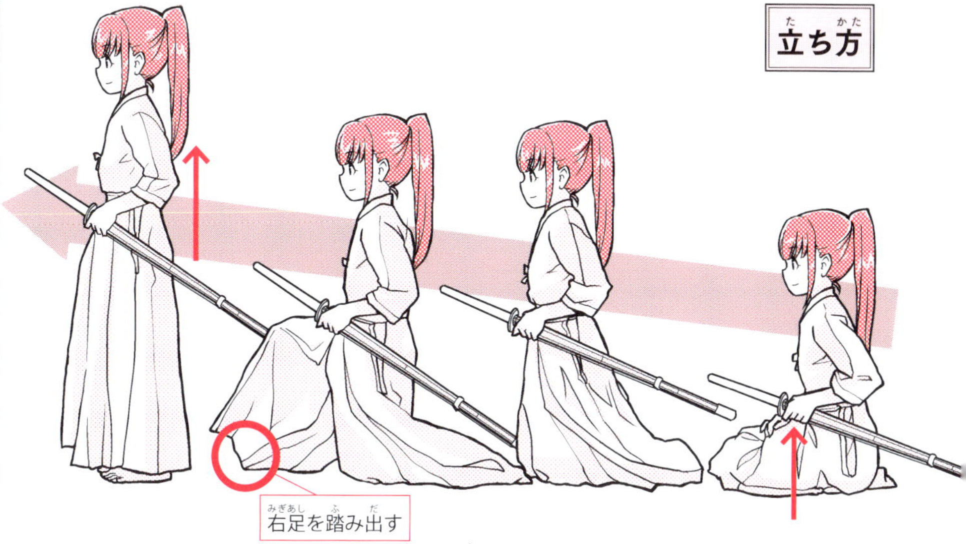

1 竹刀《しない》を腰《こし》の高《たか》さまで引《ひ》き上《あ》げる。

2 ひざ立《だ》ちになる。

3 右足《みぎあし》を前《まえ》に踏《ふ》み出《だ》す。

4 右足《みぎあし》に体重《たいじゅう》を乗《の》せて立《た》ち上《あ》がる。

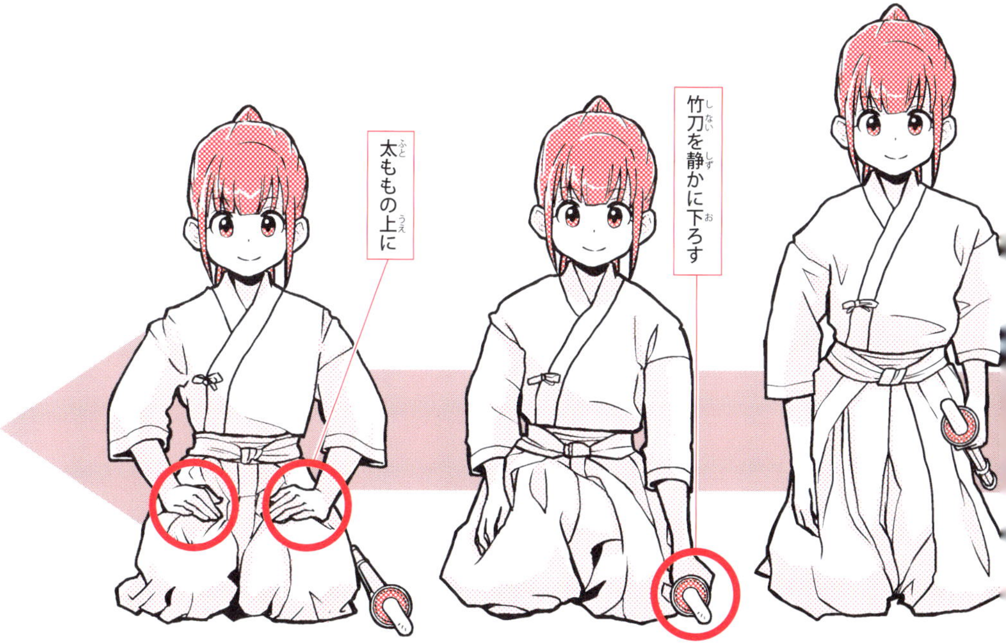

4 右《みぎ》ひざも床《ゆか》につけて、ひざ立《た》ちになる。

5 足《あし》の甲《こう》も床《ゆか》につけて、竹刀《しない》を静《しず》かに下《お》ろす。

6 両手《りょうて》を太《ふと》ももの上《うえ》に置《お》いて正座《せいざ》する。

構《かま》え ①

竹刀《しない》の握《にぎ》り方《かた》

礼《れい》法《ほう》を覚《おぼ》えたら、竹刀《しない》を握《にぎ》って構《かま》えてみましょう。**正《ただ》しく握《にぎ》ることを「手《て》の内《うち》を決《き》める」といいます。**まず、左手《ひだりて》を体近《からだちか》くに構《かま》え、小《こ》指《ゆび》、薬指《くすりゆび》、中指《なかゆび》の３本《ぼん》に力《ちから》をこめて、親指《おやゆび》と人《ひと》さし指《ゆび》はそえる程度《ていど》に握《にぎ》り、小指《こゆび》は柄頭《つかがしら》いっぱいに握《にぎ》るようにします。右手《みぎて》は人《ひと》さし指《ゆび》の第《だい》２関節《かんせつ》がつばに軽《かる》く当《あ》たるように、左《ひだり》手《て》より弱《よわ》い力《ちから》で握《にぎ》ります。

〝刃《は》〟にあたる部分《ぶぶん》は弦《つる》の反《はん》対側《たいがわ》なので、弦《つる》が上《うえ》を向《む》いた状態《じょうたい》にし、**親指《おやゆび》と人《ひと》さし指《ゆび》でできるV《ブイ》の字《じ》の中心《ちゅうしん》が弦《つる》の延《えん》長線上《ちょうせんじょう》にくるように構《かま》えます。**

正《ただ》しい握《にぎ》り方《かた》（上《うえ》から）

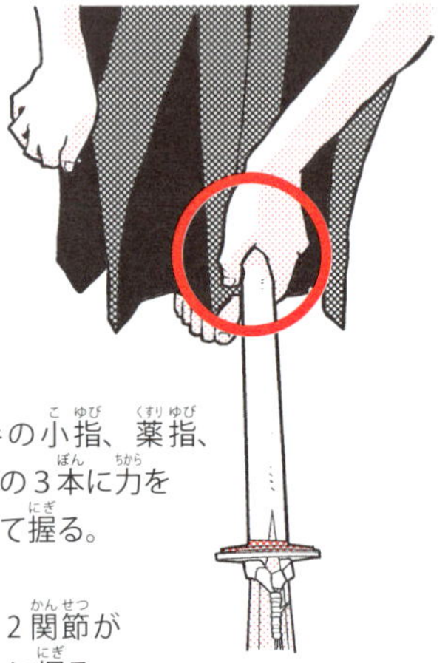

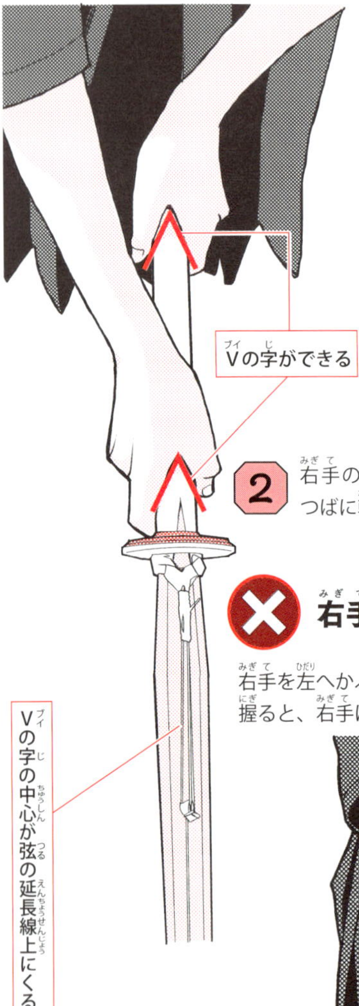

1 左手《ひだりて》の小指《こゆび》、薬指《くすりゆび》、中指《なかゆび》の３本《ぼん》に力《ちから》を入《い》れて握《にぎ》る。

2 右手《みぎて》の人《ひと》さし指《ゆび》の第《だい》２関節《かんせつ》がつばに軽《かる》く当《あ》たるように握《にぎ》る。

✕ 右手《みぎて》をかぶせる

右手《みぎて》を左《ひだり》へかぶせるように握《にぎ》ると、右手《みぎて》にムダな力《ちから》が入《はい》る。

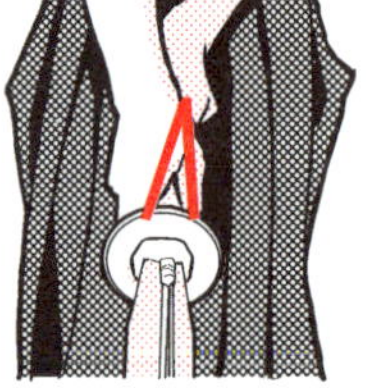

✕ 右手《みぎて》を開《ひら》きすぎる

右手《みぎて》のV《ブイ》の字《じ》が右《みぎ》にずれて手《て》のひらが上《うえ》に向《む》くと、右《みぎ》手《て》に頼《たよ》った打《う》ち方《かた》になる。

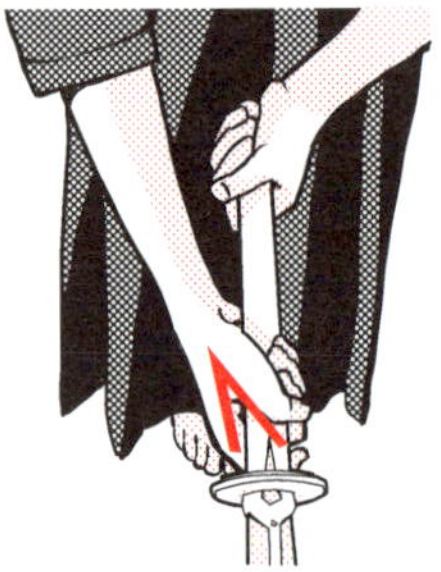

テーマ

左手《ひだりて》の小指《こゆび》、薬指《くすりゆび》、中指《なかゆび》に力《ちから》を入《い》れ、弦《つる》の延長線上《えんちょうせんじょう》に両手《りょうて》のV《ブイ》の字《じ》の中心《ちゅうしん》がくるように。

正《ただ》しい握《にぎ》り方《かた》（横《よこ》から）

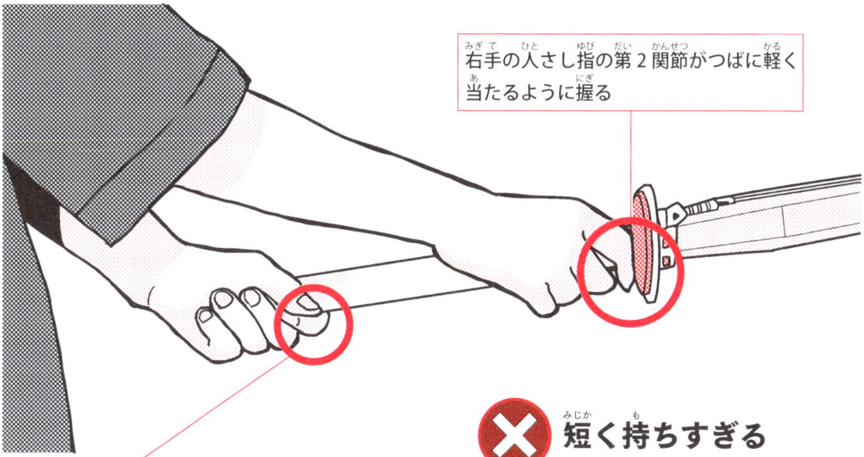

短《みじか》く持《も》ちすぎる

右手《みぎて》とつばの間《あいだ》が空《あ》きすぎると、打突《だとつ》のときに力《ちから》が入《はい》りにくい。

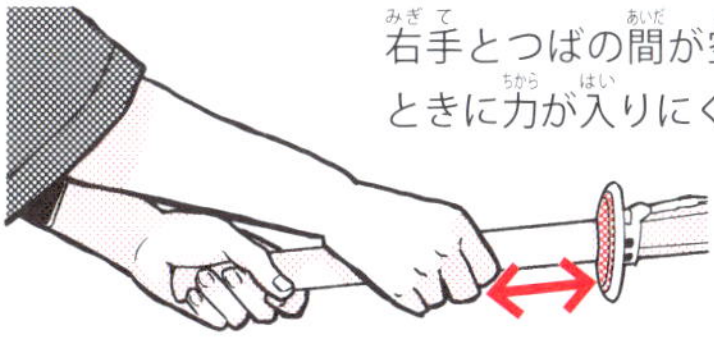

ポイント

竹刀《しない》が遠《とお》すぎる

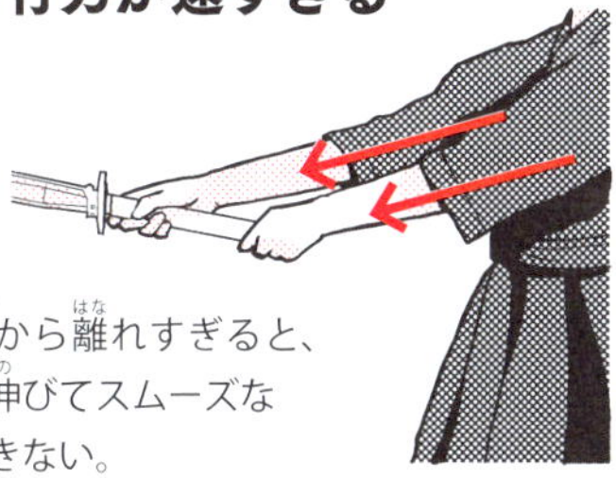

左手《ひだりて》が体《からだ》から離《はな》れすぎると、右《みぎ》ひじが伸《の》びてスムーズな動《うご》きができない。

竹刀《しない》が近《ちか》すぎる

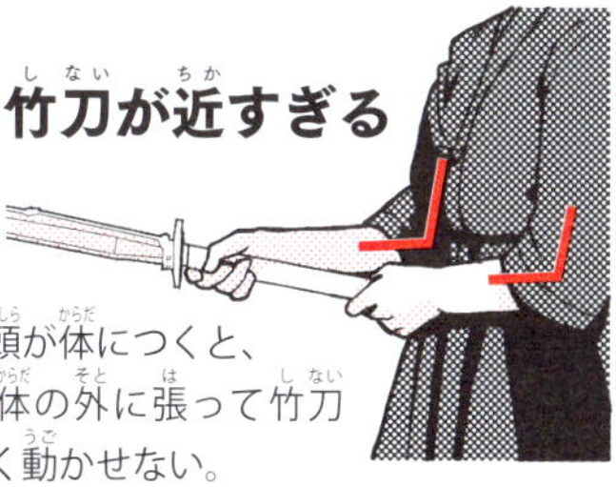

竹刀《しない》の柄頭《つかがしら》が体《からだ》につくと、右《みぎ》ひじが体《からだ》の外《そと》に張《は》って竹刀《しない》をすばやく動《うご》かせない。

左手《ひだりて》と体《からだ》はこぶし一《ひと》つ分離《ぶんはな》す

左手《ひだりて》はおへそのやや下《した》に構《かま》え、体《からだ》との間《あいだ》はこぶし一《ひと》つ分離《ぶんはな》しておく。これがもっとも竹刀《しない》を動《うご》かしやすい構《かま》えだ。

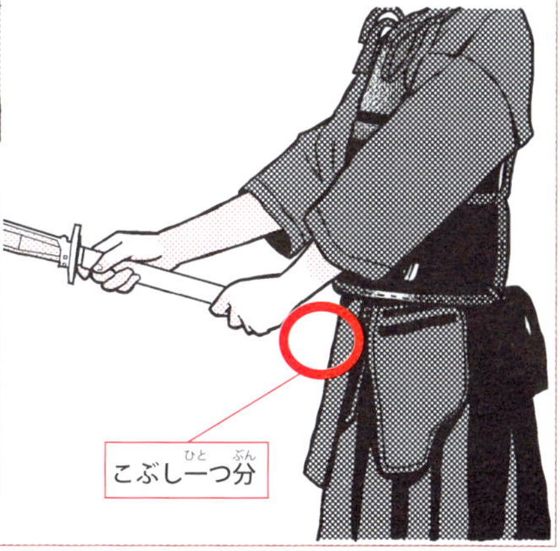

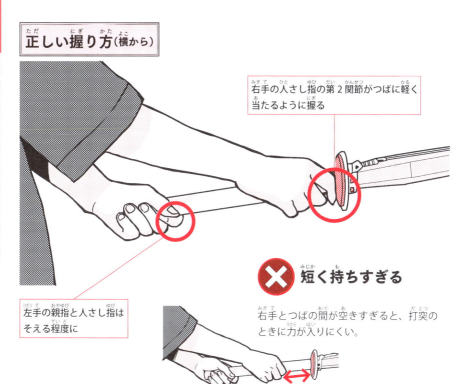

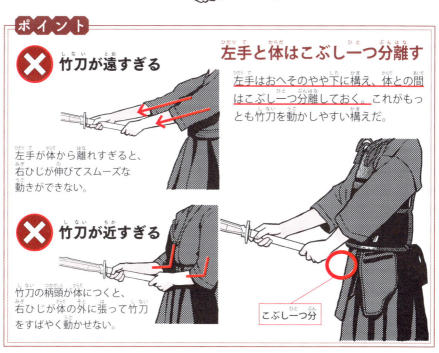

構《かま》え ②

正《ただ》しい構《かま》え方《かた》

剣《けん》道《どう》でもっとも大切《たいせつ》なのが構《かま》えです。**「どの方向《ほうこう》にもすばやく動《うご》ける」構《かま》えが基本《きほん》となります。**ムダな力《ちから》を入《い》れずにリラックスして構《かま》えましょう。**頭《あたま》のてっぺんから両足《りょうあし》の間《あいだ》を結《むす》ぶ線《せん》を〝正中線《せいちゅうせん》〟といいます。**つねにこの線《せん》を意識《いしき》し、剣先《けんせん》も正中線《せいちゅうせん》からはずさないようにしましょう。

正《ただ》しい構《かま》えを支《ささ》えるのが、土台《どだい》となる〝足構《あしがま》え〟です。右足《みぎあし》を左足《ひだりあし》より少《すこ》し前《まえ》に出《だ》し、両足《りょうあし》のつま先《さき》をまっすぐ前《まえ》に向《む》けます。左足《ひだりあし》のかかとは少《すこ》し浮《う》かせておき、すばやく動《うご》けるようにしておきます。

構《かま》え方《かた》（正面《しょうめん》から）

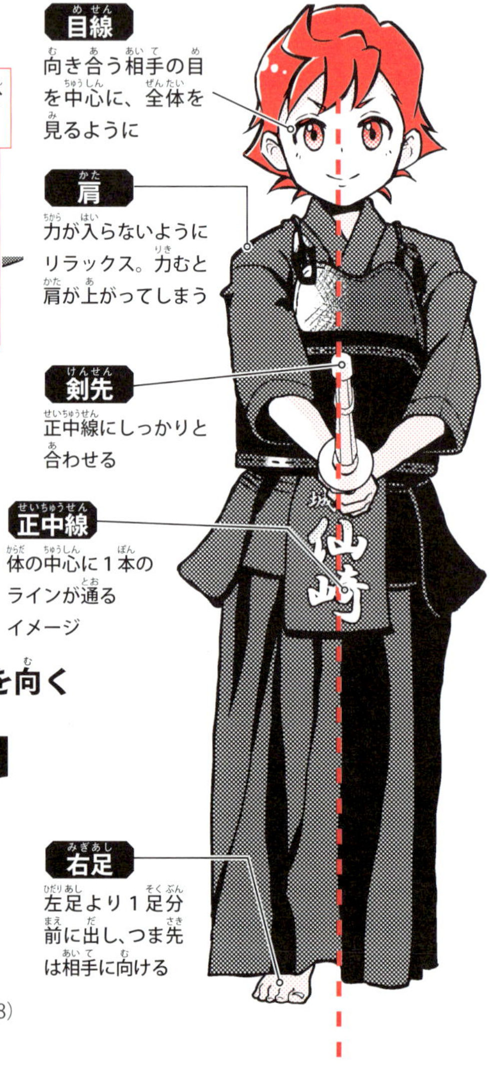
目線《めせん》
向《む》き合《あ》う相手《あいて》の目《め》を中心《ちゅうしん》に、全体《ぜんたい》を見《み》るように
肩《かた》
力《ちから》が入《はい》らないようにリラックス。力《りき》むと肩《かた》が上《あ》がってしまう
剣先《けんせん》
正中線《せいちゅうせん》にしっかりと合《あ》わせる
正中線《せいちゅうせん》
体《からだ》の中心《ちゅうしん》に１本《ぽん》のラインが通《とお》るイメージ
右足《みぎあし》
左足《ひだりあし》より１足分《そくぶん》前《まえ》に出《だ》し、つま先《さき》は相手《あいて》に向《む》ける
仙崎

足構《あしがま》え（正面《しょうめん》から）

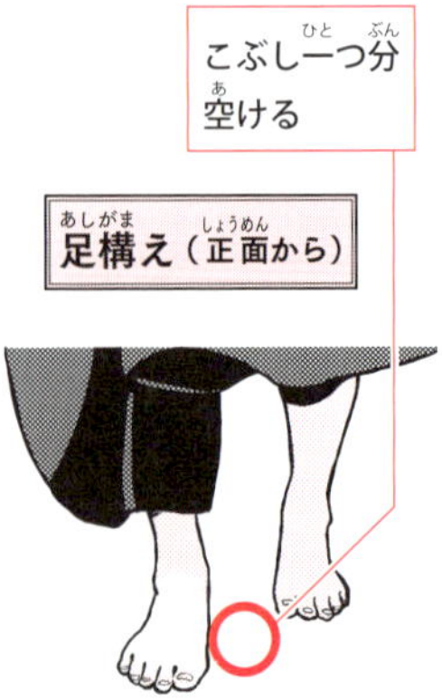
こぶし一《ひと》つ分《ぶん》空《あ》ける

両足《りょうあし》の間《あいだ》はこぶし一《ひと》つ分《ぶん》空《あ》け、つま先《さき》は正面《しょうめん》に向《む》ける。

✖ 左足《ひだりあし》が横《よこ》を向《む》く

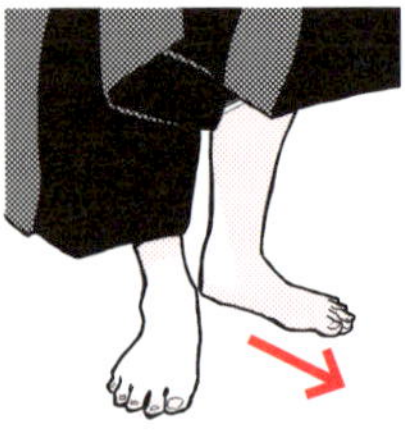

左足《ひだりあし》が横《よこ》を向《む》くと、前後《ぜんご》への送《おく》り足《あし》（⇨ P28）がしづらくなる。

テーマ

力《りき》まずに、どの方向《ほうこう》にもすばやく動《うご》けるように構《かま》える。土台《どだい》となる足構《あしがま》えも大切《たいせつ》だ。

構《かま》え方《かた》（横《よこ》から）

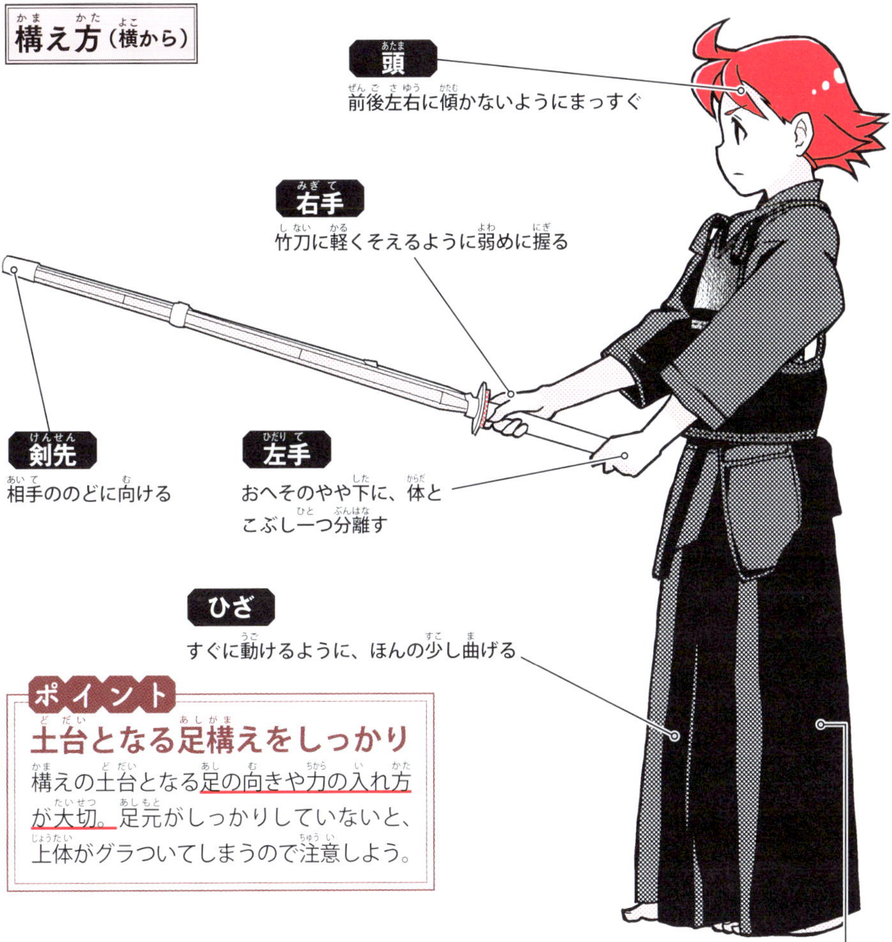

頭《あたま》
前後左右《ぜんごさゆう》に傾《かたむ》かないようにまっすぐ

右手《みぎて》
竹刀《しない》に軽《かる》くそえるように弱《よわ》めに握《にぎ》る

剣先《けんせん》
相手《あいて》ののどに向《む》ける

左手《ひだりて》
おへそのやや下《した》に、体《からだ》とこぶし一《ひと》つ分離《ぶんはな》す

ひざ
すぐに動《うご》けるように、ほんの少《すこ》し曲《ま》げる

左足《ひだりあし》
左足《ひだりあし》のひざの裏《うら》（ひかがみという）を軽《かる》く伸《の》ばす

ポイント
土台《どだい》となる足構《あしがま》えをしっかり

構《かま》えの土台《どだい》となる足《あし》の向《む》きや力《ちから》の入《い》れ方《かた》が大切《たいせつ》。足元《あしもと》がしっかりしていないと、上体《じょうたい》がグラついてしまうので注意《ちゅうい》しよう。

✕ 左《ひだり》かかとを床《ゆか》につける

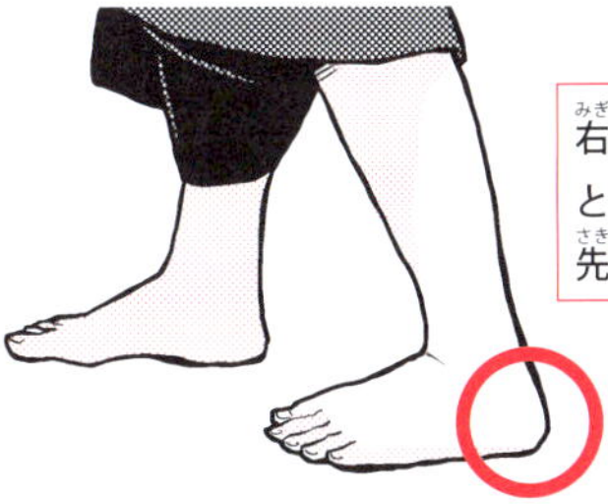

左足《ひだりあし》のかかとを床《ゆか》につけると、すばやく動《うご》けない。

足構《あしがま》え（横《よこ》から）

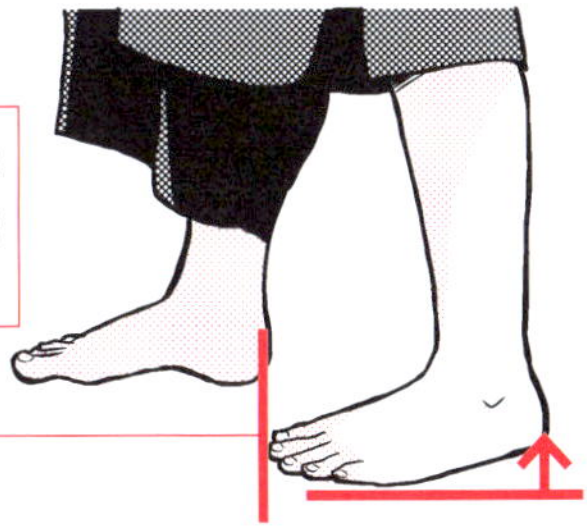

右足《みぎあし》のかかとと左足《ひだりあし》のつま先《さき》を合《あ》わせる

右足《みぎあし》のかかとのラインに左足《ひだりあし》のつま先《さき》を合《あ》わせる。左足《ひだりあし》のかかとは軽《かる》く浮《う》かせておく。

構《かま》え 3

立《た》ち合《あ》いの構《かま》え方《かた》

テーマ

礼《れい》をして、「帯刀《たいとう》」の姿勢《しせい》で3歩《ぽ》進《すす》んで蹲踞《そんきょ》して構《かま》える。蹲踞《そんきょ》はしっかりつま先《さき》で立《た》とう。

1 試合場《しあいじょう》に入《はい》り、相手《あいて》と向《む》き合《あ》い相互《そうご》の礼《れい》をする。

2 竹刀《しない》のつばを腰《こし》の高《たか》さまで引《ひ》き上《あ》げ、右足《みぎあし》から前《まえ》に進《すす》む。

3 静《しず》かにすり足《あし》で、2歩目《ほめ》の左足《ひだりあし》を前《まえ》に出《だ》す。

立《た》ち合《あ》いの構《かま》え方《かた》
腰《こし》の高《たか》さに引《ひ》き上《あ》げる
弦《つる》が下《した》になるように竹刀《しない》を持《も》つ

正中線《せいちゅうせん》

竹刀《しない》を引《ひ》き上《あ》げて前《まえ》に進《すす》むときの体勢《たいせい》を「帯刀《たいとう》」と呼《よ》ぶ。このとき、竹刀《しない》の柄頭《つかがしら》は、体《からだ》の中心《ちゅうしん》、正中線《せいちゅうせん》に合《あ》わせる。

剣《けん》道《どう》の試合《しあい》では、試合場《しあいじょう》への入《はい》り方《かた》から試合開《しあいかい》始《し》、終了《しゅうりょう》して試合場《しあいじょう》から出《で》るまでの礼法《れいほう》が決《き》められています。まず、場外《じょうがい》に立《た》って相手《あいて》を見《み》て、開始線《かいしせん》まで3歩《ぽ》で歩《ある》ける位置《いち》に入《はい》り、相互《そうご》の礼《れい》（⇩P18）をし、右足《みぎあし》、左足《ひだりあし》と出《だ》して3歩目《ぽめ》で竹刀《しない》を抜《ぬ》き、**中《ちゅう》腰《ごし》で竹刀《しない》を構《かま》える〝蹲踞《そんきょ》〟という体勢《たいせい》をとります。**この体《たい》勢《せい》で相手《あいて》と向《む》き合《あ》い、審判《しんぱん》の「はじめ！」の合図《あいず》を待《ま》ちます。

試合終了後《しあいしゅうりょうご》は、蹲踞《そんきょ》から5歩下《ほさ》がって相互《そうご》の礼《れい》をしてそのまま下《さ》がり、試合場《しあいじょう》の外《そと》に出《で》るという流《なが》れです。

4 3歩目《ぽめ》の右足《みぎあし》を出《だ》しながら竹刀《しない》を抜《ぬ》く準備《じゅんび》をする。

5 開始線《かいしせん》に右足《みぎあし》を乗《の》せ、弦《つる》が真上《まうえ》を向《む》くように竹刀《しない》を抜《ぬ》く。

6 蹲踞《そんきょ》の体勢《たいせい》で相手《あいて》と向《む》き合《あ》い、審判《しんぱん》の「はじめ！」の合図《あいず》を待《ま》つ。

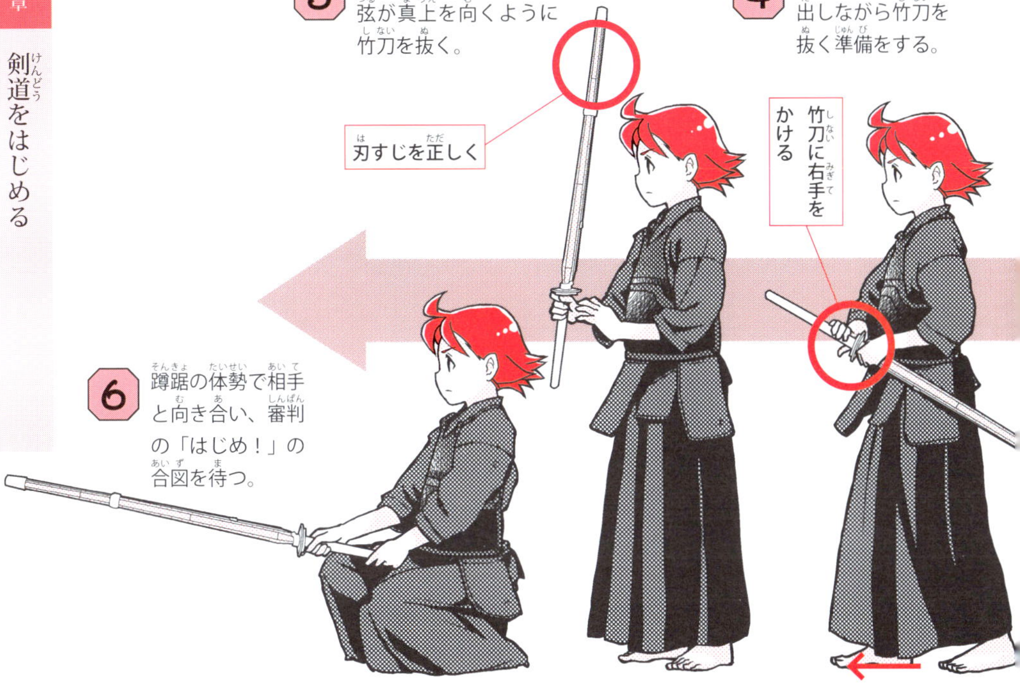

蹲踞《そんきょ》

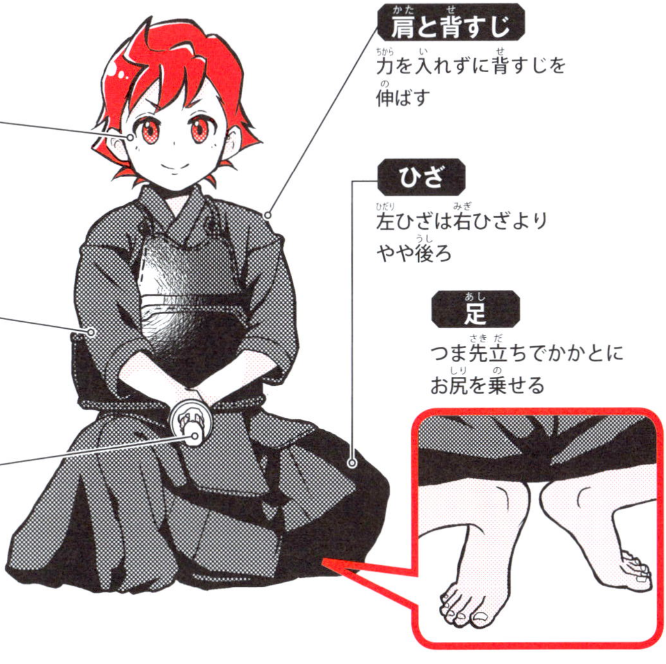

頭《あたま》と目線《めせん》
頭《あたま》をまっすぐに、相手《あいて》から目《め》を離《はな》さない

ひじ
外《そと》に張《は》り出《だ》しすぎないように

剣先《けんせん》
相手《あいて》ののどに向《む》ける

肩《かた》と背《せ》すじ
力《ちから》を入《い》れずに背《せ》すじを伸《の》ばす

ひざ
左《ひだり》ひざは右《みぎ》ひざよりやや後《うし》ろ

足《あし》
つま先立《さきだ》ちでかかとにお尻《しり》を乗《の》せる

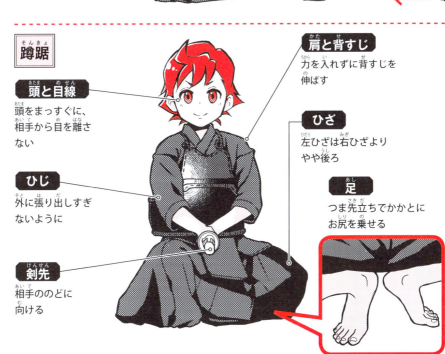

足《あし》さばき ①

送《おく》り足《あし》（前後《ぜんご》・左右《さゆう》）

前《まえ》への送《おく》り足《あし》

1. 基本《きほん》の足構《あしがま》え。
2. 「すり足《あし》」で右足《みぎあし》を一歩前《いっぽまえ》に出《だ》す。
3. 左足《ひだりあし》をすばやく引《ひ》きつけ、基本《きほん》の足構《あしがま》えに戻《もど》る。

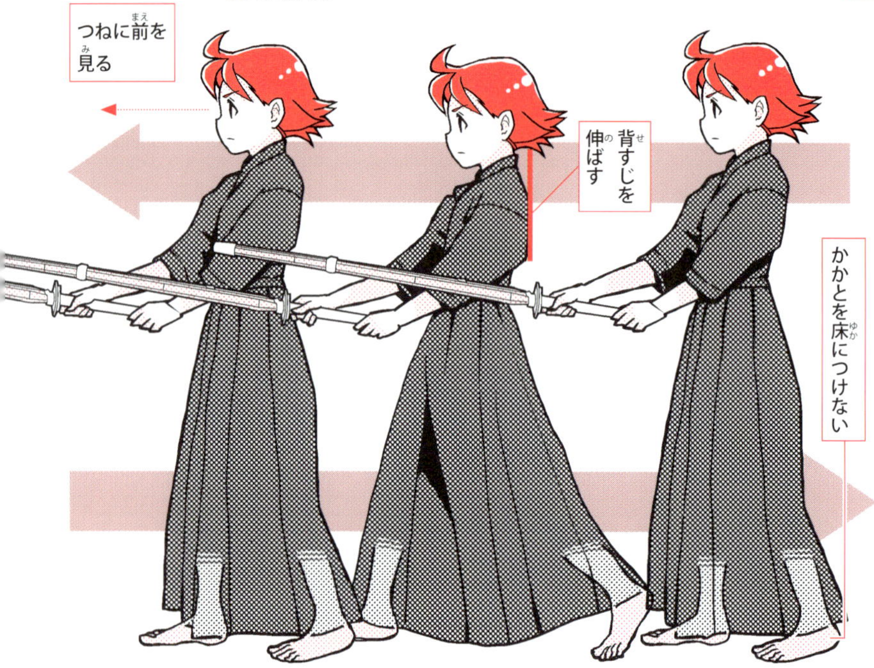

後《うし》ろへの送《おく》り足《あし》

1. 基本《きほん》の足構《あしがま》え。
2. 左足《ひだりあし》を一歩後《いっぽうし》ろに引《ひ》く。このとき右足《みぎ》足《あし》のつま先《さき》が上《あ》がらないように注意《ちゅうい》。
3. 右足《みぎあし》をすばやく引《ひ》きつけ、基本《きほん》の足構《あしがま》えに戻《もど》る。

テーマ

床《ゆか》の上《うえ》を滑《すべ》らせるように動《うご》く。前《まえ》と右方向《みぎほうこう》へは右足《みぎあし》から、後《うし》ろと左方向《ひだりほうこう》へは左足《ひだりあし》から出《だ》そう。

“足《あし》さばき”とは足《あし》の動《うご》かし方《かた》のことです。剣道《けんどう》では右足《みぎあし》を前《まえ》、左足《ひだりあし》を後《うし》ろにして構《かま》えます。この基本《きほん》の足《あし》構《がま》えを保《たも》ちながら、**前後左右《ぜんごさゆう》斜《なな》めにすばやく動《うご》かす足《あし》さばきが「送《おく》り足《あし》」です。**床《ゆか》からあまり足《あし》を離《はな》さずに**滑《すべ》らせるように足《あし》を運《はこ》ぶ“すり足《あし》”**で動《うご》かし、左足《ひだりあし》のかかとはつねに浮《う》かせておきます。

前《まえ》と右方向《みぎほうこう》に動《うご》きたいときは右足《みぎあし》から、後《うし》ろと左方向《ひだりほうこう》に動《うご》きたいときは左足《ひだりあし》から動《うご》かします。「送《おく》り足《あし》」は基本《きほん》となる足《あし》の動《うご》かし方《かた》なのでよく練習《れんしゅう》しておきましょう。

右《みぎ》への送《おく》り足《あし》

1 基本《きほん》の足構《あしがま》え。

2 左足《ひだりあし》で蹴《け》って右足《みぎあし》をすり足で一歩右《いっぽみぎ》に踏《ふ》み出《だ》す。

3 左足《ひだりあし》をすばやく引《ひ》きつけ、基本《きほん》の足《あし》構《がま》えに戻《もど》る。

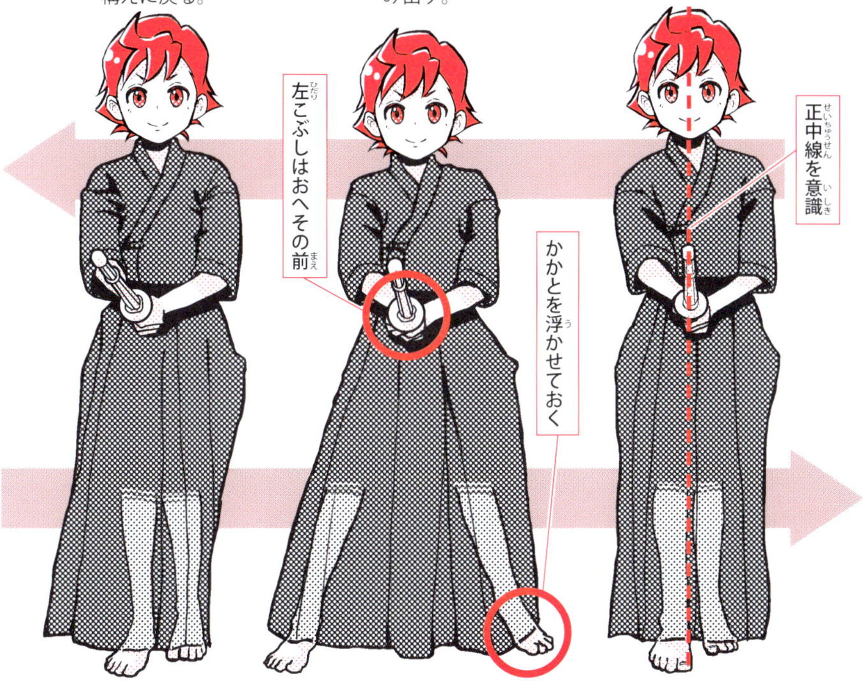
正中線《せいちゅうせん》を意識《いしき》
左《ひだり》こぶしはおへその前《まえ》
かかとを浮《う》かせておく

左《ひだり》への送《おく》り足《あし》

1 基本《きほん》の足構《あしがま》え。

2 右足《みぎあし》で蹴《け》って左足《ひだりあし》をすり足で一歩左《いっぽひだり》に踏《ふ》み出《だ》す。

3 右足《みぎあし》をすばやく引《ひ》きつけ、基本《きほん》の足構《あしがま》えに戻《もど》る。

ポイント

親指《おやゆび》のつけ根《ね》に力《ちから》を入《い》れる

親指《おやゆび》のつけ根《ね》を「拇指球《ぼしきゅう》」と呼《よ》ぶ。足《あし》を踏《ふ》み出《だ》すときに、軸《じく》になるほうの足《あし》の「拇指球《ぼしきゅう》」を意識《いしき》して、ここに力《ちから》を入《い》れて床《ゆか》を蹴《け》るようにしよう。

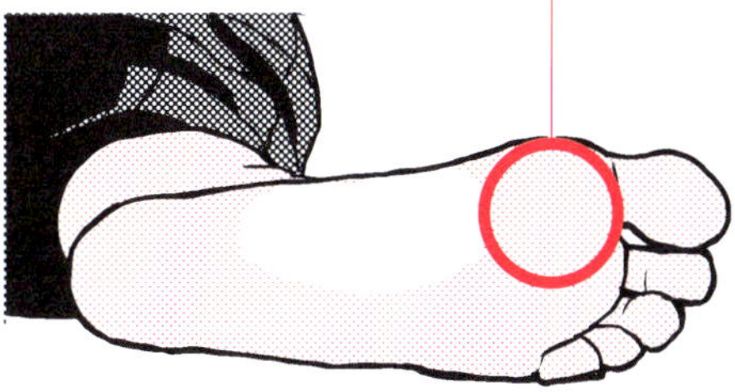
拇指球《ぼしきゅう》に力《ちから》を入《い》れる

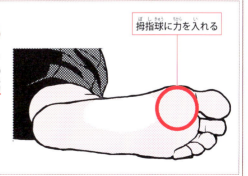

足《あし》さばき 2

開《ひら》き足《あし》と歩《あゆ》み足《あし》

右《みぎ》への開《ひら》き足《あし》

1 基本《きほん》の足構《あしがま》え。

2 右足《みぎあし》を斜《なな》め前《まえ》に踏《ふ》み出《だ》し、つま先《さき》を目標《もくひょう》に向《む》ける。

3 左足《ひだりあし》をすばやく引《ひ》きつけて斜《なな》め方向《ほうこう》に体《からだ》を向《む》ける。

左《ひだり》への開《ひら》き足《あし》

1 基本《きほん》の足構《あしがま》え。

2 左足《ひだりあし》を斜《なな》め後《うし》ろに踏《ふ》み出《だ》し、つま先《さき》を目標《もくひょう》に向《む》ける。

3 右足《みぎあし》を引《ひ》き寄《よ》せる。左足《ひだりあし》を前《まえ》にする開《ひら》き足《あし》もある。

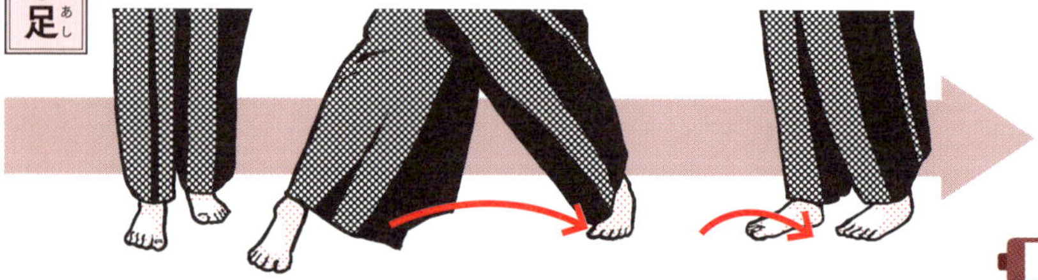

テーマ

斜《なな》めに足《あし》を踏《ふ》み出《だ》して体《からだ》を動《うご》かす「開《ひら》き足《あし》」。足《あし》を交互《こうご》に出《だ》して前進《ぜんしん》・後退《こうたい》する「歩《あゆ》み足《あし》」。

相《あい》手《て》の攻撃《こうげき》などを**斜《なな》め方《ほう》向《こう》に弧《こ》を描《えが》くように体《からだ》を開《ひら》いてかわすときの足《あし》さばきが「開《ひら》き足《あし》」です**。ポイントは足《あし》を踏《ふ》み出《だ》したとき、つま先《さき》を目標《もくひょう》に向《む》けること。また左方向《ひだりほうこう》への開《ひら》き足《あし》では、基《き》本《ほん》の足構《あしがま》えとは逆《ぎゃく》になる左足《ひだりあし》が前《まえ》になる方向《ほうこう》が一般的《いっぱんてき》ですが、子《こ》どもの入門者《にゅうもんしゃ》にはむずかしいので、ここでは右足《みぎあし》を前《まえ》にしています。

送《おく》り足《あし》はつねに右足《みぎあし》を前《まえ》にして動《うご》きますが、普通《ふつう》に歩《ある》くように**右足《みぎあし》、左足《ひだりあし》と交互《こうご》に床《ゆか》を滑《すべ》らせるように出《だ》して前進《ぜんしん》・後退《こうたい》するのが「歩《あゆ》み足《あし》」**です。

歩《あゆ》み足《あし》（前進《ぜんしん》）

1 基本《きほん》の足構《あしがま》え。

2 送《おく》り足《あし》と同《おな》じように右足《みぎあし》から一歩《いっぽ》踏《ふ》み出《だ》す。

3 普通《ふつう》に歩《ある》くように左足《ひだりあし》を右足《みぎあし》よりも前《まえ》に出《だ》す。

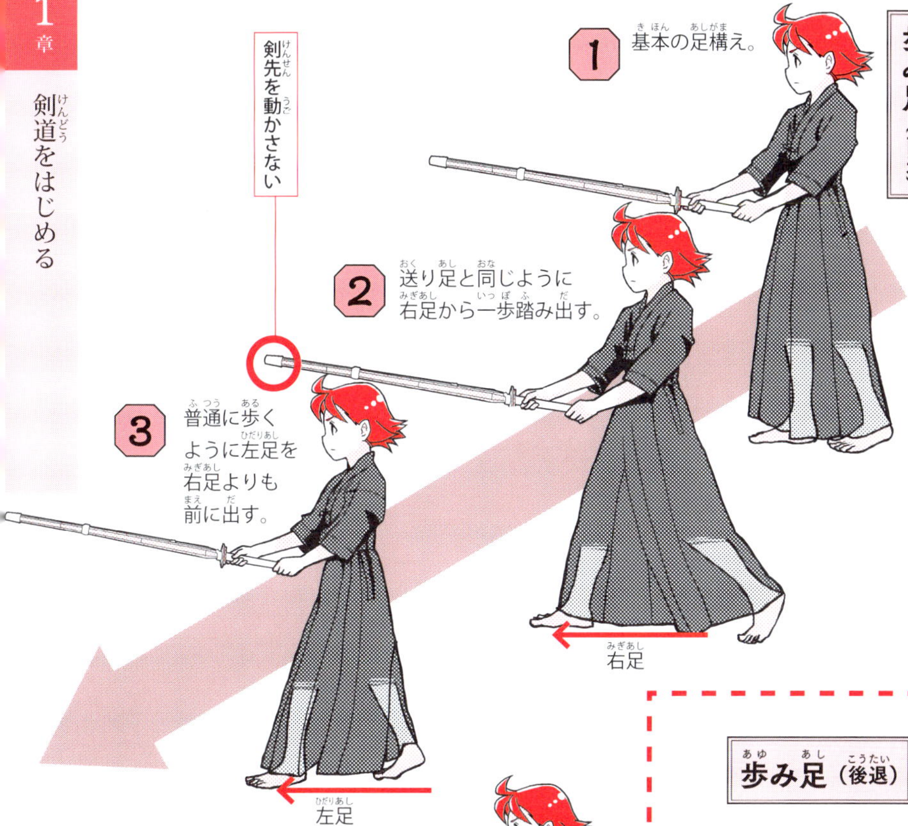

4 同《おな》じく右足《みぎあし》を左足《ひだりあし》よりも前《まえ》に踏《ふ》み出《だ》す。

5 左足《ひだりあし》をすばやく引《ひ》きつけ基本《きほん》の足構《あしがま》えに戻《もど》り、一度《いちど》止《と》まる。

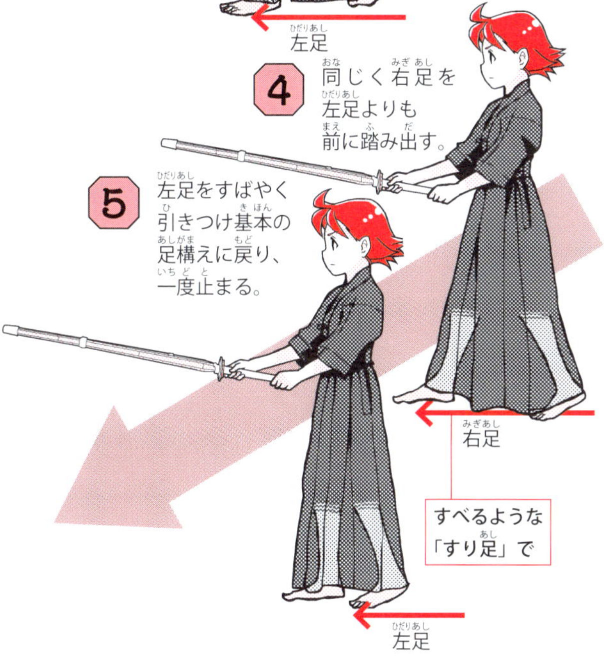

歩《あゆ》み足《あし》（後退《こうたい》）

前進《ぜんしん》のイラストの5から1へ反対《はんたい》に動《うご》くような、逆《ぎゃく》の足《あし》さばきになるので、確認《かくにん》してみよう。

1 基本《きほん》の足構《あしがま》え。

2 左足《ひだりあし》を一歩《いっぽ》後《うし》ろに引《ひ》く。

3 後《うし》ろ向《む》きで歩《ある》くように右足《みぎあし》を左足《ひだりあし》よりも後《うし》ろに引《ひ》く。

4 左足《ひだりあし》を右足《みぎあし》よりも後《うし》ろに引《ひ》く。

5 右足《みぎあし》を引《ひ》き寄《よ》せて基本《きほん》の足構《あしがま》えに戻《もど》る。

足《あし》さばき 3

前《ぜん》後《ご》左《さ》右《ゆう》への足《あし》の動《うご》き

テーマ

前後《ぜんご》左右《さゆう》、どの方向《ほうこう》へでもスムーズにすばやく動《うご》けるように繰《く》り返《かえ》し練習《れんしゅう》していこう。

送《おく》り足《あし》（前後《ぜんご》）

前《まえ》へ

後《うし》ろへ

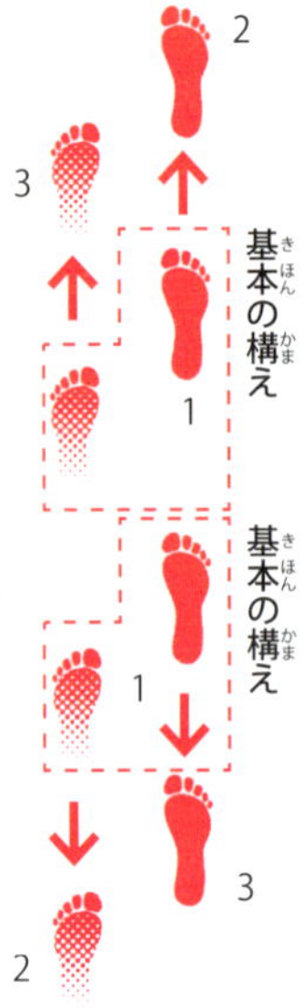

前《まえ》へ進《すす》むときは右足《みぎあし》を前《まえ》に出《だ》してから左足《ひだりあし》を引《ひ》き寄《よ》せる。後《うし》ろへ進《すす》むときは、左足《ひだりあし》から動《うご》かして右足《みぎあし》を引《ひ》き寄《よ》せる。

送《おく》り足《あし》（左右《さゆう》）

右《みぎ》へ

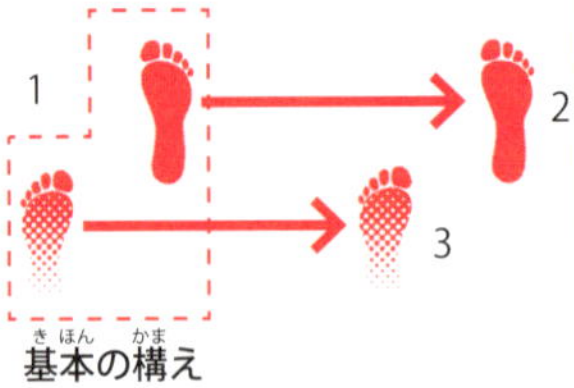

左《ひだり》へ

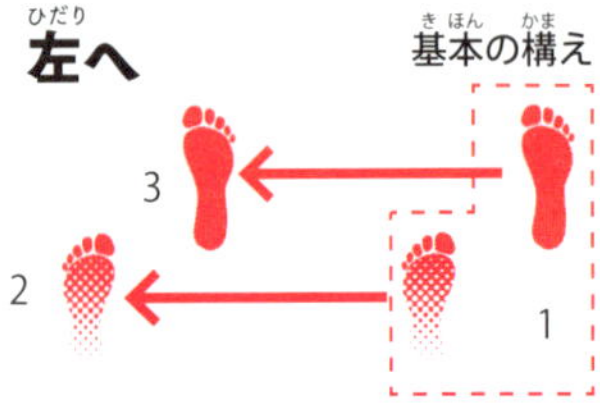

右方向《みぎほうこう》へは、右足《みぎあし》を出《だ》してから左足《ひだりあし》を引《ひ》き寄《よ》せる。左方向《ひだりほうこう》へは、左足《ひだりあし》を出《だ》してから右足《みぎあし》を引《ひ》き寄《よ》せる。

開《ひら》き足《あし》

右《みぎ》へ開《ひら》く

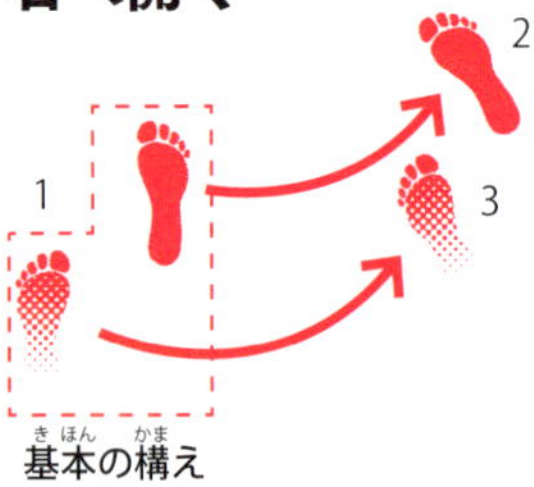

左《ひだり》へ開《ひら》く

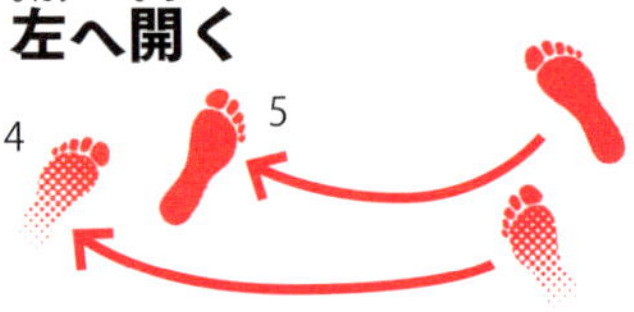

右《みぎ》へ開《ひら》くときは、右斜《みぎなな》め前《まえ》に右足《みぎあし》を出《だ》して左足《ひだりあし》を引《ひ》き寄《よ》せる。左《ひだり》に開《ひら》くときは、左斜《ひだりなな》め後《うし》ろに左足《ひだりあし》を出《だ》して右足《みぎあし》を引《ひ》き寄《よ》せる（このとき左足《ひだりあし》を前《まえ》にする方法《ほうほう》もある）。

歩《あゆ》み足《あし》

前進《ぜんしん》する　後退《こうたい》する

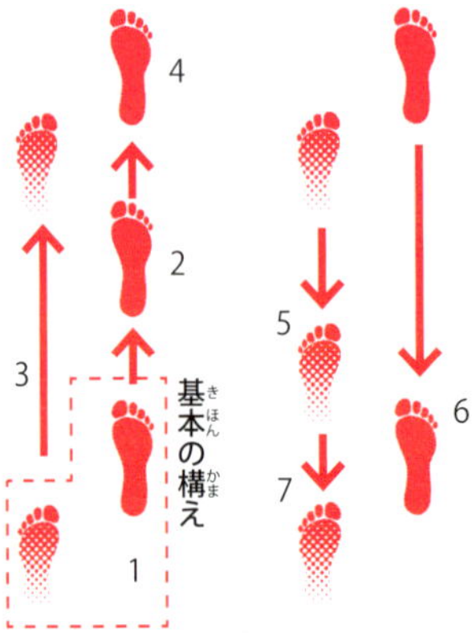

前進《ぜんしん》は右足《みぎあし》を前《まえ》に出《だ》してから左足《ひだりあし》、右足《みぎあし》と出《だ》して、最後《さいご》に左足《ひだりあし》を引《ひ》き寄《よ》せる。後退《こうたい》は左足《ひだりあし》を後《うし》ろに引《ひ》き、右足《みぎあし》、左足《ひだりあし》と引《ひ》いて、最後《さいご》に右足《みぎあし》を引《ひ》き寄《よ》せる。

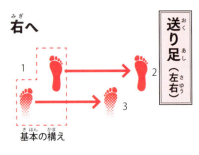

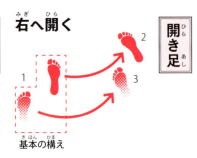

第《だい》2章《しょう》

竹刀《しない》を振《ふ》ってみる

翌週《よくしゅう》の日曜日《にちようび》
勝手《かって》なこと するならもう 教《おし》えないからね
ゴメン ゴメン
でもさ 学校《がっこう》だと 泣《な》き虫《むし》 委員長《いいんちょう》も
道着姿《どうぎすがた》だと 強《つよ》そうに 見《み》えるよな
だだれが 泣《な》き虫《むし》よ！
ひぇぇぇ
それより ダイチ ソラと勝負《しょうぶ》 したとき 力任《ちからまか》せに 竹刀《しない》を振《ふ》って たでしょ？
ブン
ブン
あれじゃ 当《あ》たらない わよ
でも 力《ちから》入《い》れないと 速《はや》く振《ふ》れない だろ？
どうすりゃ いいんだよ？
竹刀《しない》を正《ただ》しく 振《ふ》ればいいの
それには素振《すぶ》りを しっかりと 練習《れんしゅう》することよ

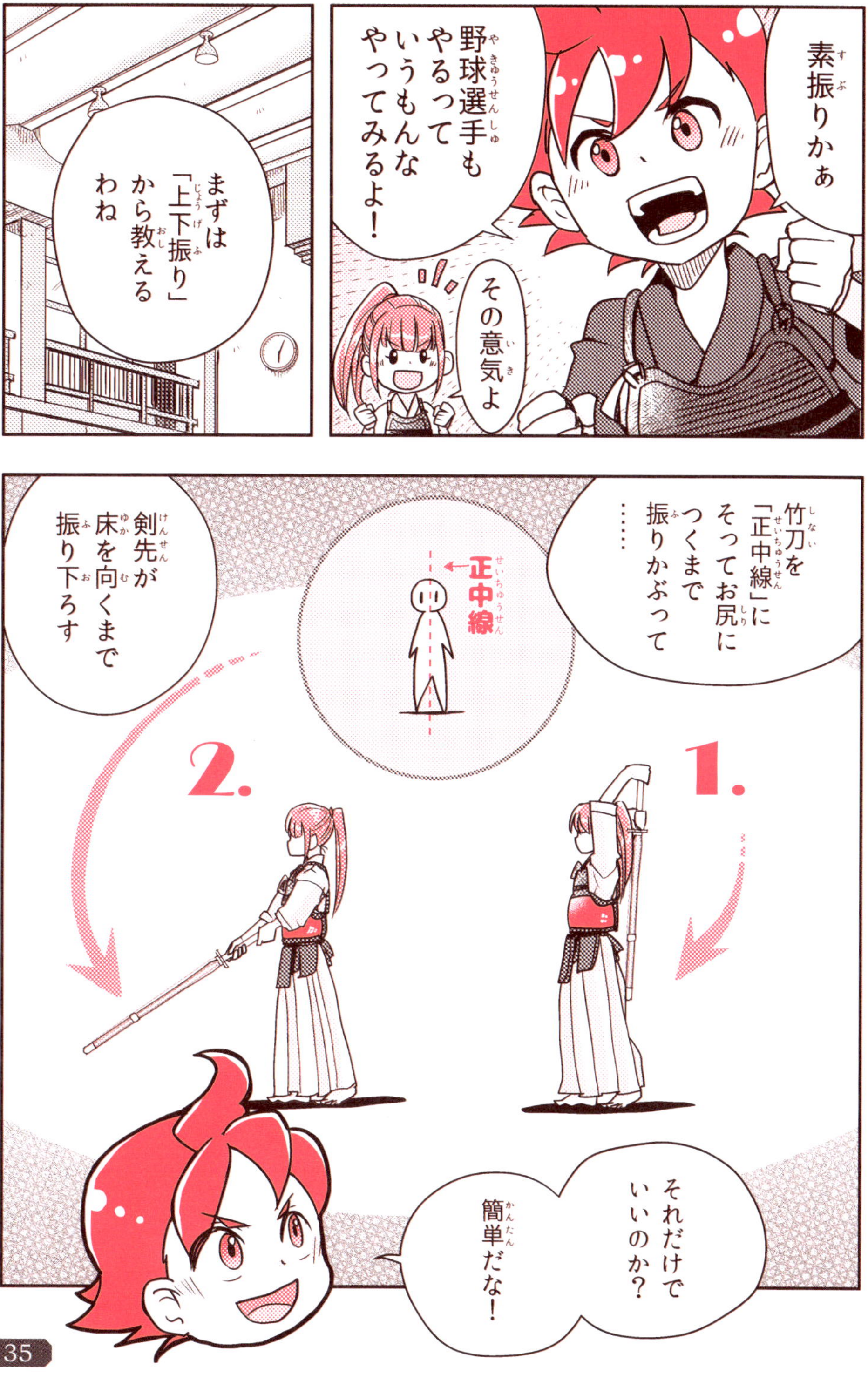
素振《すぶ》りかぁ
野球選手《やきゅうせんしゅ》もやるっていうもんなやってみるよ!
その意気《いき》よ
まずは「上下振《じょうげふ》り」から教《おし》えるわね
竹刀《しない》を「正中線《せいちゅうせん》」にそってお尻《しり》につくまで振《ふ》りかぶって……
正中線《せいちゅうせん》
1.
2.
剣先《けんせん》が床《ゆか》を向《む》くまで振《ふ》り下《お》ろす
それだけでいいのか?
簡単《かんたん》だな!

ぐにゃん
あれ?
真《ま》っすぐにならない
右手《みぎて》に力《ちから》が入《はい》りすぎなのよ
竹刀《しない》の握《にぎ》り方《かた》を思《おも》い出《だ》して
左手《ひだりて》は力《ちから》を入《い》れて握《にぎ》って
右手《みぎて》は力《ちから》を軽《かる》く入《い》れるだっけ
ピッ
あ
できた!
なかなかうまくできない場合《ばあい》は左手《ひだりて》一本《いっぽん》で素振《すぶ》りをすると効果的《こうかてき》よ
メン
ピッ

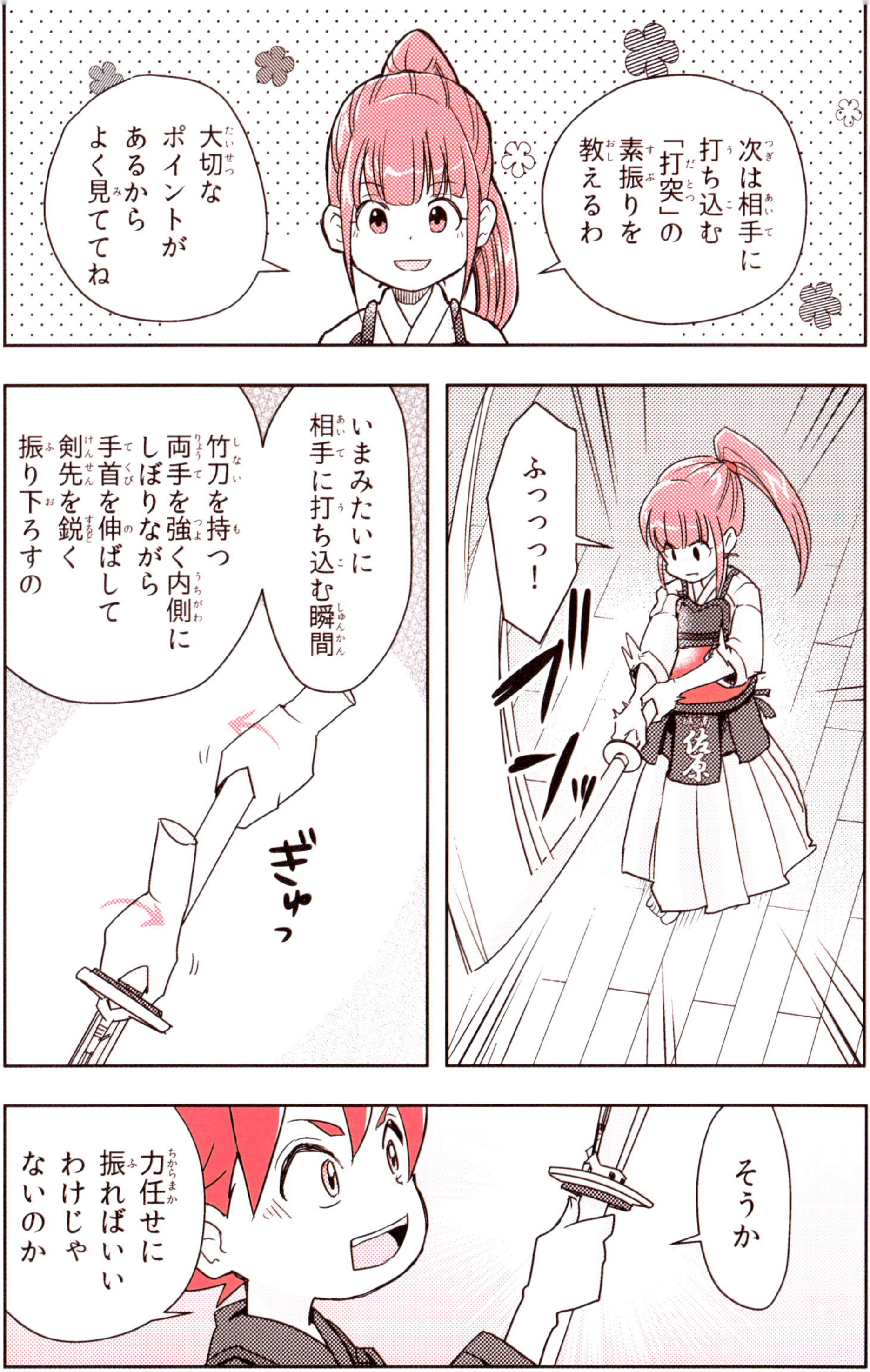
次《つぎ》は相手《あいて》に打《う》ち込《こ》む「打突《だとつ》」の素振《すぶ》りを教《おし》えるわ
大切《たいせつ》なポイントがあるからよく見《み》ててね
ふっっっ！
いまみたいに相手《あいて》に打《う》ち込《こ》む瞬間《しゅんかん》竹刀《しない》を持《も》つ両手《りょうて》を強《つよ》く内側《うちがわ》にしぼりながら手首《てくび》を伸《の》ばして剣先《けんせん》を鋭《するど》く振《ふ》り下《お》ろすの
ぎゅっ
そうか
力任《ちからまか》せに振《ふ》ればいいわけじゃないのか

それともうひとつ大切《たいせつ》なのが「刃《は》すじを正《ただ》しく」することよ
刃《は》すじ？
刀《かたな》で相手《あいて》を切《き》るときは刃《は》の部分《ぶぶん》を使《つか》うでしょ？
それと同《おな》じように竹刀《しない》の刃《は》にあたる部分《ぶぶん》で打《う》ち込《こ》まないとダメなのよ
つまり竹刀《しない》の弦《つる》の反対側《はんたいがわ》の部分《ぶぶん》で打《う》たないとダメってことか？
そう！
打《う》ち込《こ》みの練習《れんしゅう》でも出《で》てくるからよく覚《おぼ》えておいてね

じゃあ次《つぎ》に「三挙動《さんきょどう》の素振《すぶ》り」をやってみるわよ
三挙動《さんきょどう》っていうのは三《みっ》つの動《うご》きという意味《いみ》よ
ダイチ構《かま》えてみて
スッ
まず「一《いち》」で振《ふ》り上《あ》げて
「二《に》」で踏《ふ》み込《こ》みと同時《どうじ》に打《う》ち込《こ》む
大《おお》きな声《こえ》で「メン！」っていうのよ
メン!!
おおっ！ついにきた！
メーーーンっっっ！
ビッ
「三《さん》」でもとの構《かま》えに戻《もど》る
なんだかおもしろくなってきたぞ！

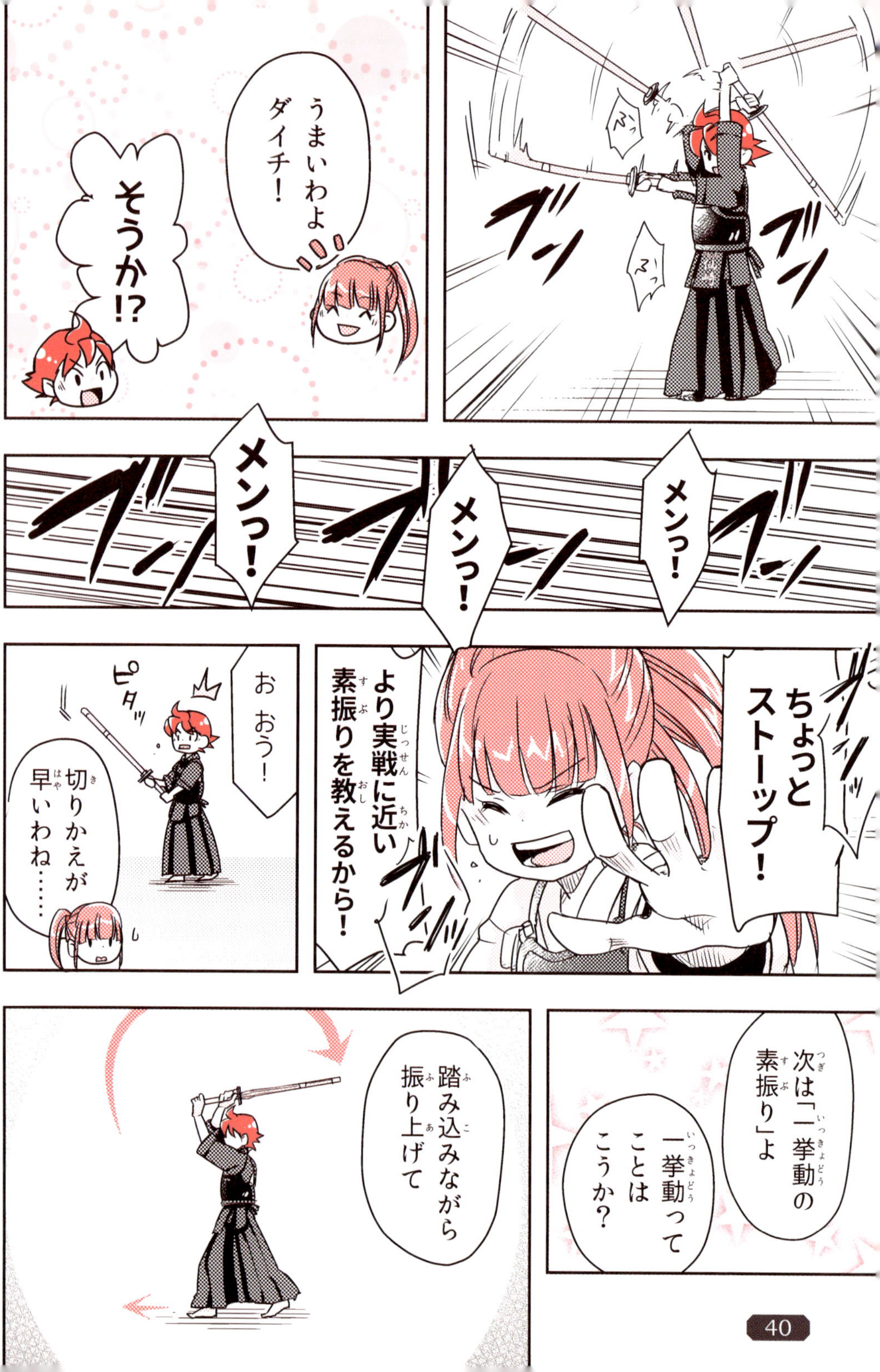
ブンッ
ふっ
ブンッ
ふっ
うまいわよダイチ！
そうか!?
メンっ！
メンっ！
メンっ！
ブンッ
ちょっとストップ！
より実戦《じっせん》に近《ちか》い素振《すぶ》りを教《おし》えるから！
ピタッ
おおう！
切《き》りかえが早《はや》いわね……
次《つぎ》は「一挙動《いっきょどう》の素振《すぶ》り」よ
一挙動《いっきょどう》ってことはこうか？
踏《ふ》み込《こ》みながら振《ふ》り上《あ》げて

メン！
そう！一連《いちれん》の動作《どうさ》を一度《いちど》にやるの
すごいわ よくわかったわね！
へへへ！
次《つぎ》は「小手打《こてう》ち」と「胴打《どうう》ち」の素振《すぶ》りを教《おし》えるわよ
小手《こて》っていうぐらいだから腕《うで》のことだよな
腕《うで》の部分《ぶぶん》の高《たか》さで竹刀《しない》を止《と》めればいいのかな？
そう 振《ふ》り方《かた》は「正面打《しょうめんう》ち」と一緒《いっしょ》よ
こんな感《かん》じか……？
コテ！
ヒュン
真《ま》っすぐ振《ふ》り上《あ》げて真《ま》っすぐ振《ふ》り下《お》ろすのがポイントよ

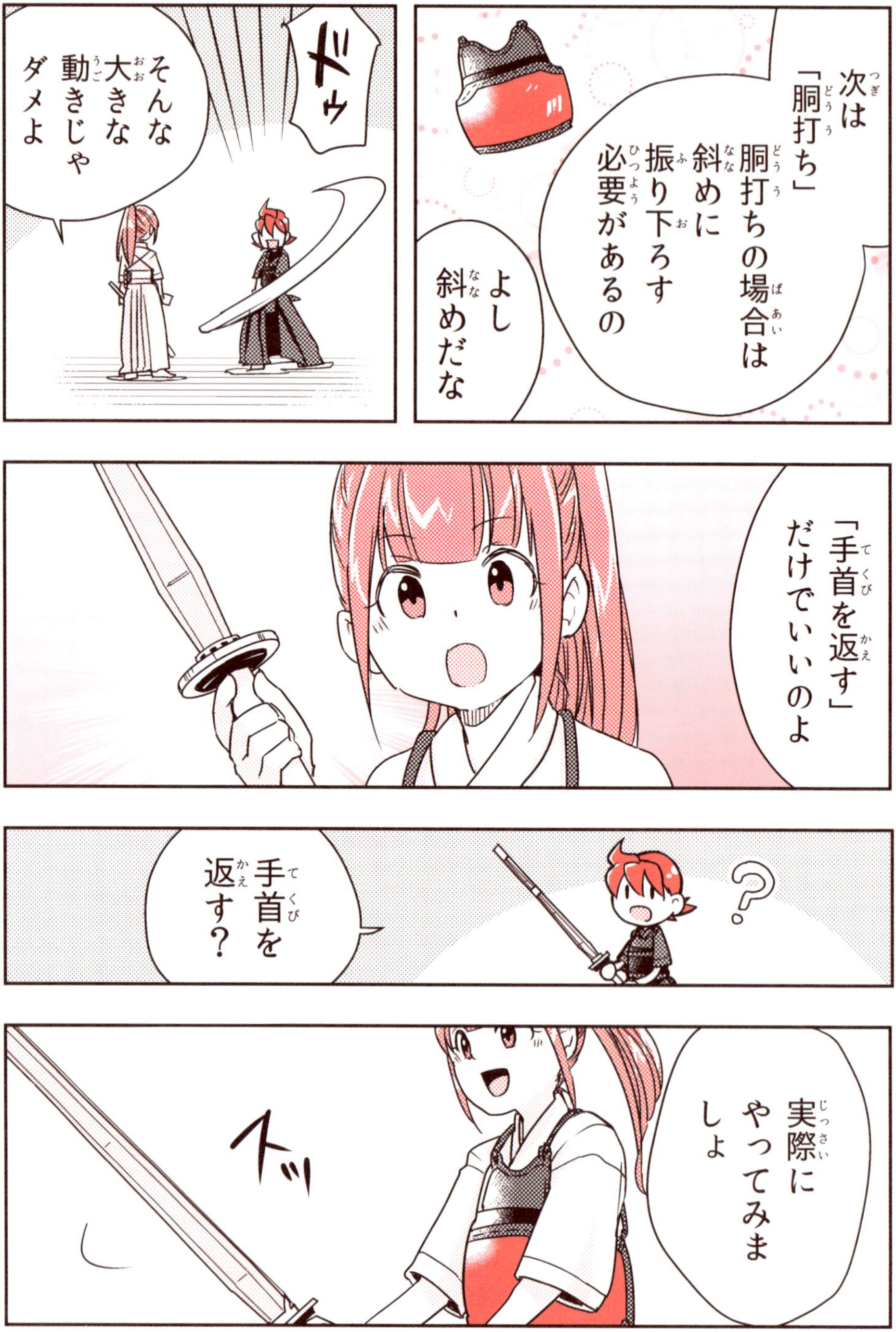
次《つぎ》は「胴打《どうう》ち」
胴打《どうう》ちの場合《ばあい》は斜《なな》めに振《ふ》り下《お》ろす必要《ひつよう》があるの
よし斜《なな》めだな
ドゥ
そんな大《おお》きな動《うご》きじゃダメよ
「手首《てくび》を返《かえ》す」だけでいいのよ
？
手首《てくび》を返《かえ》す？
実際《じっさい》にやってみましょ
スッ

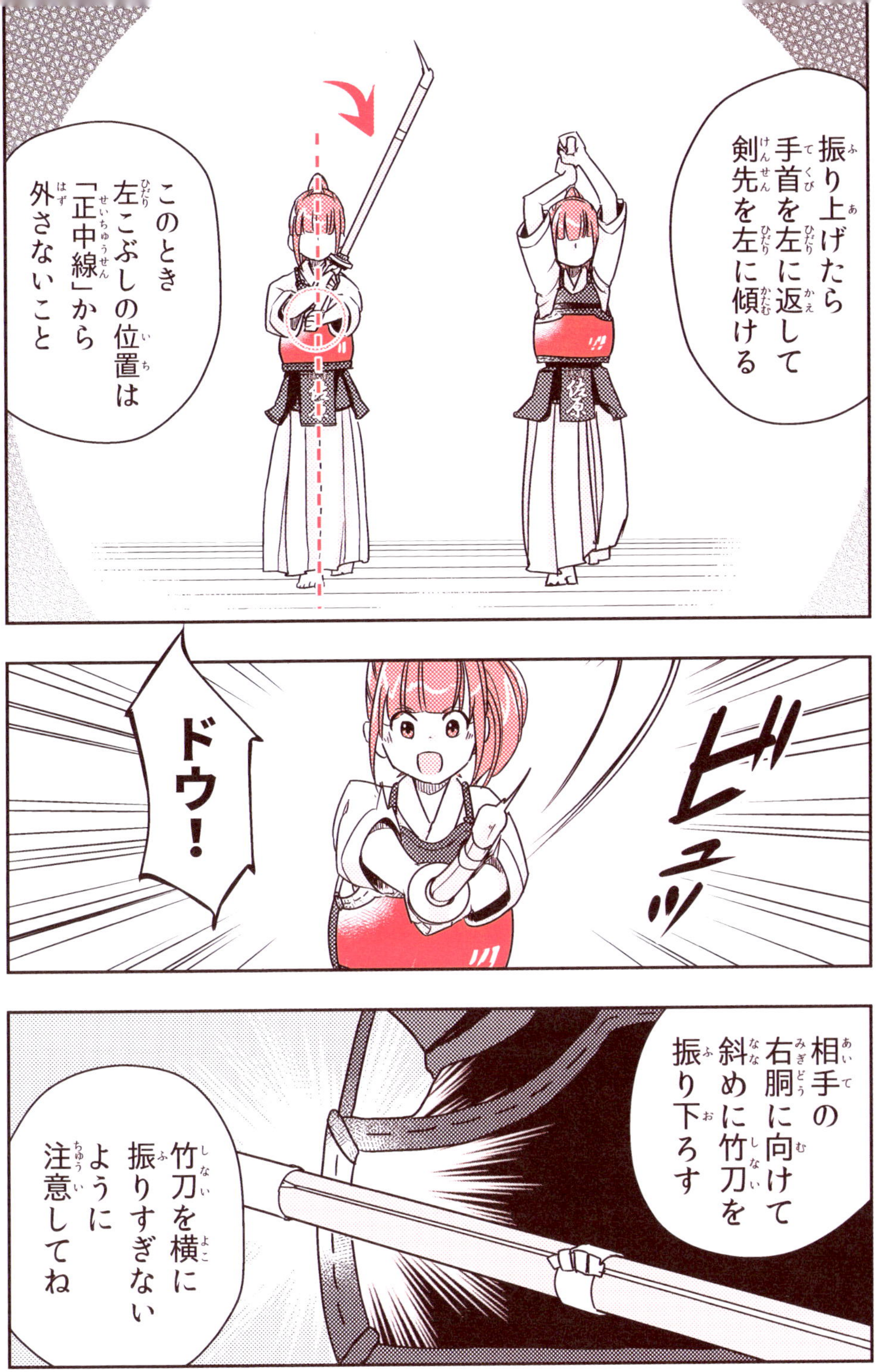
振《ふ》り上《あ》げたら手首《てくび》を左《ひだり》に返《かえ》して剣先《けんせん》を左《ひだり》に傾《かたむ》ける
このとき左《ひだり》こぶしの位置《いち》は「正中線《せいちゅうせん》」から外《はず》さないこと
ビュッ
ドウ！
相手《あいて》の右胴《みぎどう》に向《む》けて斜《なな》めに竹刀《しない》を振《ふ》り下《お》ろす
竹刀《しない》を横《よこ》に振《ふ》りすぎないように注意《ちゅうい》してね

素振《すぶ》りもいろいろあるんだな
ほかにもたくさんあるけど
いま教《おし》えた3つは基本中《きほんちゅう》の基本《きほん》ね
よーし
今日《きょう》の練習《れんしゅう》はここまでだ!
え!もう終《お》わり?
次《つぎ》の稽古《けいこ》は来週《らいしゅう》の日曜日《にちようび》よ
よーし
1週間《しゅうかん》みっちり練習《れんしゅう》して今度《こんど》こそソラに勝《か》つぞっっっ!
メラッ
なにいってるのソラがいるわけないじゃない
ええっなんでだよ!?

そうかいってなかったな
先週《せんしゅう》は城南剣道道場《じょうなんけんどうどうじょう》と城北剣道道場《じょうほくけんどうどうじょう》のふた月《つき》に一度《いちど》の合同稽古《ごうどうけいこ》の日《ひ》だったんだ
われわれは城南《じょうなん》でソラは城北《じょうほく》の道場生《どうじょうせい》
城南 仙崎
城北 赤城
次《つぎ》にソラに会《あ》えるのは2か月後《げつご》だな
そ そういえば今日《きょう》はソラがいない?
いまごろ気《き》づいたの!?
ううぅ……2か月《げつ》かぁ
ソラに勝《か》つ力《ちから》をつけるには充分《じゅうぶん》だ!

素振《すぶ》り ①

上下振《じょうげぶ》り

一挙動《いっきょどう》での上下振《じょうげぶ》り

正《ただ》しい振《ふ》りを身《み》につけるための大切《たいせつ》な練習《れんしゅう》が素振《すぶ》りです。初心者《しょしんしゃ》がいきなり竹刀《しない》を持《も》って素振《すぶ》りをするのはむずかしいので、まずは**両手《りょうて》を合《あ》わせて手刀《しゅとう》をつくり、その形《かたち》のまま素振《すぶ》りをしてみましょう。**大《おお》きく振《ふ》りかぶり、お腹《なか》の下《した》まで振《ふ》り下《お》ろす上下《じょうげ》振《ふ》りからはじめ、**慣《な》れてきたら竹刀《しない》を持《も》って素振《すぶ》りをします。**竹刀《しない》は左右《さゆう》にぶれないように左手《ひだりて》を中心《ちゅうしん》に握《にぎ》り、振《ふ》り上《あ》げたときに竹刀《しない》がお尻《しり》につくくらいまで大《おお》きく振《ふ》りかぶり、同《おな》じ直線《ちょくせん》を通《とお》ってゆったりと振《ふ》り下《お》ろします。

1 リラックスして竹刀《しない》を持《も》ち、基本《きほん》の構《かま》え。

2 一挙動《いっきょどう》で右足《みぎあし》を前《まえ》に踏《ふ》み出《だ》し、竹刀《しない》がお尻《しり》につくくらい大《おお》きく振《ふ》りかぶる。

テーマ

竹刀《しない》がお尻《しり》につくくらいまで大《おお》きくまっすぐにゆっくり振《ふ》り上《あ》げ、まっすぐに下《お》ろそう。

上達への道

初心者《しょしんしゃ》がいきなり竹刀《しない》を持《も》って素振《すぶ》りをするのはむずかしいので、まずは**両手《りょうて》を合《あ》わせて、手刀《しゅとう》をつくって素振《すぶ》り**してみましょう。

両手《りょうて》を合《あ》わせて その場《ば》で上下振《じょうげふ》り

1 両手《りょうて》をおへその前《まえ》で合《あ》わせて基本《きほん》の構《かま》え。

2 足《あし》はそのままで、両手《りょうて》を頭《あたま》の上《うえ》まで大《おお》きく振《ふ》りかぶる。

3 両手《りょうて》の指《ゆび》が下《した》を向《む》くまでまっすぐ振《ふ》り下《お》ろす。

上下振《じょうげふ》り（正面《しょうめん》から）

3 竹刀《しない》をまっすぐに振《ふ》り下《お》ろし、左足《ひだりあし》を引《ひ》きつけながら、剣先《けんせん》が床《ゆか》を指《さ》すくらいまで振《ふ》り下《お》ろす。

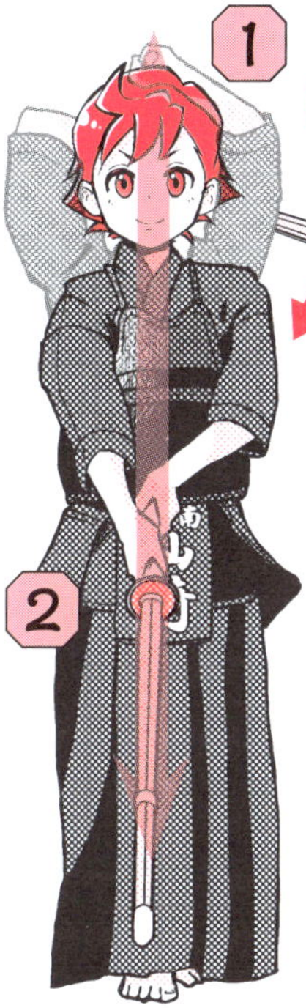

✕ 竹刀《しない》が左右《さゆう》にぶれる

左手《ひだりて》におもに力《ちから》を入《い》れ、左右《さゆう》にぶれないように竹刀《しない》を振《ふ》ろう。

1 竹刀《しない》を正中線《せいちゅうせん》にそってまっすぐに振《ふ》り上《あ》げる。

2 振《ふ》り上《あ》げと同《おな》じ軌道《きどう》を通《とお》るように振《ふ》り下《お》ろす。

素振《すぶ》り ②

正面打《しょうめんう》ち

面《めん》、**小手《こて》、胴《どう》に打《う》ち込《こ》むことを「打突《だとつ》」**といいますが、打《う》ち込《こ》む瞬間《しゅんかん》の両手《りょうて》に注目《ちゅうもく》しましょう。竹刀《しない》の振《ふ》りかぶりでは右手《みぎて》にはほとんど力《ちから》を入《い》れず、左手《ひだりて》の小指《こゆび》、薬指《くすりゆび》、中指《なかゆび》の3本《ぼん》で竹刀《しない》を握《にぎ》りますが、**打突《だとつ》の瞬間《しゅんかん》に両手《りょうて》を強《つよ》く内側《うちがわ》にしぼるようにし**ます。さらに、**手首《てくび》を伸《の》ばして剣先《けんせん》を相手《あいて》めがけて鋭《するど》く振《ふ》り下《お》ろす**ことも大切《たいせつ》です。

正面打《しょうめんう》ちの素振《すぶ》りは、このふたつのポイントを覚《おぼ》えるのにとても大切《たいせつ》な練習《れんしゅう》なので、感覚《かんかく》を体《からだ》に覚《おぼ》えこませるようにしましょう。

一挙動《いっきょどう》での正面打《しょうめんう》ち

① 両手《りょうて》をリラックスさせて基本《きほん》の姿勢《しせい》で構《かま》える。

② 一挙動《いっきょどう》で右足《みぎあし》を前《まえ》に踏《ふ》み出《だ》すとともに両《りょう》手《て》を振《ふ》りかぶる。

テーマ

両手《りょうて》をしぼるように力《ちから》をこめて打《う》ち込《こ》む。手首《てくび》を伸《の》ばして強《つよ》い打突《だとつ》を心《こころ》がけよう。

ポイント

両手《りょうて》を内側《うちがわ》に強《つよ》くしぼるイメージ

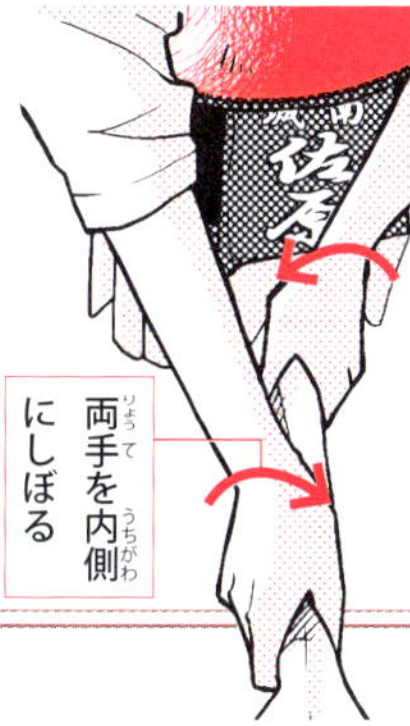

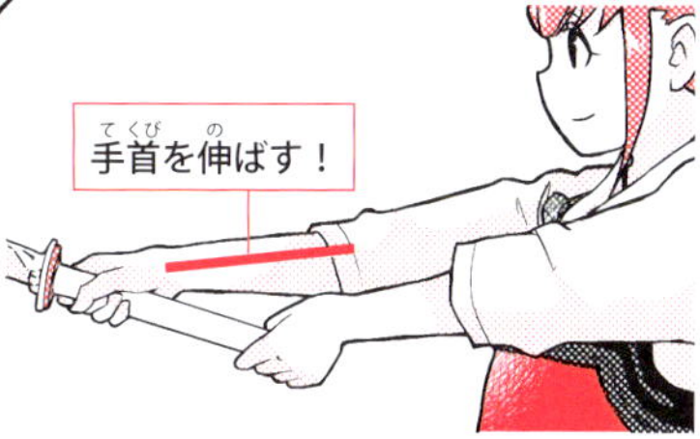

打突《だとつ》の瞬間《しゅんかん》、両手《りょうて》にもったタオルを強《つよ》く内側《うちがわ》にしぼるイメージをもつ。また手首《てくび》を伸《の》ばして振《ふ》り下《お》ろすことで、強《つよ》い打突《だとつ》をめざそう。

左《ひだり》ひじが上《あ》がる

相手《あいて》の面《めん》の高《たか》さに届《とど》かせようと左《ひだり》ひじを上《あ》げると、わきが空《あ》いて強《つよ》い打突《だとつ》ができない。

3 「メン！」のかけ声《ごえ》とともに両手《りょうて》を強《つよ》く内側《うちがわ》にしぼり、手首《てくび》を伸《の》ばす。

上達への道

三拳動《さんきょどう》からはじめる

最初《さいしょ》は3つの動《うご》き（三拳動《さんきょどう》）での「三拳動《さんきょどう》の正面打《しょうめんう》ち」からはじめてみよう。竹刀《しない》なしで両手《りょうて》を合《あ》わせた形《かたち》からするのもおススメだ。

1 足《あし》を動《うご》かさずに大《おお》きく振《ふ》りかぶる。

2 右足《みぎあし》を踏《ふ》み出《だ》して腕《うで》を振《ふ》り下《お》ろし、左足《ひだりあし》を引《ひ》きつける。

3 左足《ひだりあし》を後《うし》ろへ引《ひ》き、右足《みぎあし》を引《ひ》き寄《よ》せて最初《さいしょ》の構《かま》え。

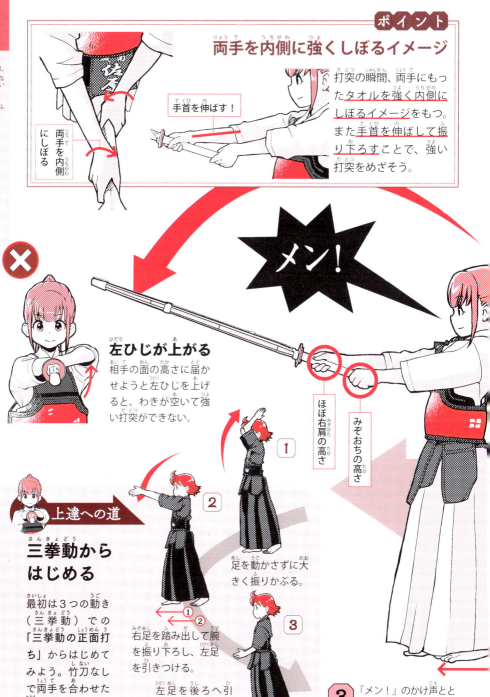

素振《すぶ》り 3

前進後退正面打《ぜんしんこうたいしょうめんう》ち

テーマ

まっすぐ振《ふ》り上《あ》げて強《つよ》く打《う》つことを前進《ぜんしん》・後退《こうたい》しながら繰《く》り返《かえ》す。一本一本《いっぽんいっぽん》を大切《たいせつ》に。

一挙動《いっきょどう》での正面打《しょうめんう》ち

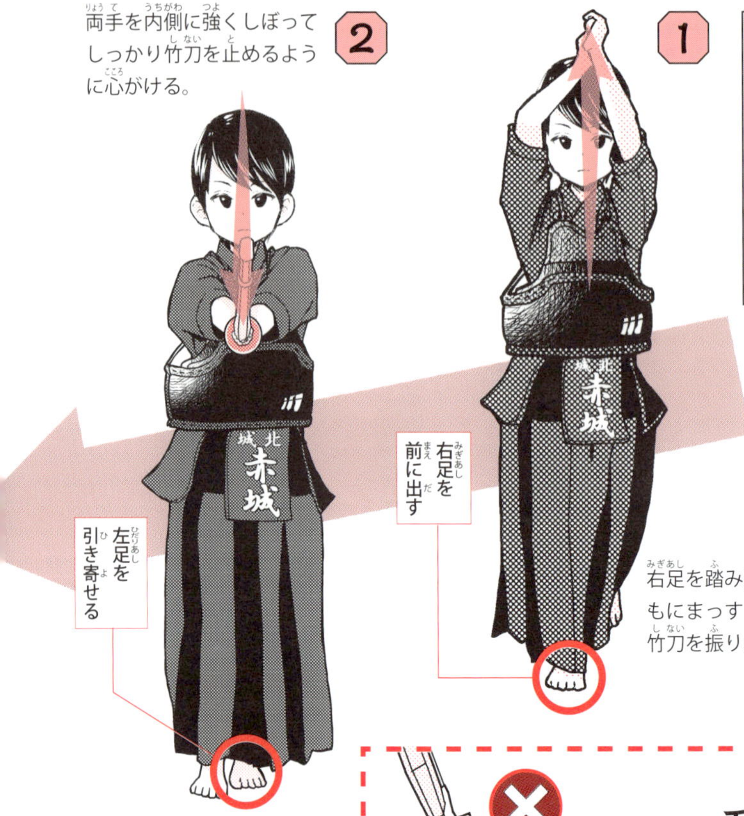

1 右足《みぎあし》を踏《ふ》み込《こ》むとともにまっすぐ頭上《ずじょう》に竹刀《しない》を振《ふ》りかぶる。

2 両手《りょうて》を内側《うちがわ》に強《つよ》くしぼってしっかり竹刀《しない》を止《と》めるように心《こころ》がける。

手首《てくび》を曲《ま》げたまま

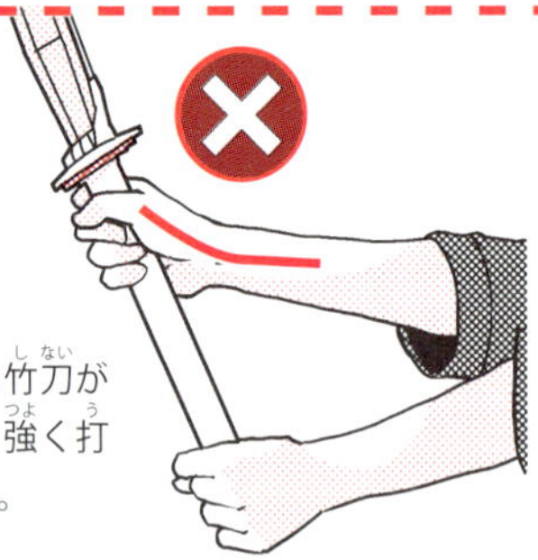

手首《てくび》を曲《ま》げたまま竹刀《しない》が立《た》った状態《じょうたい》では、強《つよ》く打《う》つことができない。

素《す》振《ぶ》りというとまず思《おも》い浮《う》かべるのが、この前進後《ぜんしんこう》退正面打《たいしょうめんう》ちです。**右足《みぎあし》を前《まえ》に踏《ふ》み出《だ》して「メン!」、左足《ひだりあし》を後《うし》ろに引《ひ》いて「メン!」という動作《どうさ》を繰《く》り返《かえ》しますが、**「イチ、ニ、サン、シ」と数《かず》を数《かぞ》えながらの素振《すぶ》りもよく行《おこな》われています。場所《ばしょ》をあまりとらないので、どこでもできる練習《れんしゅう》です。1日《にち》100本《ぽん》などと目《もく》標《ひょう》を決《き》めて、繰《く》り返《かえ》し練習《れんしゅう》しましょう。

素振《すぶ》りには三挙動《さんきょどう》のものもありますが、ここでは、より実戦《じっせん》に近《ちか》い一挙動《いっきょどう》のものを紹介《しょうかい》します。

前進《ぜんしん》後退《こうたい》正面《しょうめん》打《う》ち

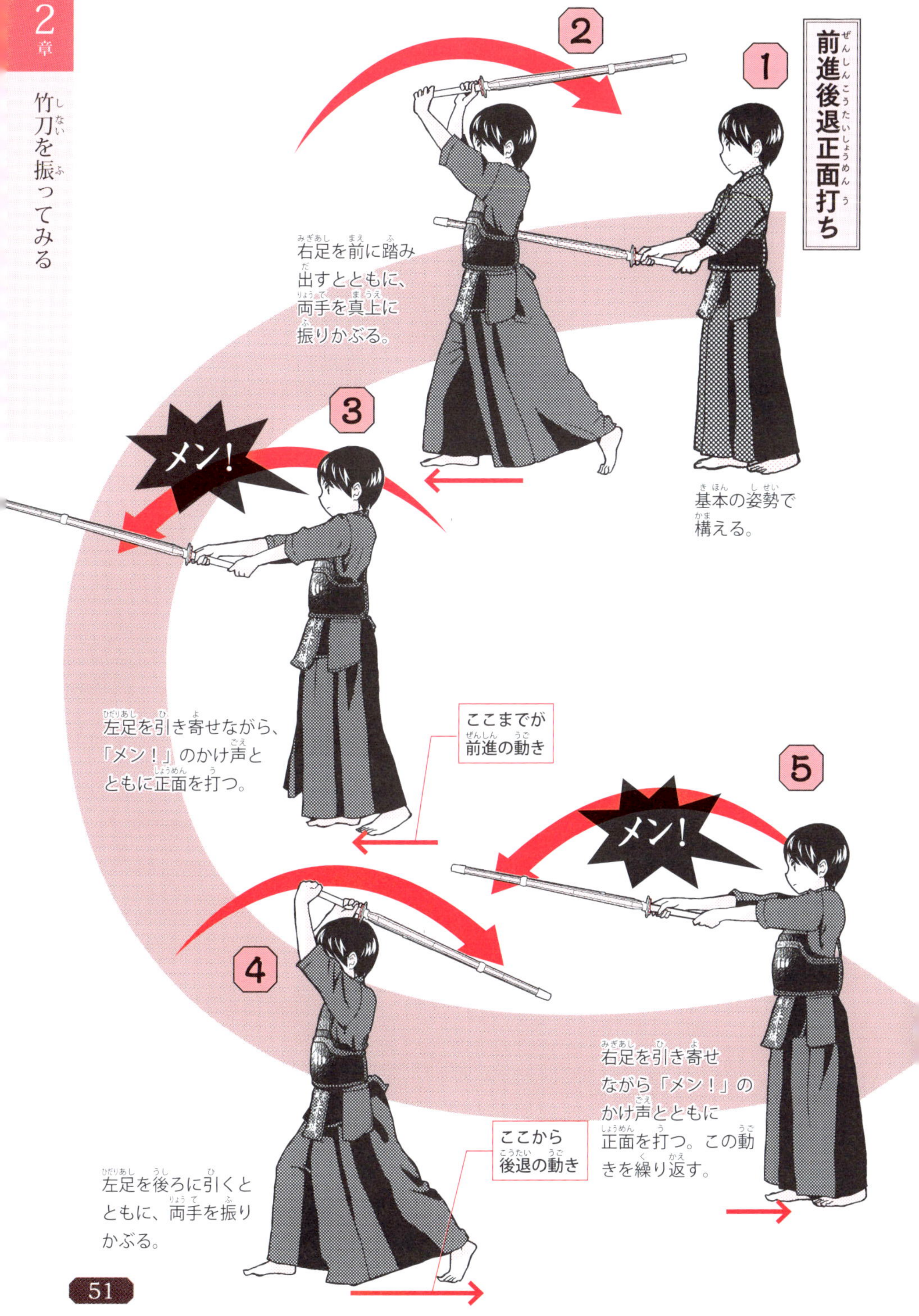

1 基本《きほん》の姿勢《しせい》で構《かま》える。

2 右足《みぎあし》を前《まえ》に踏《ふ》み出《だ》すとともに、両手《りょうて》を真上《まうえ》に振《ふ》りかぶる。

3 左足《ひだりあし》を引《ひ》き寄《よ》せながら、「メン！」のかけ声《ごえ》とともに正面《しょうめん》を打《う》つ。

ここまでが前進《ぜんしん》の動《うご》き

4 左足《ひだりあし》を後《うし》ろに引《ひ》くとともに、両手《りょうて》を振《ふ》りかぶる。

ここから後退《こうたい》の動《うご》き

5 右足《みぎあし》を引《ひ》き寄《よ》せながら「メン！」のかけ声《ごえ》とともに正面《しょうめん》を打《う》つ。この動《うご》きを繰《く》り返《かえ》す。

素振《すぶ》り 4

前進後退左右面打《ぜんしんこうたいさゆうめんう》ち

テーマ

竹刀《しない》を振《ふ》り上《あ》げてから手首《てくび》をしっかり左右《さゆう》に返《かえ》し、剣先《けんせん》を左右《さゆう》に向け竹刀《しない》を斜《なな》めに振《ふ》る。

竹刀《しない》はいつも真上《まうえ》から真下《ました》に振《ふ》るばかりではありません。**胴《どう》を打《う》つときをはじめ、面《めん》や小手《こて》でも技《わざ》によっては斜《なな》めに竹刀《しない》を振《ふ》り下《お》ろす**ことがあります。そこで必要《ひつよう》になるのが〝**手首《てくび》の返《かえ》し**〟です。竹刀《しない》を振《ふ》り上《あ》げたときに、**手首《てくび》を右《みぎ》、左《ひだり》に「軽《かる》くひねる」**ことで剣先《けんせん》を左右《さゆう》にずらし、斜《なな》めに振《ふ》り下《お》ろすことができます。この**手首《てくび》の返《かえ》し**を「**左右面打《さゆうめんう》ち**」で覚《おぼ》えましょう。

振《ふ》り下《お》ろす前《まえ》にしっかりと手首《てくび》を返《かえ》し、前進《ぜんしん》しながら相手《あいて》の左面《ひだりめん》、後退《こうたい》しながら右面《みぎめん》を打《う》ちます。

前進《ぜんしん》して左面《ひだりめん》、後退《こうたい》して右面打《みぎめんう》ち

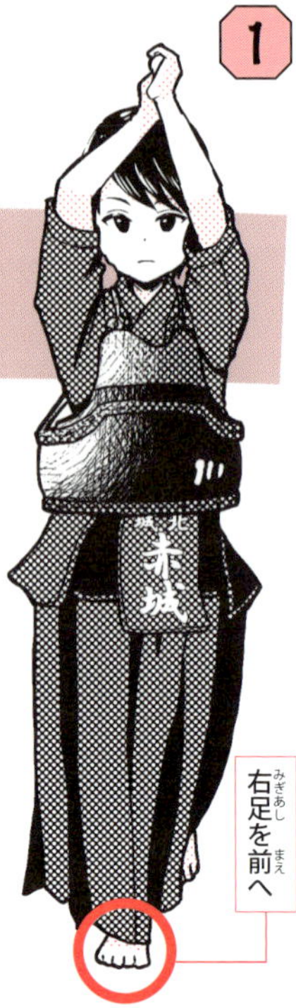

右足《みぎあし》を前《まえ》に出《だ》しながら竹刀《しない》をまっすぐに振《ふ》り上《あ》げる。

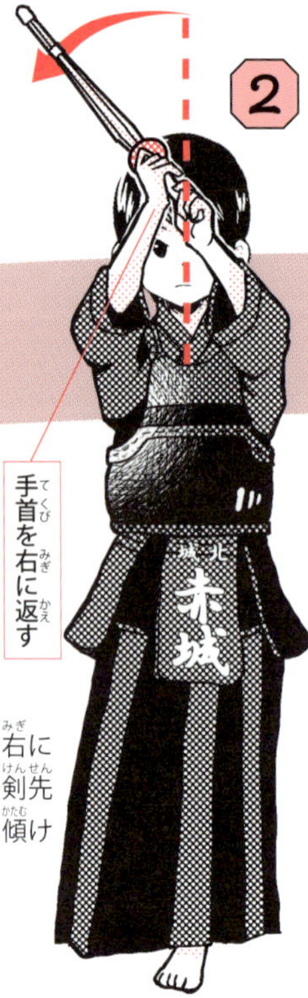

手首《てくび》を右《みぎ》に返《かえ》して剣先《けんせん》を右《みぎ》に傾《かたむ》ける。

左《ひだり》こぶしが正中線《せいちゅうせん》をはずれる

左右面打《さゆうめんう》ちで大切《たいせつ》なのは、手首《てくび》は返《かえ》しても、左《ひだり》こぶしはつねに正中線上《せいちゅうせんじょう》からはずれないこと。斜《なな》めに振《ふ》ろうとするあまり、左《ひだり》こぶしが正中線《せいちゅうせん》からはずれてしまうと、竹刀《しない》が横《よこ》になりすぎてしまうので注意《ちゅうい》が必要《ひつよう》だ。

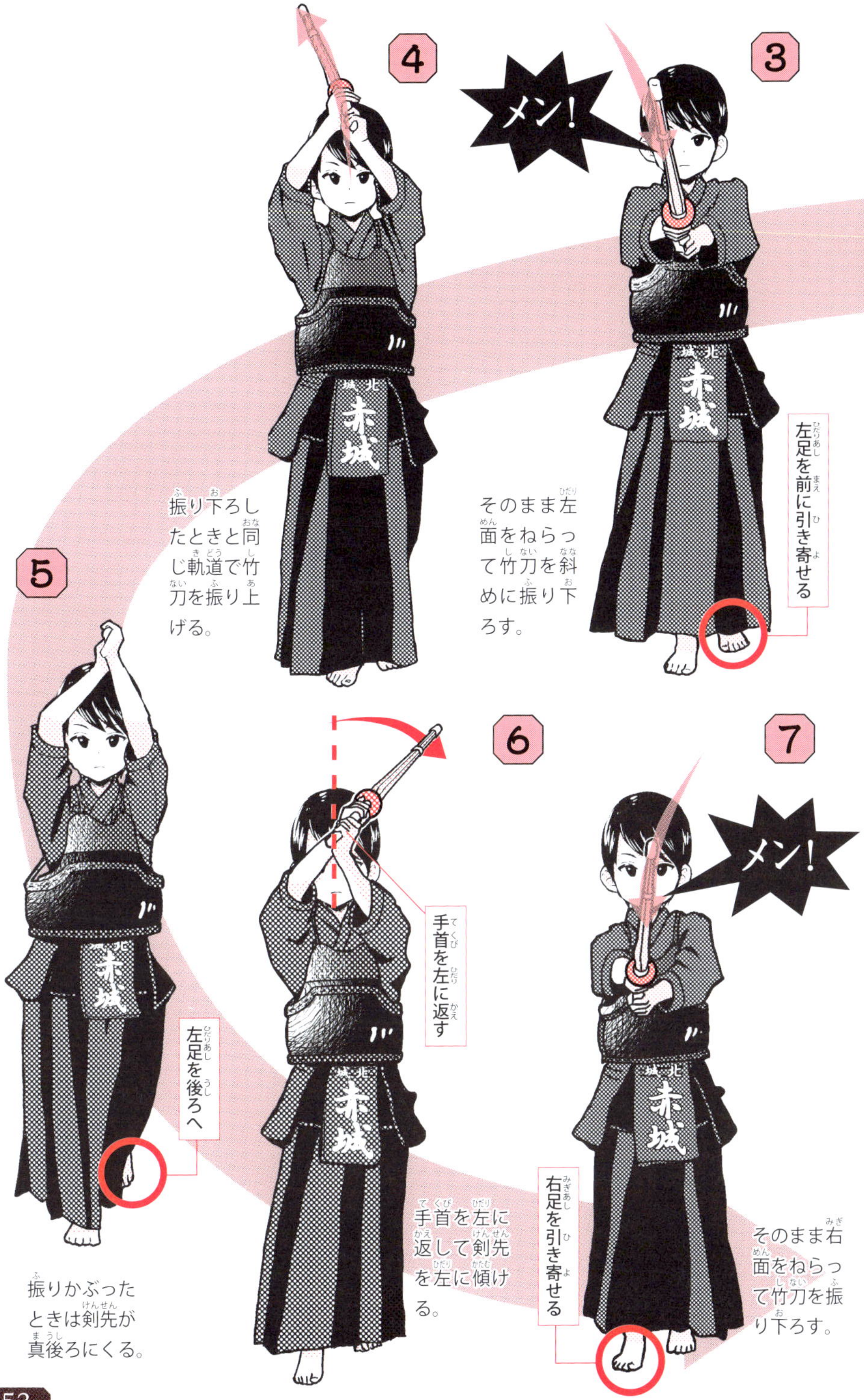

3 そのまま左《ひだり》面《めん》をねらって竹刀《しない》を斜《なな》めに振《ふ》り下《お》ろす。

4 振《ふ》り下《お》ろしたときと同《おな》じ軌道《きどう》で竹刀《しない》を振《ふ》り上《あ》げる。

5 振《ふ》りかぶったときは剣先《けんせん》が真後《まうし》ろにくる。

6 手首《てくび》を左《ひだり》に返《かえ》して剣先《けんせん》を左《ひだり》に傾《かたむ》ける。

7 そのまま右《みぎ》面《めん》をねらって竹刀《しない》を振《ふ》り下《お》ろす。

素振《すぶ》り 5

右《う》回《かい》左《さ》回《かい》で左《さ》右《ゆう》面《めん》打《う》ち

テーマ

開《ひら》き足《あし》を使《つか》い、体《からだ》を左右《さゆう》に回《まわ》しながら、手首《てくび》を返《かえ》して左面《ひだりめん》、右面《みぎめん》を打《う》つ素振《すぶ》りを覚《おぼ》えよう。

開《ひら》き足《あし》を使《つか》った左右面打《さゆうめんう》ち（後《うし》ろから）

1 正面《しょうめん》を向《む》いて構《かま》える。

2 右足《みぎあし》を斜《なな》め前《まえ》に出《だ》しながら、竹刀《しない》を振《ふ》り上《あ》げて手首《てくび》を右《みぎ》に返《かえ》す。

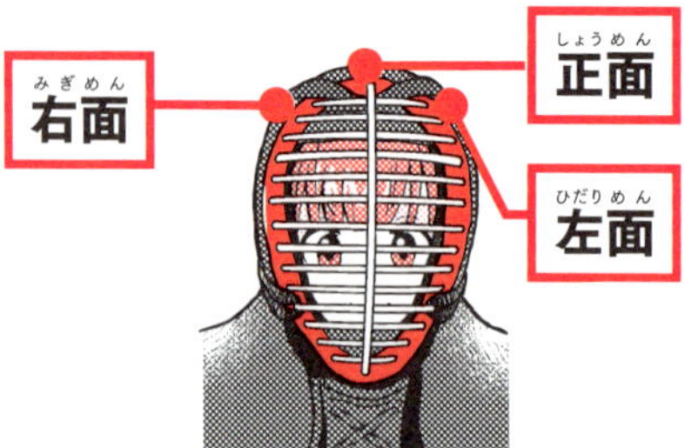

面《めん》の打突部位《だとつぶい》

面《めん》の有効《ゆうこう》な打突部位《だとつぶい》は「正面《しょうめん》」が基本《きほん》だが、このページのように体《からだ》を左右《さゆう》にさばいて打《う》つ場合《ばあい》などは、左右《さゆう》にずれても一本《いっぽん》になる。面《めん》をかぶっている人《ひと》から見《み》て左側《ひだりがわ》が「左面《ひだりめん》」、右側《みぎがわ》が「右面《みぎめん》」になる。

前《ぜん》進後退《しんこうたい》での左右面打《さゆうめんう》ちに慣《な》れてきたら、次《つぎ》は「開《ひら》き足《あし》（⇩P30）」を使《つか》って、**右左《みぎひだり》に体《からだ》を回《まわ》しながら左右《さゆう》の面《めん》を打《う》つ「右回左回左右面打《うかいさかいさゆうめんう》ち」に挑戦《ちょうせん》してみましょう。**相手《あいて》が打《う》ってきたところで体《からだ》をさばいて切《き》り返《かえ》すのは実戦《じっせん》でもよく使《つか》われます。またここで注意《ちゅうい》したいのは、左回《さかい》したときに左足《ひだりあし》を前《まえ》にせず、右足《みぎあし》を前《まえ》で行《おこな》うことです。

開《ひら》き足《あし》をきちんとマスターしていないと、体《からだ》を回《まわ》しながら打《う》つときにうまくバランスがとれません。しっかり練習《れんしゅう》しておきましょう。

3 左足《ひだりあし》を引《ひ》きつけながら、相手《あいて》の左面《ひだりめん》をねらって竹刀《しない》を振《ふ》り下《お》ろす。

メン！

4 左足《ひだりあし》を斜《なな》め後《うし》ろに出《だ》しながら、竹刀《しない》を振《ふ》り上《あ》げて手首《てくび》を左《ひだり》に返《かえ》す。

5 右足《みぎあし》を引《ひ》きつけながら、相手《あいて》の右面《みぎめん》をねらって竹刀《しない》を振《ふ》り下《お》ろす。

メン！

ポイント

つま先《さき》を相手《あいて》に向《む》けて体《からだ》を回《まわ》す

開《ひら》き足《あし》で大切《たいせつ》なのは、足《あし》を床《ゆか》に着《つ》けるときにつま先《さき》を相手《あいて》に向《む》けること。こうすることで、体《からだ》をうまく左《さ》右《ゆう》にさばくことができる。このタイミングで手首《てくび》も返《かえ》していこう。

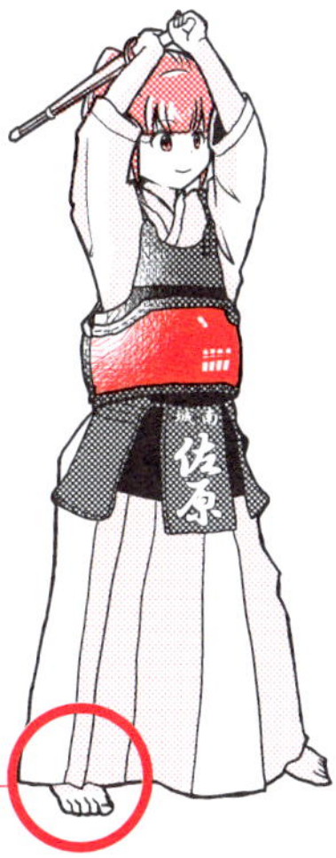
つま先《さき》を相手《あいて》に向《む》けて
すばやく切《き》り返《かえ》す
佐原

素振《すぶ》り
⑥

小手打《こてう》ち・左右胴打《さゆうどうう》ち

小《こ》手打《てう》ち・胴打《どうう》ちも素振《すぶ》りで覚《おぼ》えます。試合《しあい》で体《からだ》を傾《かたむ》けて小手《こて》をねらう人《ひと》をよく見《み》かけますが、剣道《けんどう》ではつねに頭《あたま》のてっぺんが真上《まうえ》を向《む》いているように姿勢《しせい》を正《ただ》しておくことが基本《きほん》です。**小手《こて》を打《う》つときも、正中線《せいちゅうせん》の軸《じく》を意識《いしき》してください。**竹刀《しない》の振《ふ》りは、実戦《じっせん》では斜《なな》めになることもありますが、素振《すぶ》りではまっすぐ振《ふ》り上《あ》げ、まっすぐ振《ふ》り下《お》ろすようにしましょう。

胴打《どうう》ちは、斜《なな》めに振《ふ》り下《お》ろすことになりますが、振《ふ》りが横《よこ》になりすぎないように注意《ちゅうい》しましょう。

一挙動《いっきょどう》での小手《こて》打《う》ち

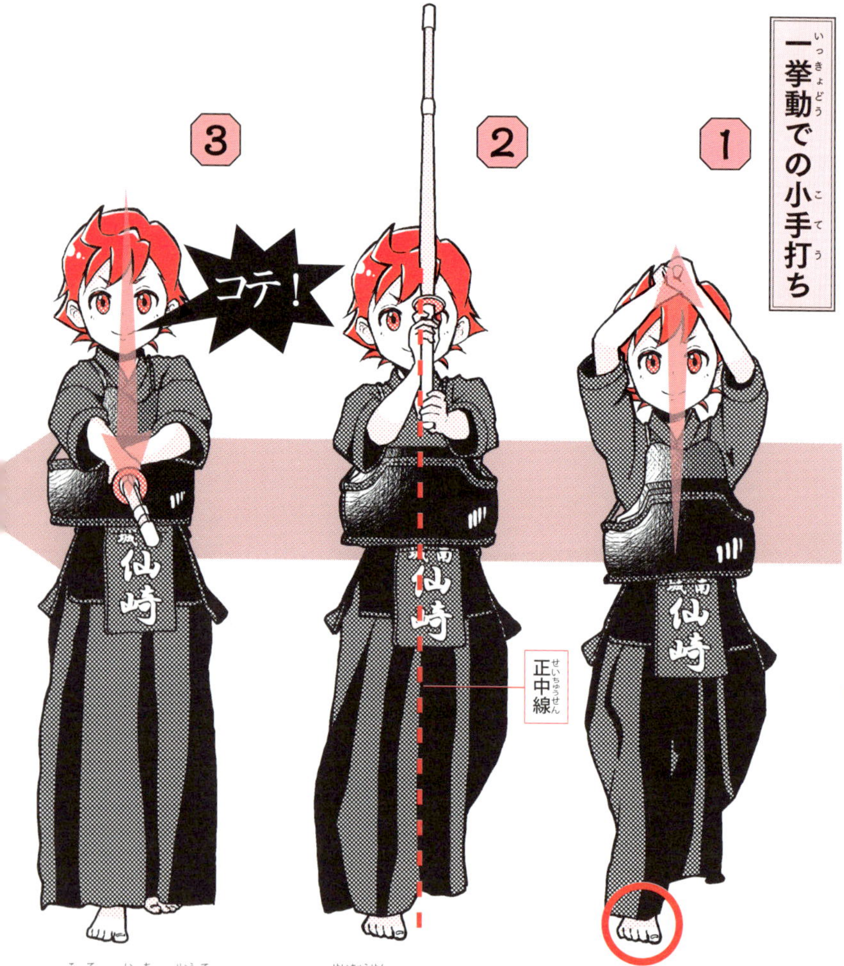

1 右足《みぎあし》を前《まえ》に出《だ》しながら、竹刀《しない》を振《ふ》り上《あ》げる。

2 正中線《せいちゅうせん》にそって竹刀《しない》を振《ふ》る。

3 小手《こて》の位置《いち》で両手《りょうて》をしぼって竹刀《しない》を止《と》める。

テーマ

まっすぐ振《ふ》り下《お》ろして小手《こて》、斜《なな》めに振《ふ》り下《お》ろして胴《どう》を打《う》つ。体《からだ》が斜《なな》めに傾《かたむ》かないように。

前進《ぜんしん》して右胴《みぎどう》、後退《こうたい》して左胴《ひだりどう》打《う》ち

1 右足《みぎあし》を前《まえ》に出《だ》しながら、竹刀《しない》を振《ふ》り上《あ》げる。

2 手首《てくび》を左《ひだり》に返《かえ》して剣先《けんせん》を左《ひだり》に傾《かたむ》ける。

3 右胴《みぎどう》をめがけ斜《なな》めに振《ふ》り下《お》ろす。

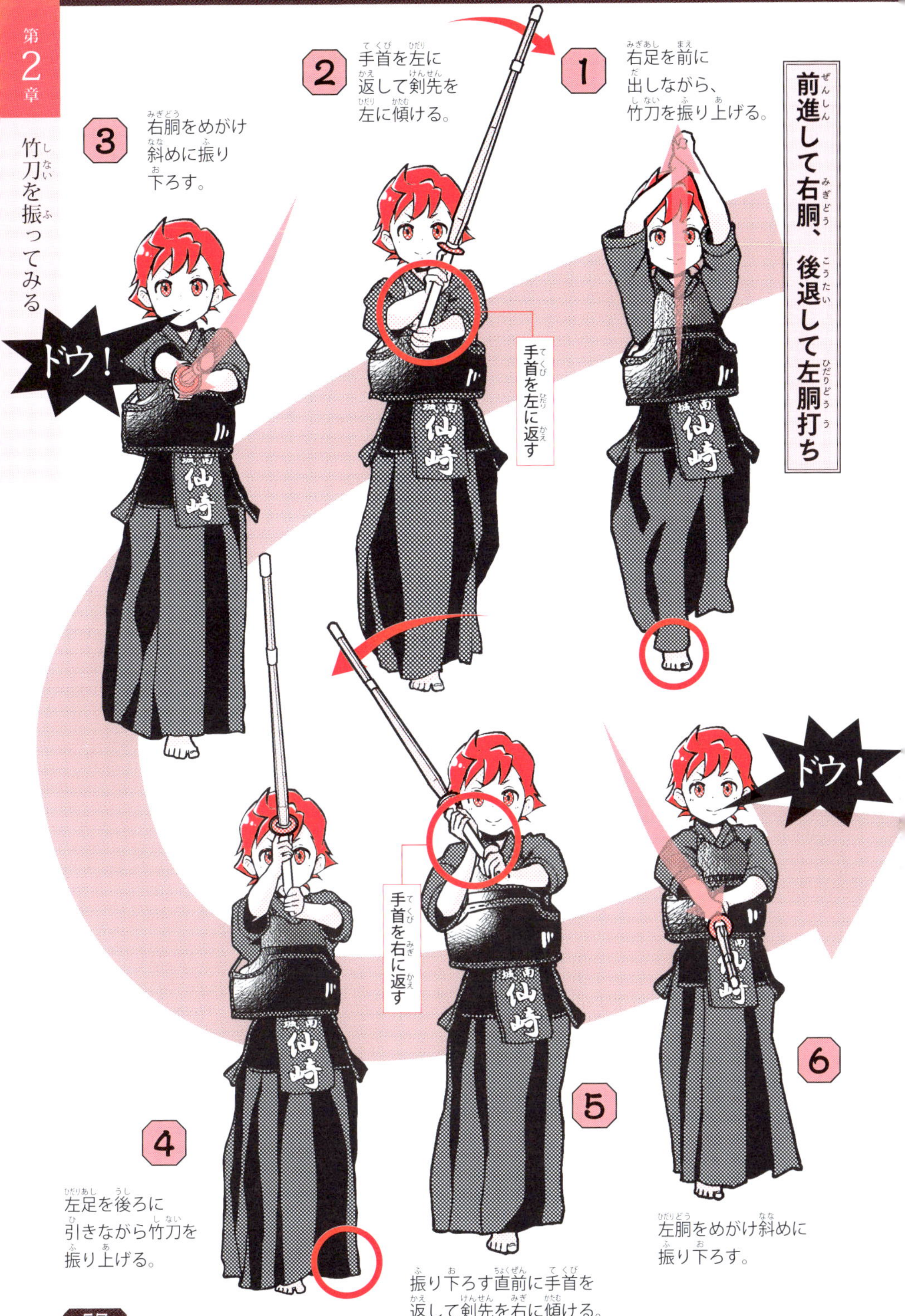

4 左足《ひだりあし》を後《うし》ろに引《ひ》きながら竹刀《しない》を振《ふ》り上《あ》げる。

5 振《ふ》り下《お》ろす直前《ちょくぜん》に手首《てくび》を返《かえ》して剣先《けんせん》を右《みぎ》に傾《かたむ》ける。

6 左胴《ひだりどう》をめがけ斜《なな》めに振《ふ》り下《お》ろす。

素振《すぶ》り 7

跳躍早素振《ちょうやくはやすぶ》り

前後《ぜんご》に跳躍《ちょうやく》して早素振《はやすぶ》り

テーマ

前《まえ》に跳《と》んで面打《めんう》ち、後《うし》ろに跳《と》んで振《ふ》りかぶる。早《はや》い動《うご》きの中《なか》でもバランスをくずさない。

前後《ぜんご》に跳《と》びながら、すばやい動《うご》きの中《なか》で正確《せいかく》に竹刀《しない》を振《ふ》ってみましょう。最《さい》初《しょ》はむずかしいと思《おも》いますが、跳躍力《ちょうやくりょく》を鍛《きた》えるという目的《もくてき》もあるので、ぜひチャレンジしてください。

振《ふ》りかぶってから左足《ひだりあし》で床《ゆか》を蹴《け》り、前《まえ》に跳《と》びながら面《めん》。次《つぎ》に右足《みぎあし》で蹴《け》って後《うし》ろに跳《と》びながら竹刀《しない》を振《ふ》り上《あ》げて着《ちゃく》地《ち》し、ふたたび前《まえ》に跳《と》んで面《めん》という動《うご》きを繰《く》り返《かえ》します。一定《いってい》のリズムで行《おこな》いましょう。上体《じょうたい》が前後《ぜんご》にゆれないように、**体《からだ》のまっすぐな軸《じく》を意識《いしき》することが大切《たいせつ》です。**

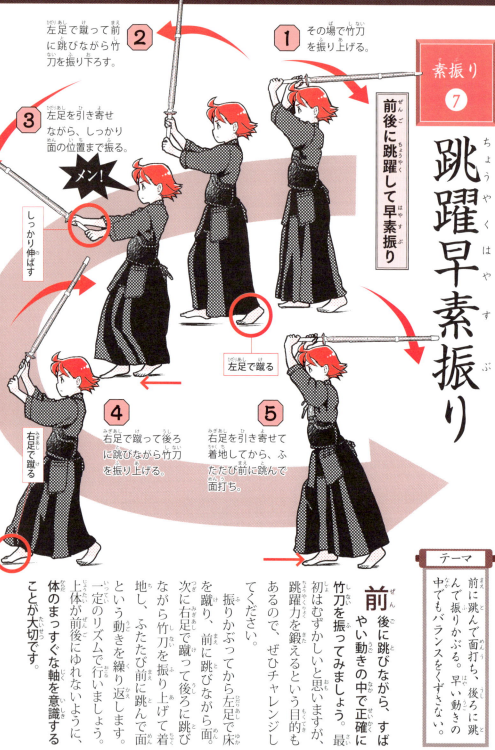

第《だい》3章《しょう》

基本《きほん》の技術《ぎじゅつ》を学《まな》ぶ

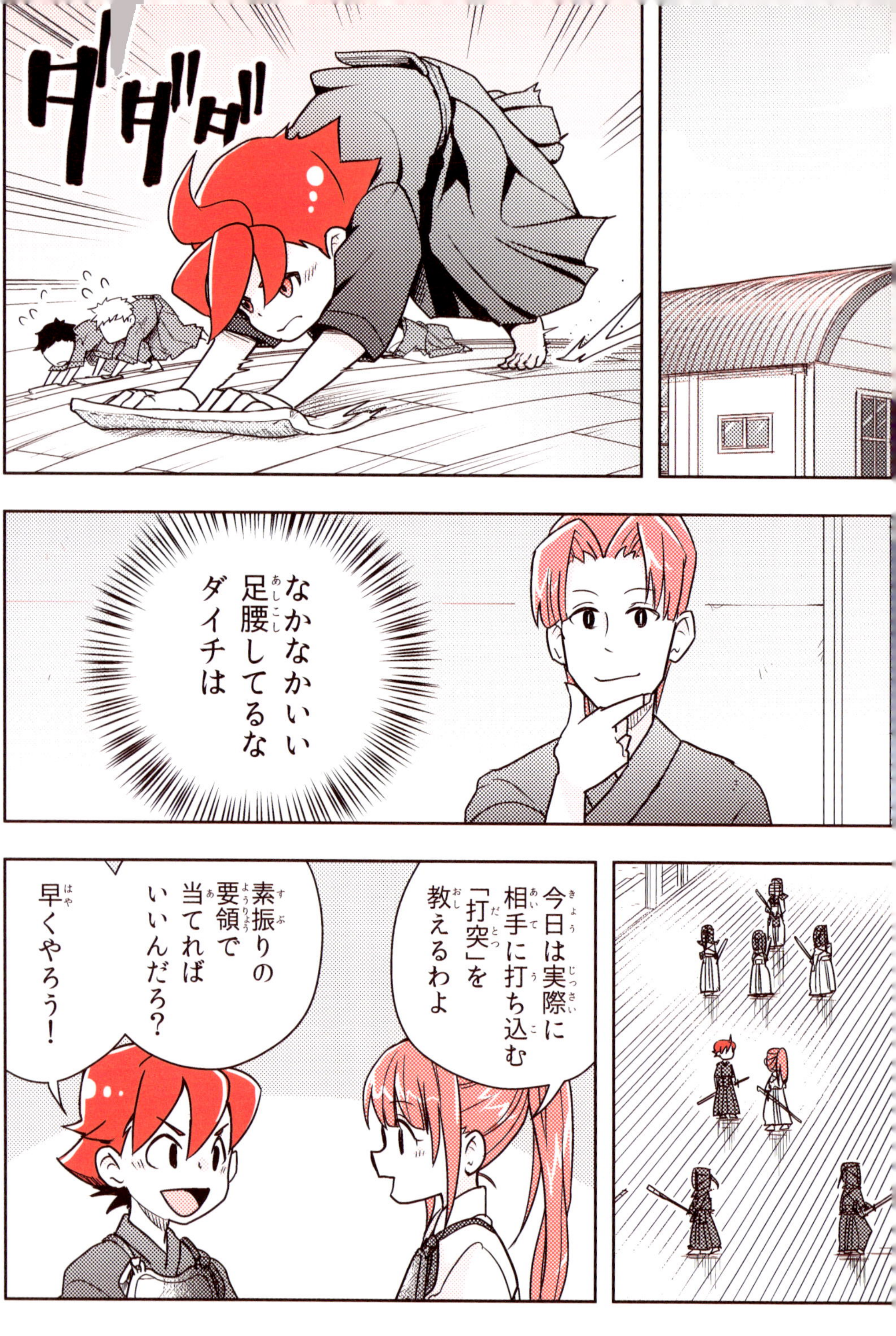
ダダダ
なかなかいい足腰《あしこし》してるなダイチは
今日《きょう》は実際《じっさい》に相手《あいて》に打《う》ち込《こ》む「打突《だとつ》」を教《おし》えるわよ
素振《すぶ》りの要領《ようりょう》で当《あ》てればいいんだろ?
早《はや》くやろう!

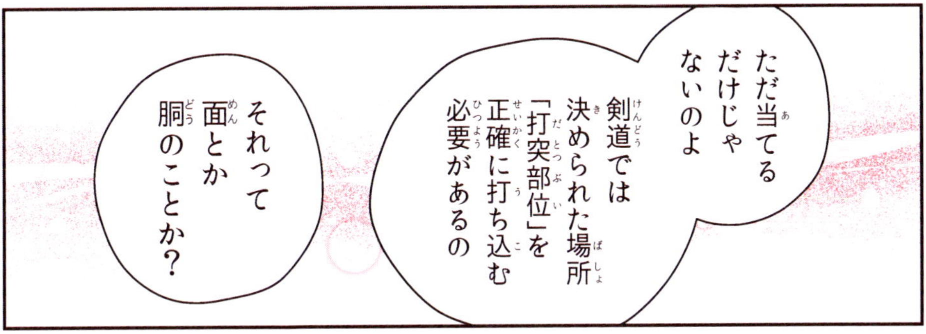
ただ当《あ》てるだけじゃないのよ
剣道《けんどう》では決《き》められた場所《ばしょ》「打突部位《だとつぶい》」を正確《せいかく》に打《う》ち込《こ》む必要《ひつよう》があるの
それって面《めん》とか胴《どう》のことか?

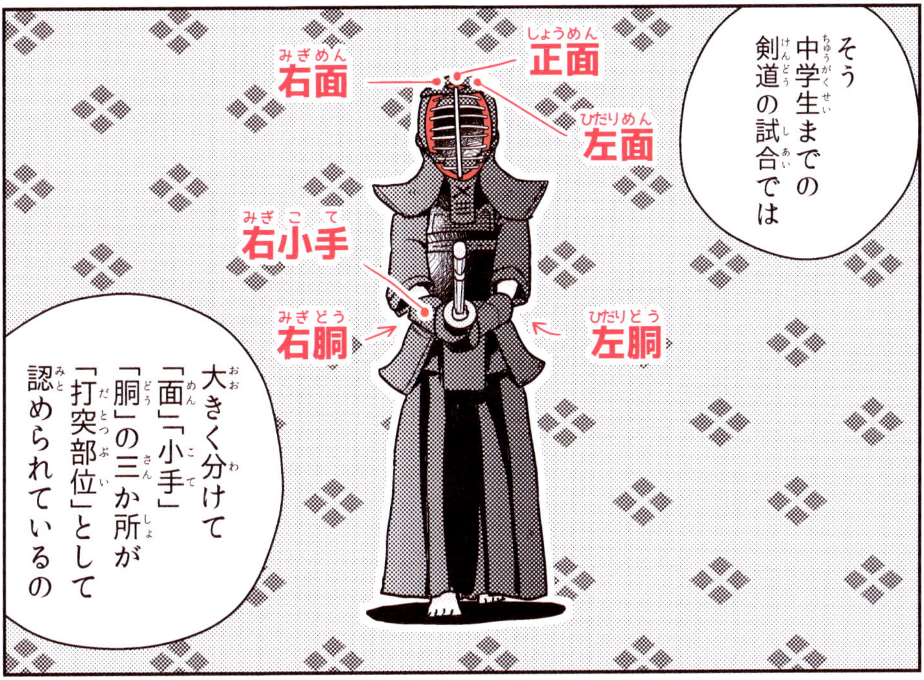
そう中学生《ちゅうがくせい》までの剣道《けんどう》の試合《しあい》では
正面《しょうめん》
右面《みぎめん》
左面《ひだりめん》
右小手《みぎこて》
右胴《みぎどう》
左胴《ひだりどう》
大《おお》きく分《わ》けて「面《めん》」「小手《こて》」「胴《どう》」の三《さん》か所《しょ》が「打突部位《だとつぶい》」として認《みと》められているの

細《こま》かく分《わ》けると面《めん》は正面《しょうめん》と左面《ひだりめん》と右面《みぎめん》の三《さん》か所《しょ》
小手《こて》は右小手《みぎこて》のみ
胴《どう》は左右《さゆう》とも有効《ゆうこう》だけど右胴《みぎどう》が基本《きほん》よ

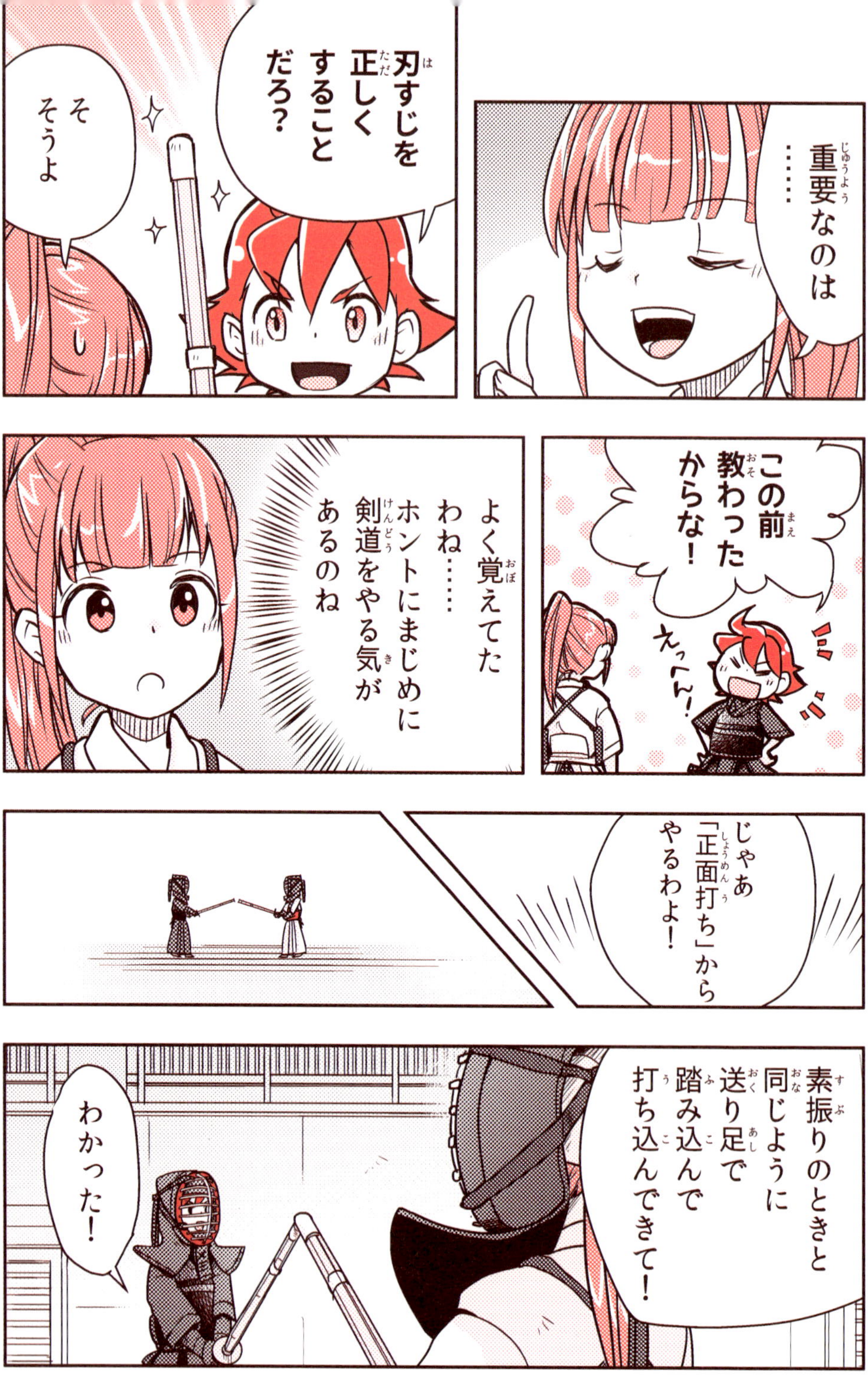
重要《じゅうよう》なのは……
刃《は》すじを正《ただ》しくすることだろ？
そ そうよ
この前《まえ》教《おそ》わったからな！
えっへん！
よく覚《おぼ》えてたわね…… ホントにまじめに剣道《けんどう》をやる気《き》があるのね
じゃあ「正面《しょうめん》打《う》ち」からやるわよ！
素振《すぶ》りのときと同《おな》じように送《おく》り足《あし》で踏《ふ》み込《こ》んで打《う》ち込《こ》んできて！
わかった！

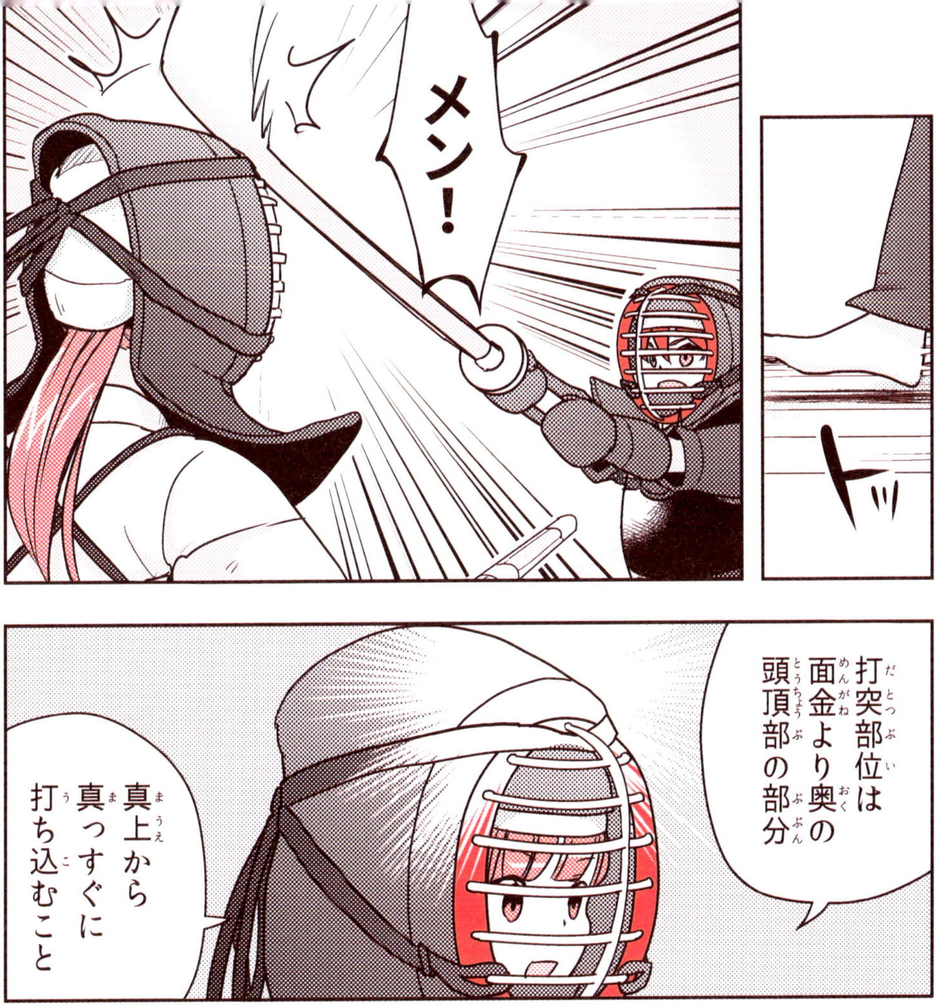
ドッ
メン！
打突部位《だとつぶい》は面金《めんがね》より奥《おく》の頭頂部《とうちょうぶ》の部分《ぶぶん》
真上《まうえ》から真《ま》っすぐに打《う》ち込《こ》むこと

次《つぎ》は「小手打《こてう》ち」
よーしっ！
コテ！

打突部位《だとつぶい》は甲手布団《こてぶとん》の部分《ぶぶん》
面打《めんう》ちと同《おな》じく真上《まうえ》から真《ま》っすぐに叩《たた》くこと
城南
最後《さいご》は「胴打《どうう》ち」
胴《どう》の打突部分《だとつぶぶん》はわき腹《ばら》の部分《ぶぶん》よ
手首《てくび》の返《かえ》しを忘《わす》れずにね
ドウ!
竹刀《しない》の横《よこ》で打《う》たないでしっかりと物打《ものう》ちの部分《ぶぶん》で打《う》ち込《こ》むこと
これが面《めん》小手《こて》胴《どう》の基本的《きほんてき》な打《う》ち方《かた》よ

あと「間合《まあ》い」について覚《おぼ》えておかないとね
間合《まあ》いって相手《あいて》との距離《きょり》のことだよな
そうよ
そのなかでも「一足一刀《いっそくいっとう》の間合《まあ》い」が基本《きほん》よ
いっそくいっとう？
一歩《いっぽ》踏《ふ》み込《こ》めば相手《あいて》に打《う》ち込《こ》めて
一足一刀《いっそくいっとう》の間合《まあ》い
剣先《けんせん》が10〜15cmほどまじわる
一歩《いっぽ》下《さ》がれば相手《あいて》の攻撃《こうげき》をかわすことができる距離《きょり》のことよ
なるほどここから攻《せ》めたり守《まも》ったりするわけだな

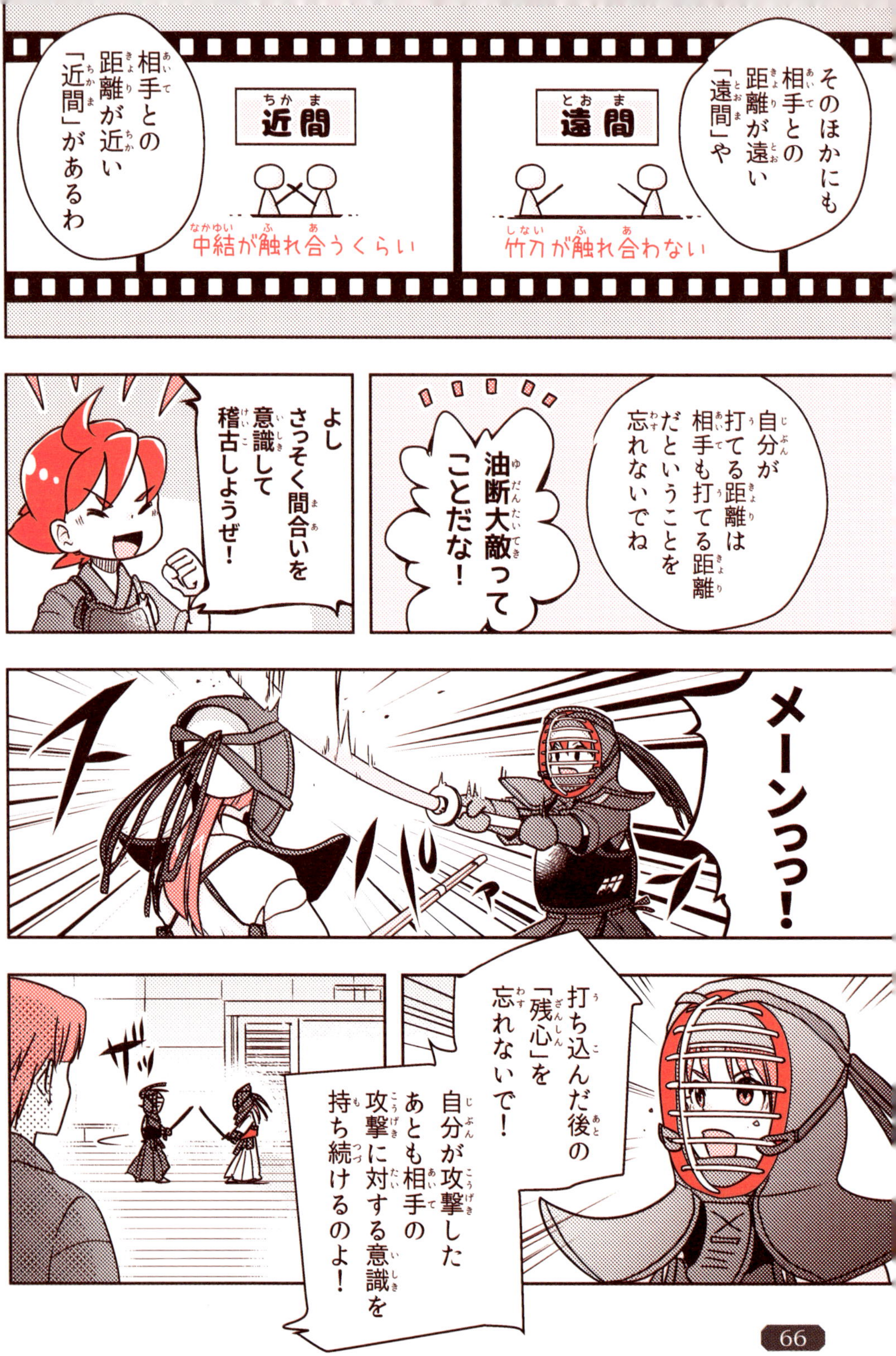
そのほかにも相手《あいて》との距離《きょり》が遠《とお》い「遠間《とおま》」や
遠間《とおま》
竹刀《しない》が触《ふ》れ合《あ》わない
近間《ちかま》
中結《なかゆい》が触《ふ》れ合《あ》うくらい
相手《あいて》との距離《きょり》が近《ちか》い「近間《ちかま》」があるわ
自分《じぶん》が打《う》てる距離《きょり》は相手《あいて》も打《う》てる距離《きょり》だということを忘《わす》れないでね
油断大敵《ゆだんたいてき》ってことだな！
よしさっそく間合《まあ》いを意識《いしき》して稽古《けいこ》しようぜ！
メーンっっ！
打《う》ち込《こ》んだ後《あと》の「残心《ざんしん》」を忘《わす》れないで！
自分《じぶん》が攻撃《こうげき》したあとも相手《あいて》の攻撃《こうげき》に対《たい》する意識《いしき》を持《も》ち続《つづ》けるのよ！
ザッ

ふむ……基本的《きほんてき》なことはだいぶできるようになったようだな
ダイチ必殺技《ひっさつわざ》を伝授《でんじゅ》しよう
必殺技《ひっさつわざ》っ!?
真空《しんくう》トルネードギャラクシーーッ!!
みたいなの!?
それどんな技《わざ》よ…
「踏《ふ》み込《こ》み足《あし》」っていうんだ
なるほど!
踏《ふ》み込《こ》み足《あし》なら足腰《あしこし》の強《つよ》いダイチにぴったりよ!
相手《あいて》と離《はな》れた遠間《とおま》の位置《いち》から一気《いっき》に相手《あいて》に打《う》ち込《こ》むことができるようになるぞ

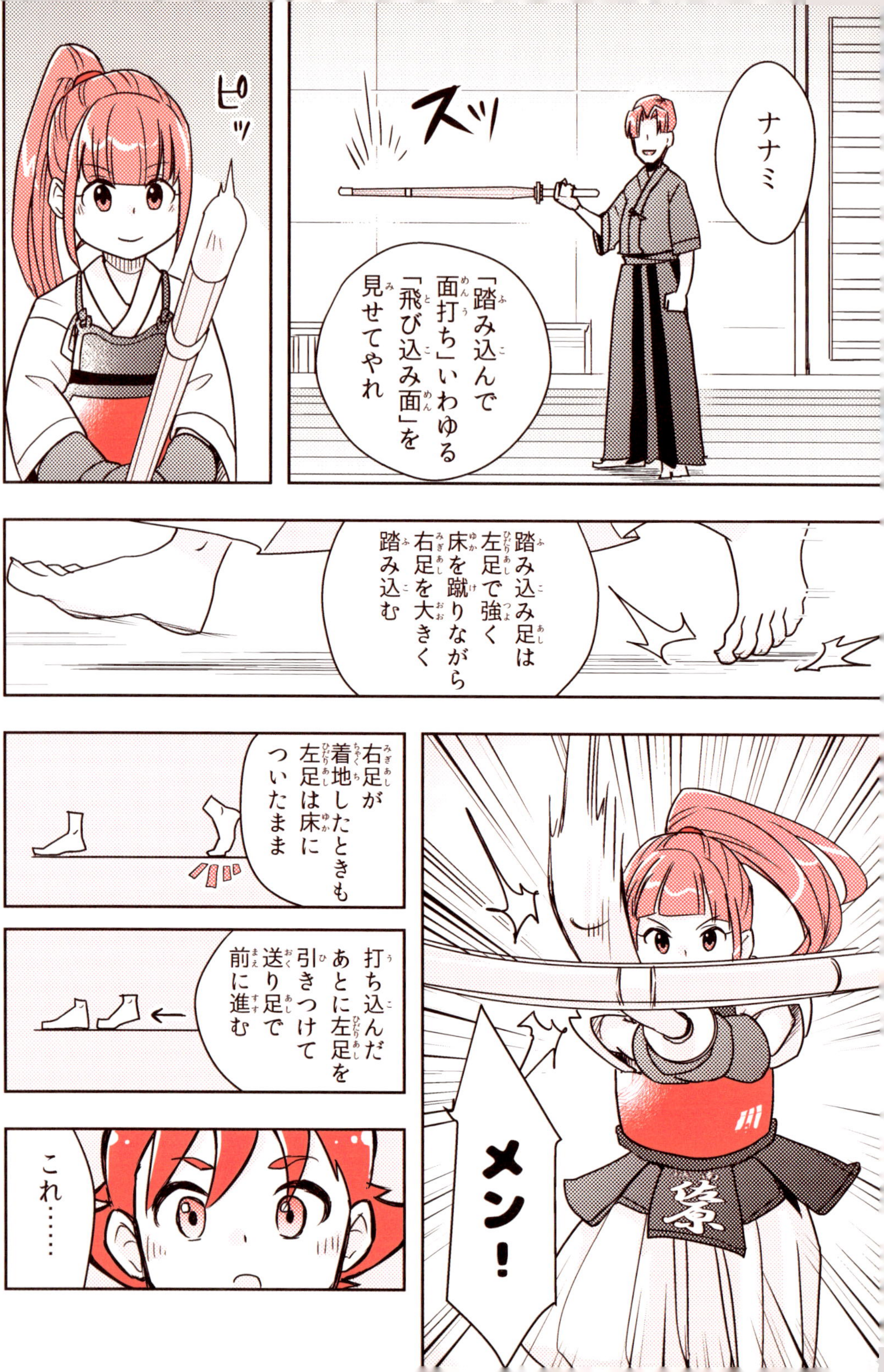
ナナミ
ズッ
「踏《ふ》み込《こ》んで面打《めんう》ち」いわゆる「飛《と》び込《こ》み面《めん》」を見《み》せてやれ
ピッ
踏《ふ》み込《こ》み足《あし》は左足《ひだりあし》で強《つよ》く床《ゆか》を蹴《け》りながら右足《みぎあし》を大《おお》きく踏《ふ》み込《こ》む
メン!
右足《みぎあし》が着地《ちゃくち》したときも左足《ひだりあし》は床《ゆか》についたまま
打《う》ち込《こ》んだあとに左足《ひだりあし》を引《ひ》きつけて送《おく》り足《あし》で前《まえ》に進《すす》む
←
これ……

ソラがやってた技《わざ》だ！
さあ 次《つぎ》は ダイチだ
来《こ》い！
スッ
ダッ
メ――ンっっ!!
左足《ひだりあし》で強《つよ》く蹴《け》る！
！

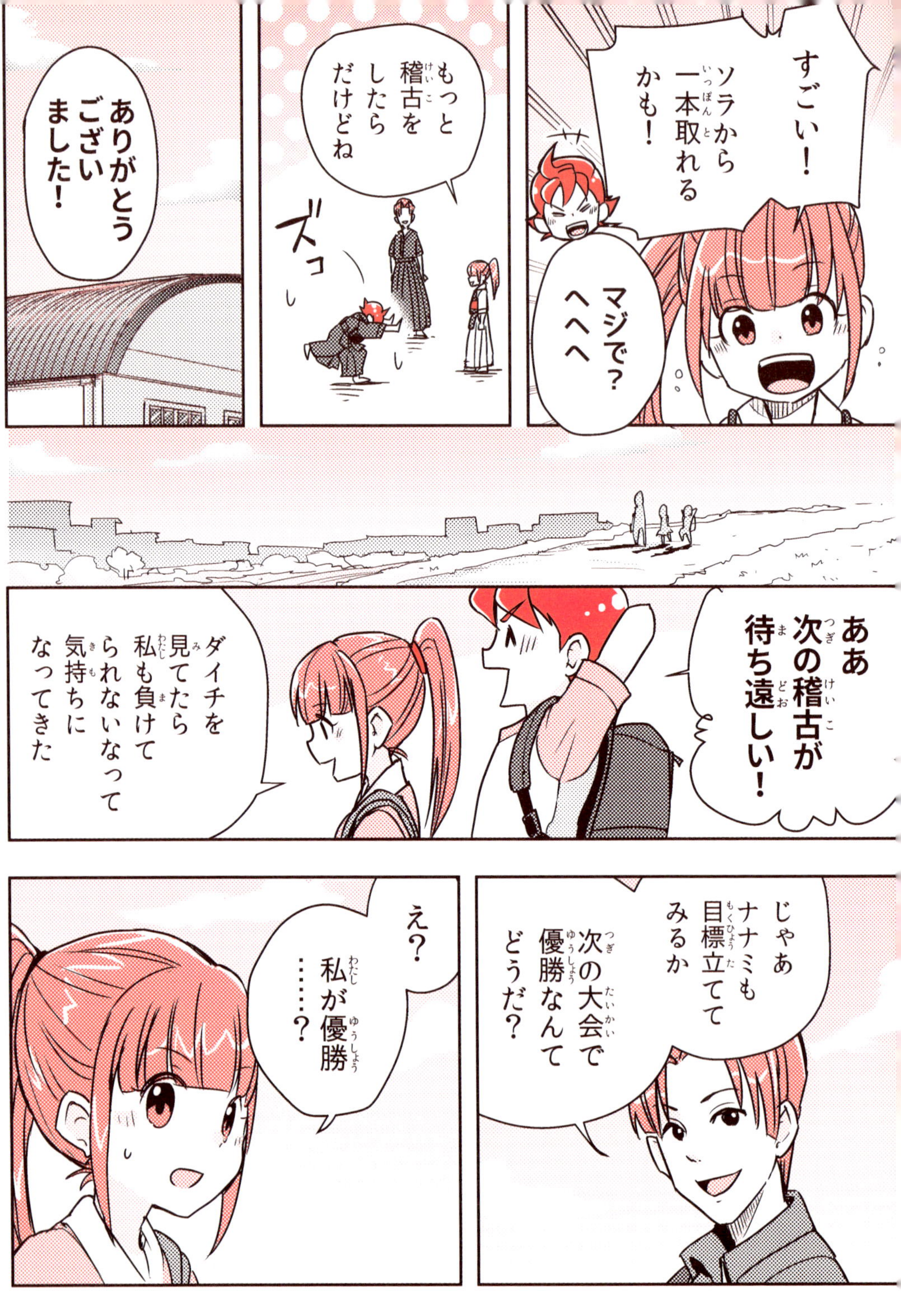
すごい！ソラから一本《いっぽん》取《と》れるかも！
マジで？へへへ
もっと稽古《けいこ》をしたらだけどね
ズコ
ありがとうございました！
ああ次《つぎ》の稽古《けいこ》が待《ま》ち遠《どお》しい！
ダイチを見《み》てたら私《わたし》も負《ま》けてられないなって気持《きも》ちになってきた
じゃあナナミも目標《もくひょう》立《た》ててみるか
次《つぎ》の大会《たいかい》で優勝《ゆうしょう》なんてどうだ？
え？
私《わたし》が優勝《ゆうしょう》……？

先生《せんせい》！大会《たいかい》っていつ!?
3か月後《げつご》だよ
もちろんソラも出《で》るぞ
じゃあオレも出《で》る！
もちろん目標《もくひょう》は
ソラに勝《か》つこと！
ナナミがんばろうぜ！
優勝《ゆうしょう》か……
うんやるわ！
ますます燃《も》えて来《き》たぞ！
やるぞ！待《ま》ってろよソラ！

基本《きほん》の打《う》ち込《こ》み 1

面《めん》打《う》ち（その場《ば》）

一本《いっぽん》になる打突部位《だとつぶい》

正面《しょうめん》
頭《あたま》のてっぺん（頭頂部《とうちょうぶ》）
右面《みぎめん》
面《めん》をかぶっている人《ひと》から見《み》て右側《みぎがわ》の部分《ぶぶん》
左面《ひだりめん》
面《めん》をかぶっている人《ひと》から見《み》て左側《ひだりがわ》の部分《ぶぶん》
右小手《みぎこて》
中段《ちゅうだん》の相手《あいて》には右小手《みぎこて》のみ有効
突《つ》き
危険性《きけんせい》を考え、中学生以下《ちゅうがくせいいか》は禁《きん》じられている
右胴《みぎどう》
防具《ぼうぐ》の胴台《どうだい》の部分《ぶぶん》
左小手《ひだりこて》
高校生以上《こうこうせいいじょう》、上段《じょうだん》の相手《あいて》に有効《ゆうこう》
左胴《ひだりどう》
有効《ゆうこう》だが、右胴《みぎどう》が基本《きほん》
仙崎

ポイント

正面《しょうめん》のとらえ方《かた》

打突《だとつ》は竹刀《しない》の中結《なかゆい》から剣先《けんせん》の「物打《ものう》ち」（⇨ P158）で正《しょう》面《めん》をとらえることが大切《たいせつ》だ。

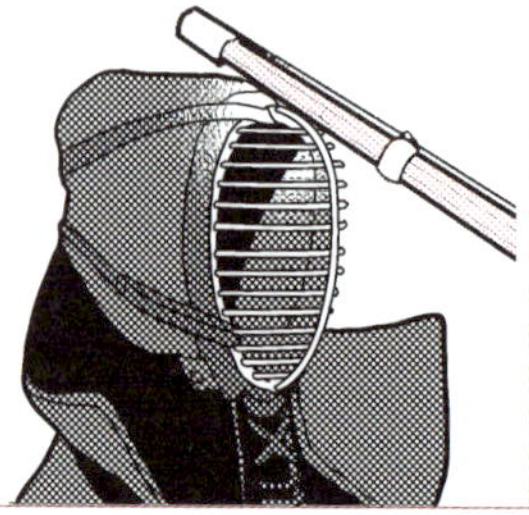

テーマ

右足《みぎあし》を踏《ふ》み出《だ》しながら振《ふ》りかぶる一挙動《いっきょどう》の振《ふ》りで、正《ただ》しい刃《は》すじで面《めん》に打《う》ち込《こ》んでいく。

剣《けん》道《どう》は決《き》められた場所《ばしょ》に、**刃《は》すじ正《ただ》しく正確《せいかく》に打《う》ち込《こ》む（打突《だとつ》する）ことで「一本《いっぽん》」になります**。中学生《ちゅうがくせい》までの試合《しあい》で一本《いっぽん》と認《みと》められるのは、**面《めん》（正面《しょうめん》、右面《みぎめん》、左面《ひだりめん》）**、**右小手《みぎこて》**、**胴《どう》**です。高校生以上《こうこうせいいじょう》になると**突《つ》き**も有効《ゆうこう》になり、竹刀《しない》を上《うえ》に構《かま》える上段《じょうだん》も認《みと》められるので、それに対《たい》して**左《ひだり》小手《こて》**も一本《いっぽん》となります。

練習相手《れんしゅうあいて》に竹刀《しない》を構《かま》えてもらい、それをめがけて**右足《みぎあし》を踏《ふ》み出《だ》しながら振《ふ》りかぶる一《いっ》挙動《きょどう》の振《ふ》りで面打《めんう》ち**を練習《れんしゅう》します。素振《すぶ》りと同様《どうよう》に大《おお》きな振《ふ》りを心《こころ》がけましょう。

✕ 物打《ものう》ちでとらえていない

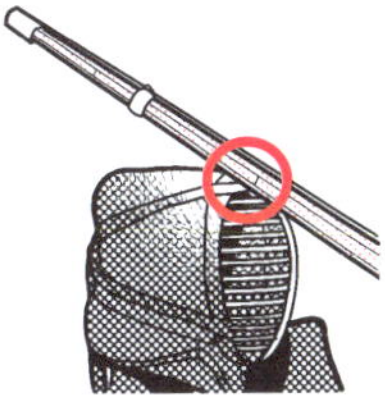

竹刀《しない》の中結《なかゆい》よりもつばに近《ちか》い部分《ぶぶん》で当《あ》てても一本《いっぽん》にはならない。

✕ 面金《めんがね》に当《あ》たる

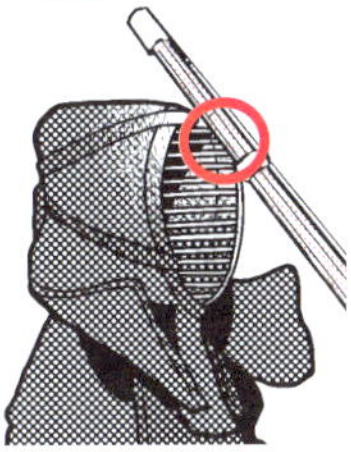

手首《てくび》を曲《ま》げて打突《だとつ》すると面《めん》まで届《とど》かず、面金《めんがね》に当《あ》たってしまうので一本《いっぽん》にならない。

大《おお》きく振《ふ》りかぶって正面《しょうめん》打ち

1

中結《なかゆい》（⇨ P158）が触《ふ》れ合《あ》う程度《ていど》

一歩《いっぽ》踏《ふ》み込《こ》む程度《ていど》で届《とど》く近《ちか》い間合《まあ》いで構《かま》える。

2

竹刀《しない》がお尻《しり》につくくらい振《ふ》りかぶる

右足《みぎあし》を前《まえ》に踏《ふ》み出《だ》しながら大《おお》きく振《ふ》りかぶる。

3

メン!
手《て》の内《うち》をしぼる
左足《ひだりあし》を前《まえ》に送《おく》りながら打《う》つ

相手《あいて》の正面《しょうめん》をめがけてまっすぐ竹刀《しない》を振《ふ》り下《お》ろす。慣《な》れてきたら竹刀《しない》の振《ふ》りかぶりを少《すこ》し小《ちい》さく（剣先《けんせん》が天井《てんじょう》よりやや後《うし》ろを指《さ》す程度《ていど》）して行《おこな》う。

基本《きほん》の打《う》ち込《こ》み ②

小《こ》手《て》打《う》ち

まっすぐ振《ふ》り下《お》ろして小《こ》手《て》打《う》ち

テーマ

斜《なな》めではなく、まっすぐ振《ふ》り下《お》ろす。打《う》つ瞬間《しゅんかん》は両手《りょうて》を内側《うちがわ》にしぼり、真上《まうえ》からたたく。

小《こ》手《て》打《う》ちは、竹刀《しない》を斜《なな》めに振《ふ》るとかん違《ちが》いしている人《ひと》も多《おお》いのですが、体《からだ》を横《よこ》に傾《かたむ》け、竹刀《しない》を斜《なな》めに振《ふ》るような打《う》ち方《かた》は正《ただ》しくありません。小手《こて》は面《めん》よりも低《ひく》い位《い》置《ち》にあるというだけで、打《う》ち方《かた》は面《めん》とまったく同《おな》じ「**まっすぐ振《ふ》り上《あ》げて、まっすぐ下《お》ろす**」という動《うご》きになります。

右足《みぎあし》を前《まえ》に踏《ふ》み出《だ》しながら振《ふ》りかぶり、まっすぐ振《ふ》り下《お》ろすという**一挙動《いっきょどう》の動作《どうさ》**で行《おこな》います。**小手《こて》に当《あ》たる瞬間《しゅんかん》に両手《りょうて》を強《つよ》く内側《うちがわ》にしぼる**という両手《りょうて》の使《つか》い方《かた》も面打《めんう》ちと同《おな》じです。

小手《こて》打《う》ちは甲手頭《こてがしら》ではなく、甲手布団《こてぶとん》（甲手《こて》の部位《ぶい》⇨P155）の部分《ぶぶん》をねらう。刃《は》すじ正《ただ》しく、物打《ものう》ちの部《ぶ》分《ぶん》でとらえよう。

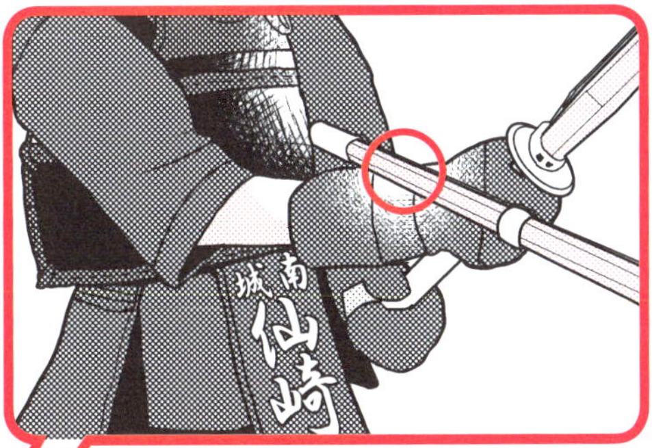

3

相手《あいて》の小手《こて》めがけてまっすぐ竹刀《しない》を振《ふ》り下《お》ろす。面打《めんう》ちと同《おな》じように手首《てくび》を伸《の》ばし、両手《りょうて》を内側《うちがわ》にしぼってしっかり真上《まうえ》からたたく。

ポイント

まっすぐ振《ふ》り上《あ》げて振《ふ》り下《お》ろす

体《からだ》を斜《なな》めに傾《かたむ》けて、竹刀《しない》を斜《なな》めに振《ふ》り下《お》ろして小手《こて》を打《う》とうとしている人《ひと》を見《み》かけるが、小手《こて》も面打《めんう》ちと同《おな》じく、まっすぐ振《ふ》り上《あ》げてまっすぐ振《ふ》り下《お》ろすのが基本《きほん》。背《せ》すじも伸《の》ばしておこう。

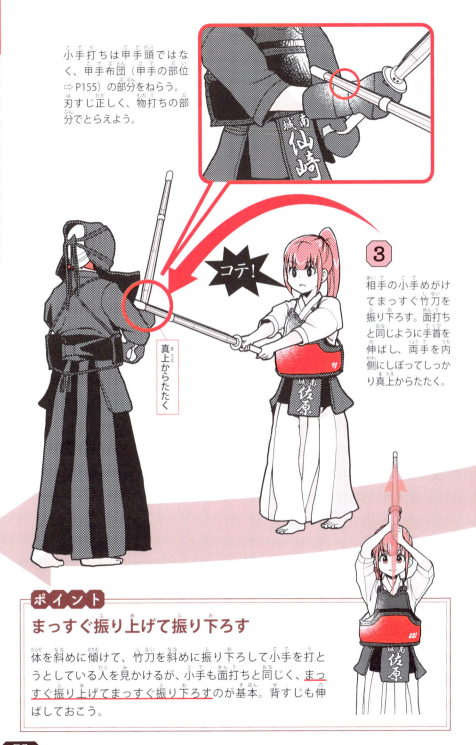

胴打《どうう》ち

斜《なな》めに振《ふ》り下《お》ろして右胴打《みぎどうう》ち

右足《みぎあし》を前《まえ》に踏《ふ》み出《だ》しながら竹刀《しない》をまっすぐ振《ふ》り上《あ》げる。

手首《てくび》を返《かえ》して剣先《けんせん》を横《よこ》にずらし、斜《なな》めに振《ふ》り下《お》ろしていく。

テーマ

振《ふ》りかぶってから手首《てくび》を返《かえ》し斜《なな》めに振《ふ》り下《お》ろして胴打《どうう》ち。刃《は》の部分《ぶぶん》で確実《かくじつ》にとらえよう。

胴《どう》は体《からだ》の横《よこ》なので、面《めん》や小手《こて》のように真上《まうえ》からたたくことができず、竹刀《しない》を斜《なな》めに振《ふ》り下《お》ろすことが必要《ひつよう》になります。最初《さいしょ》から斜《なな》めに振《ふ》り上《あ》げるのではなく、**まっすぐ振《ふ》り上《あ》げてから手首《てくび》を返《かえ》して竹刀《しない》を斜《なな》めにします**。このときの手首《てくび》の返《かえ》しと斜《なな》めに振《ふ》る動作《どうさ》が胴打《どうう》ちのむずかしいところです。

斜《なな》めに振《ふ》るといっても真横《まよこ》から打《う》とうとすると、竹刀《しない》の横《よこ》の部分《ぶぶん》でたたくことになり**「刃《は》すじ正《ただ》しく打《う》つ」**ことができません。刃《は》の部分《ぶぶん》が当《あ》たっているか確認《かくにん》しましょう。

わき腹《ばら》の部分《ぶぶん》を物打《ものう》ち（竹《し》刀《ない》について⇨P158）でとらえるが、面《めん》、小手《こて》と違《ちが》い、斜《なな》めに振《ふ》り下《お》ろすため、胴《どう》に当《あ》たる角度《かくど》も斜《なな》めになる。弦《つる》が斜《なな》め上《うえ》を向《む》いた状態《じょうたい》で、刃《は》の部分《ぶぶん》でしっかりととらえるようにしよう。

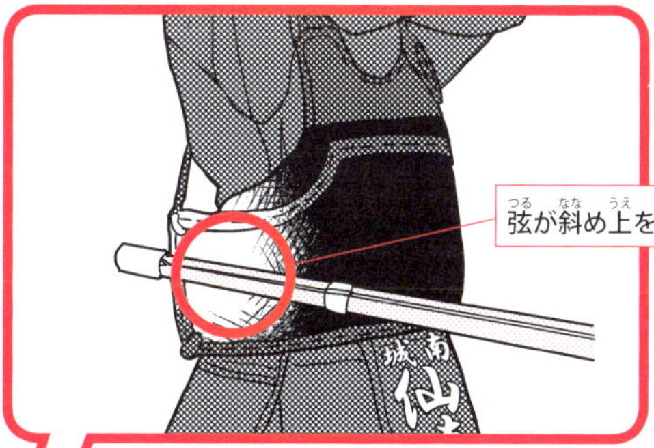

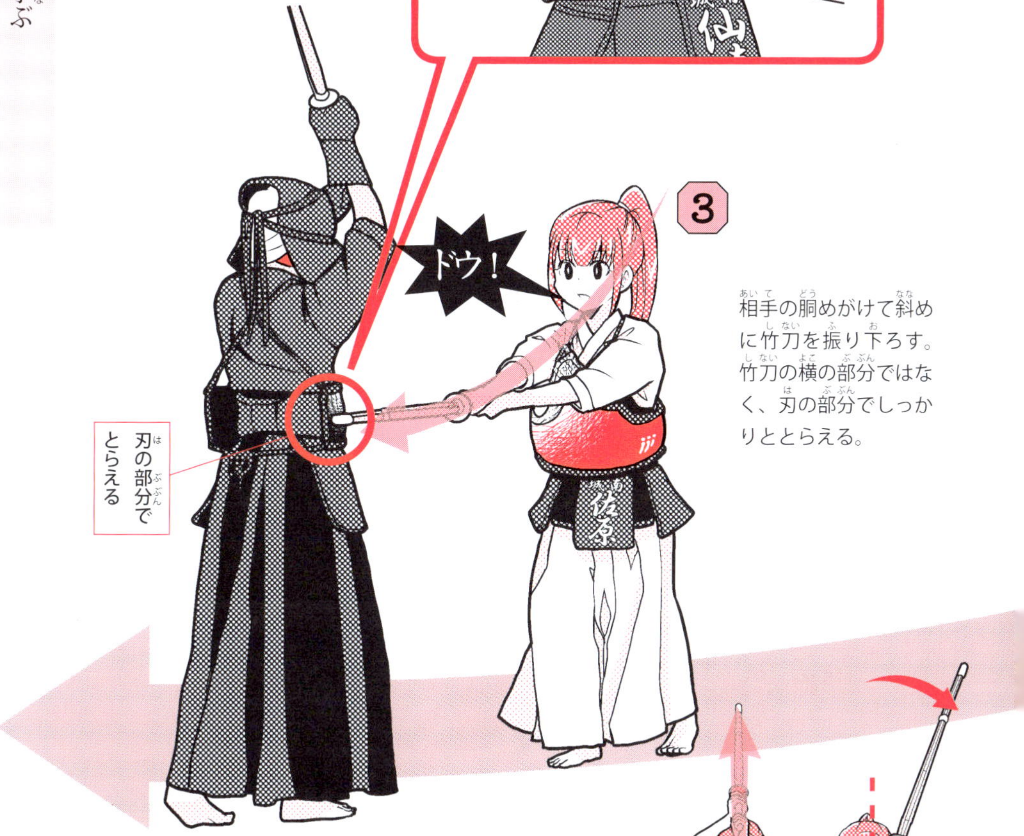

相手《あいて》の胴《どう》めがけて斜《なな》めに竹刀《しない》を振《ふ》り下《お》ろす。竹刀《しない》の横《よこ》の部分《ぶぶん》ではなく、刃《は》の部分《ぶぶん》でしっかりととらえる。

ポイント

左《ひだり》こぶしを正中線《せいちゅうせん》からはずさない

竹刀《しない》を斜《なな》めに振《ふ》り下《お》ろす胴打《どうう》ちでは、まっすぐ振《ふ》りかぶってから手首《てくび》を返《かえ》し、剣先《けんせん》を横《よこ》にずらして竹刀《しない》を斜《なな》めにする。このとき左《ひだり》こぶしが正中線《せいちゅうせん》からはずれないように注意《ちゅうい》しよう。

飛《と》び込《こ》み面《めん》

踏《ふ》み込《こ》み足《あし》による面打《めんう》ち（飛《と》び込《こ》み面《めん》）

1
床《ゆか》すれすれに動《うご》かす
2
メン！
背《せ》すじをしっかりと伸《の》ばす
右足《みぎあし》が着地《ちゃくち》したときでも左足《ひだりあし》つま先《さき》は床《ゆか》につけたまま

基本《きほん》の構《かま》えから左足《ひだりあし》で床《ゆか》を強《つよ》く蹴《け》って、右足《みぎあし》を大《おお》きく前《まえ》に踏《ふ》み出《だ》していく。

できる限《かぎ》り右足《みぎあし》を遠《とお》くに運《はこ》び、面《めん》を打《う》ち込《こ》む。

テーマ

より遠《とお》くまで打《う》ち込《こ》むために右足《みぎあし》を踏《ふ》み込《こ》む。さらに遠間《とおま》からの面打《めんう》ちもやってみよう。

面《めん》や小手《こて》、胴《どう》の基本《きほん》の打《う》ち方《かた》をマスターしたら「**踏《ふ》み込《こ》み足《あし》**」を使《つか》った「**飛《と》び込《こ》み面《めん》**」に挑戦《ちょうせん》しましょう。

素振《すぶ》りや基本《きほん》の打《う》ち込《こ》みでは「送《おく》り足《あし》」を使《つか》いましたが、実戦《じっせん》ではより遠《とお》くまで竹刀《しない》を届《とど》かせるために、**左足《ひだりあし》で強《つよ》く床《ゆか》を蹴《け》って右足《みぎあし》を大《おお》きく踏《ふ》み込《こ》む動作《どうさ》をします**。右足《みぎあし》は高《たか》く上《あ》げるのではなく、床《ゆか》すれすれに踏《ふ》み出《だ》すことがポイントになります。

さらに遠《とお》くに踏《ふ》み込《こ》めるようになるために効果的《こうかてき》な練習《れんしゅう》として、「**遠間《とおま》からの面打《めんう》ち**」も行《おこな》っていきましょう。

上達への道　遠間《とおま》からの面打《めんう》ちに挑戦《ちょうせん》しよう

送《おく》り足《あし》で一歩前進《いっぽぜんしん》してから踏《ふ》み込《こ》むことで、遠間《とおま》からの面打《めんう》ちをマスターしよう。

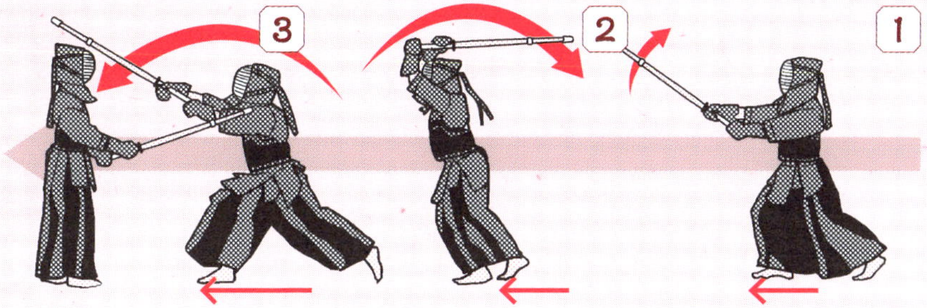

送《おく》り足《あし》で右足《みぎあし》を前《まえ》に出《だ》しながら竹刀《しない》を振《ふ》り上《あ》げる。

左足《ひだりあし》を引《ひ》き寄《よ》せながら大《おお》きく振《ふ》りかぶる。

左足《ひだりあし》を強《つよ》く蹴《け》って右足《みぎあし》を踏《ふ》み込《こ》んで面打《めんう》ち。

打《う》った後《あと》は左足《ひだりあし》のつま先《さき》を右足《みぎあし》のかかと近《ちか》くまで引《ひ》き寄《よ》せる。

送《おく》り足《あし》でそのまま前進《ぜんしん》を続《つづ》ける。

間合《まあ》い

いろいろな間合《まあ》い

剣《けん》道《どう》で攻防《こうぼう》の決《き》め手《て》になるのは相手《あいて》との距離《きょり》、すなわち**「間合《まあ》い」**です。

もっとも基本《きほん》となるのが「一《いっ》足一刀《そくいっとう》の間合《まあ》い」です。一歩《いっぽ》踏《ふ》み込《こ》めば相手《あいて》を打突《だとつ》でき、一《いっ》歩下《ぽさ》がれば相手《あいて》の攻撃《こうげき》をかわすことができる距離《きょり》で、一般的《いっぱんてき》には中段《ちゅうだん》に構《かま》えた互《たが》いの剣先《けんせん》が約《やく》10～15㎝ほどまじわった距離《きょり》になります。

遠《とお》い間合《まあ》いを「遠間《とおま》」、近《ちか》い間合《まあ》いを「近間《ちかま》」、剣先《けんせん》が触《ふ》れ合《あ》う間合《まあ》いを「触剣《しょっけん》の間合《まあ》い」といいます。有利《ゆうり》に攻《せ》めるにはどのように間合《まあ》いをつめればいいのかを学《まな》びましょう。

一足一刀《いっそくいっとう》の間合《まあ》い

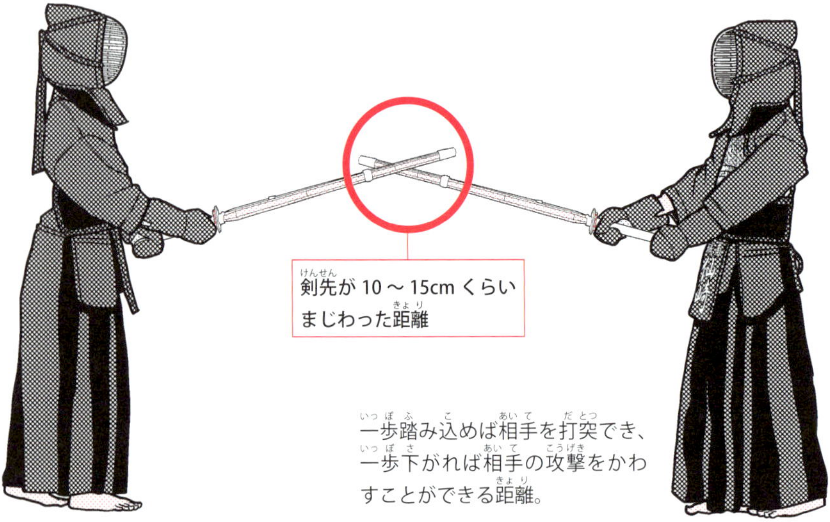

剣先《けんせん》が10～15cmくらいまじわった距離《きょり》

一歩《いっぽ》踏《ふ》み込《こ》めば相手《あいて》を打突《だとつ》でき、一歩《いっぽ》下《さ》がれば相手《あいて》の攻撃《こうげき》をかわすことができる距離《きょり》。

ポイント

打《う》ち間《ま》に入《はい》る

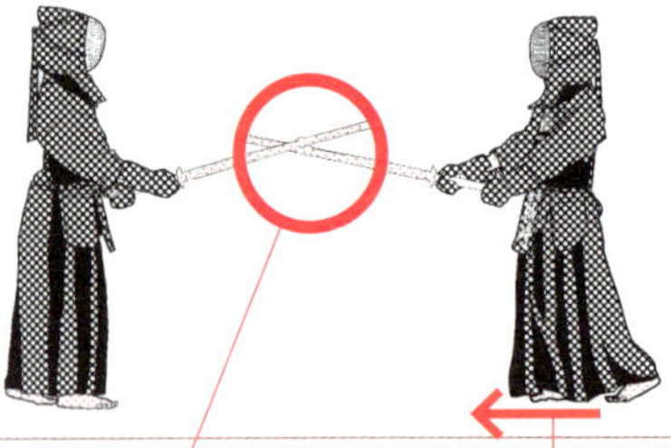

「一足一刀《いっそくいっとう》の間合《まあ》い」の距離《きょり》から打《う》ちに行《い》っても竹刀《しない》は届《とど》かない。一《いち》度《ど》、右足《みぎあし》を前《まえ》に出《だ》し、竹刀《しない》が届《とど》く距離《きょり》につめることを「打《う》ち間《ま》に入《はい》る」という。このとき竹刀《しない》で「中心《ちゅうしん》をとる」ことも大切《たいせつ》だ。

剣先《けんせん》は中心《ちゅうしん》からはずさない

右足《みぎあし》を前《まえ》に出《だ》して間合《まあ》いをつめる

テーマ

いろいろな間合《まあ》いを学《まな》び、それらの間合《まあ》いからどのように攻《せ》めればいいかを学《まな》んでいく。

遠《とお》間《ま》

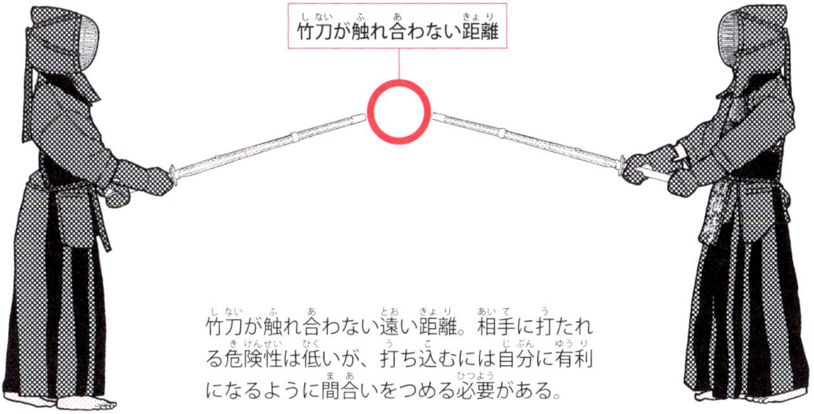

竹刀《しない》が触《ふ》れ合《あ》わない遠《とお》い距離《きょり》。相手《あいて》に打《う》たれる危険性《きけんせい》は低《ひく》いが、打《う》ち込《こ》むには自分《じぶん》に有利《ゆうり》になるように間合《まあ》いをつめる必要《ひつよう》がある。

近《ちか》間《ま》

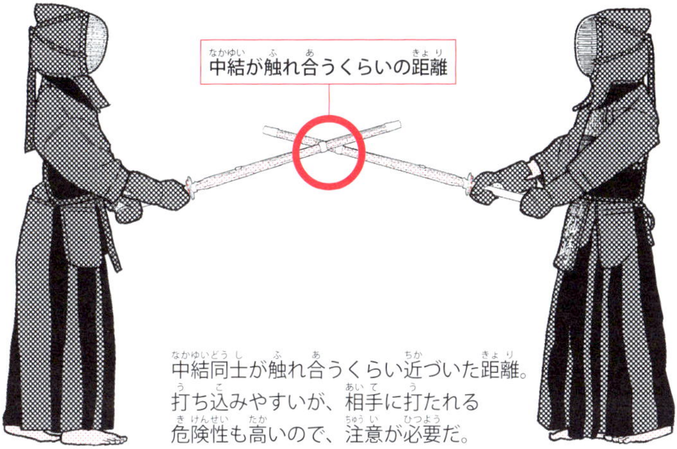

中結同士《なかゆいどうし》が触《ふ》れ合《あ》うくらい近《ちか》づいた距離《きょり》。打《う》ち込《こ》みやすいが、相手《あいて》に打《う》たれる危険性《きけんせい》も高《たか》いので、注意《ちゅうい》が必要《ひつよう》だ。

触剣《しょっけん》の間《ま》合《あ》い

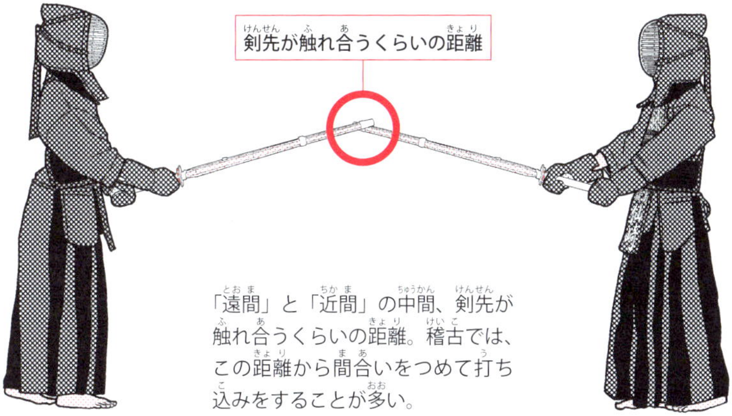

「遠間《とおま》」と「近間《ちかま》」の中間《ちゅうかん》、剣先《けんせん》が触《ふ》れ合《あ》うくらいの距離《きょり》。稽古《けいこ》では、この距離《きょり》から間合《まあ》いをつめて打《う》ち込《こ》みをすることが多《おお》い。

体当《たいあ》たり

正面打《しょうめんう》ちから体当《たいあ》たり

多《おお》くの道場《どうじょう》で、面《めん》をつけたらまず行《おこな》うのが「**切**《き》**り返**《かえ》**し**」です。切《き》り返《かえ》しは、**竹刀**《しない》**の振**《ふ》**りや打突**《だとつ》**での刃**《は》**すじ、手**《て》**の内**《うち》、**足**《あし》**さばき、踏**《ふ》**み込**《こ》**み、気**《き》**合**《あ》**い**など、剣道《けんどう》の基本《きほん》となる技《わざ》や動《うご》きが多《おお》く含《ふく》まれていて準備運動《じゅんびうんどう》にも最適《さいてき》です。

正面《しょうめん》を打《う》って**体当**《たいあ》**たり**をしてから、左右面《さゆうめん》打《う》ちを組《く》み合《あ》わせていくのですが、はじめは体当《たいあ》たりがむずかしく感《かん》じるかもしれません。剣道《けんどう》は相《あい》手《て》とぶつかり合《あ》う格闘技《かくとうぎ》です。手《て》だけで押《お》すのではなく、**腰**《こし》**から相手**《あいて》**に向**《む》**かっていく**ようにしましょう。

床《ゆか》すれすれに動《うご》かす

1

一足一刀《いっそくいっとう》の間合《まあ》いから
右足《みぎあし》を踏《ふ》み出《だ》し、
まっすぐ竹刀《しない》を振《ふ》り上《あ》げる。

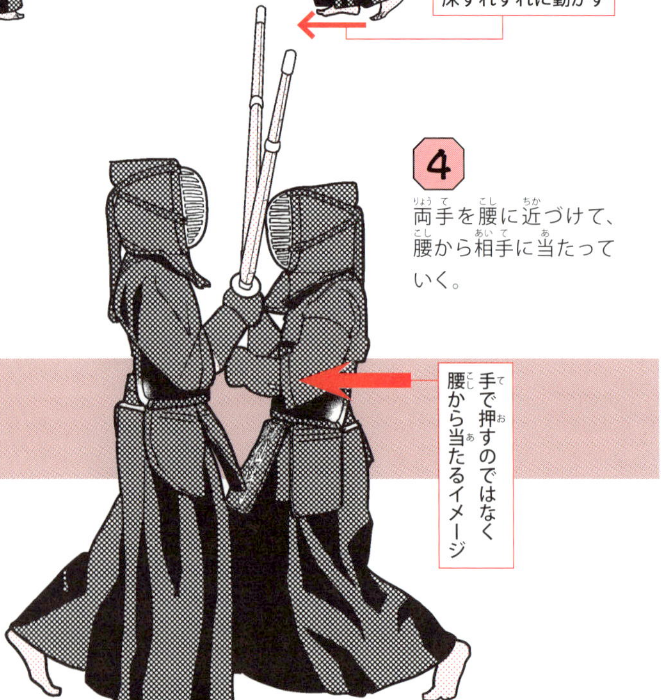
手《て》で押《お》すのではなく
腰《こし》から当《あ》たるイメージ

4

両手《りょうて》を腰《こし》に近《ちか》づけて、
腰《こし》から相手《あいて》に当《あ》たって
いく。

テーマ

すべての基本《きほん》がつまった練習《れんしゅう》が切《き》り返《かえ》し。体当《たいあ》たりでは背《せ》すじを伸《の》ばして腰《こし》から当《あ》たろう。

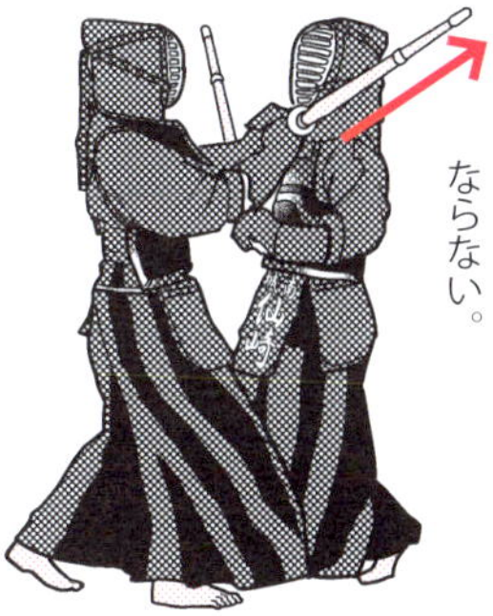

✕ 竹刀《しない》を横《よこ》にする

竹刀《しない》を横《よこ》にし、手《て》を伸《の》ばして相手《あいて》を押《お》してはならない。

✕ 相手《あいて》によりかかる

相手《あいて》に当《あ》たるときはよりかからず、背《せ》すじを伸《の》ばすこと。

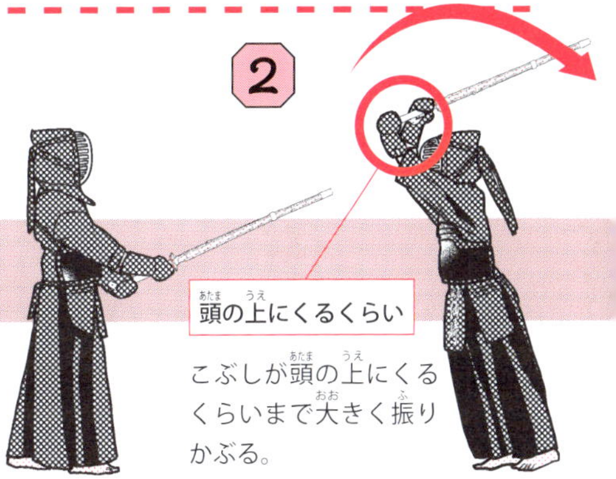

2

こぶしが頭《あたま》の上《うえ》にくるくらいまで大《おお》きく振《ふ》りかぶる。

3

右足《みぎあし》を大《おお》きく踏《ふ》み込《こ》みながら正面《しょうめん》を打《う》つ。

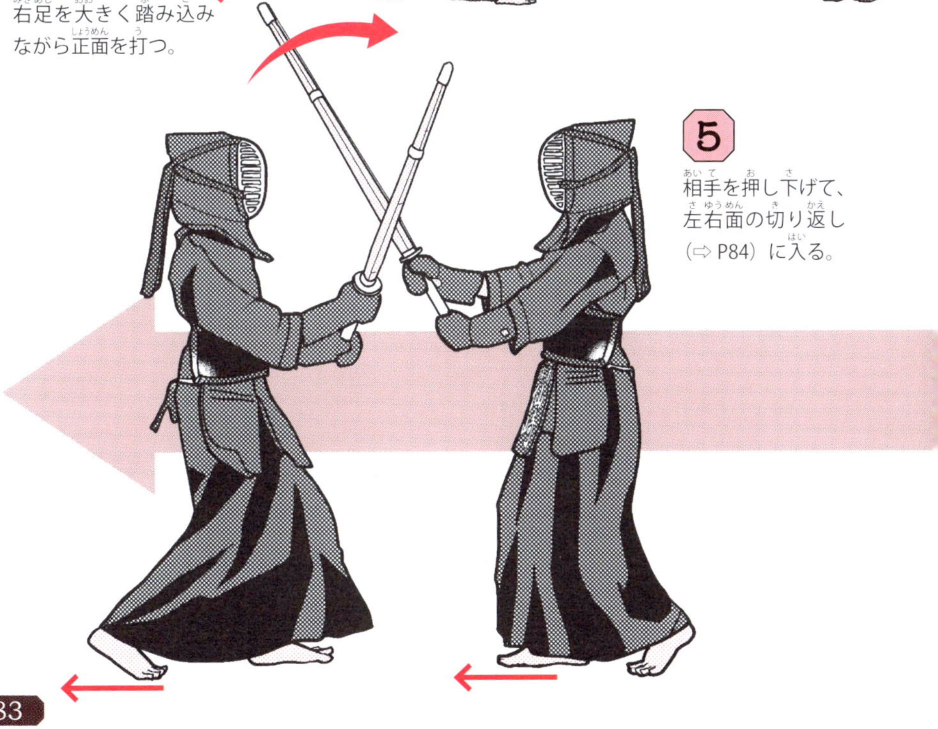

5

相手《あいて》を押《お》し下《さ》げて、左右面《さゆうめん》の切《き》り返《かえ》し（⇨ P84）に入《はい》る。

左右面《さゆうめん》の切《き》り返《かえ》し

体《たい》当《あ》たりして相手《あいて》が下《さ》がり、十分《じゅうぶん》な間合《まあ》いができたら**左右面《さゆうめん》の切《き》り返《かえ》し**を行《おこな》います。一般的《いっぱんてき》には元立《もとだ》ち（打突《だとつ》を受《う》ける人《ひと》）が竹刀《しない》を立《た》てて構《かま》え、かかり手《て》（打突《だとつ》する人《ひと》）がそこに当《あ》てますが、竹刀《しない》に当《あ》てることに気《き》をとられ、面《めん》に届《とど》いてないことも多《おお》いので、**最初《さいしょ》は元立《もとだ》ちが竹刀《しない》を下《さ》げ、実際《じっさい》に左右面《さゆうめん》に当《あ》てるようにするといいでしょう。**面《めん》に当《あ》てての切《き》り返《かえ》しができたら、元立《もとだ》ちが竹刀《しない》を構《かま》えての切《き》り返《かえ》しを行《おこな》います。

かかり手《て》は送《おく》り足《あし》で前進《ぜんしん》後退《こうたい》し、元立《もとだ》ちは歩《あゆ》み足《あし》です。

面《めん》に当《あ》てて左右面《さゆうめん》の切《き》り返《かえ》し

1 体《たい》当《あ》たりで十分間合《じゅうぶんまあ》いをとって（⇨ P83）から竹刀《しない》を振《ふ》り上《あ》げる。

2 手首《てくび》を返《かえ》して相手《あいて》の左面《ひだりめん》をめがけて斜《なな》めに振《ふ》り下《お》ろす。

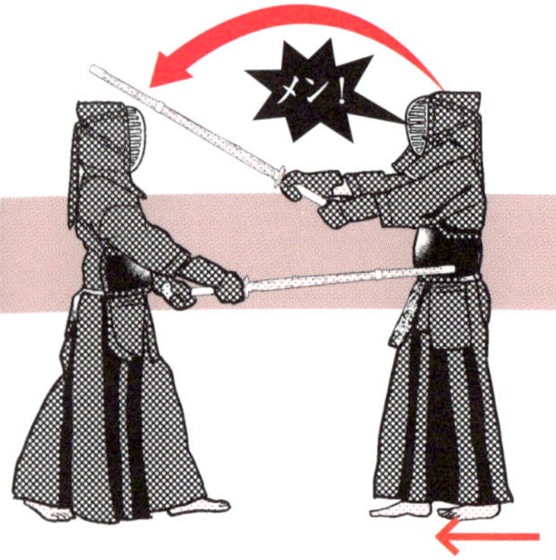

7 計《けい》9回《かい》打《う》ったらすばやく送《おく》り足《あし》で後《うし》ろに下《さ》がり、一足一刀《いっそくいっとう》の間合《まあ》い。

8 2から7をもう一度《いちど》行《おこな》い、最後《さいご》に正面《しょうめん》を打《う》って相手《あいて》の横《よこ》をすり抜《ぬ》ける。

テーマ

左面《ひだりめん》から前進四歩《ぜんしんよんぽ》、後退五歩《こうたいごほ》で左右交互《さゆうこうご》に打《う》つ。手首《てくび》を返《かえ》し刃《は》すじ正《ただ》しく斜《なな》めに振《ふ》ろう。

上達への道

竹刀《しない》に当《あ》てて切《き》り返《かえ》し

面《めん》に当《あ》てての切《き》り返《かえ》しができたら、元立《もとだ》ちが構《かま》えた竹刀《しない》に当《あ》てる左右面《さゆうめん》の切《き》り返《かえ》しに挑戦《ちょうせん》だ。

左右《さゆう》の面《めん》を確実《かくじつ》にとらえられるように意識《いしき》する。

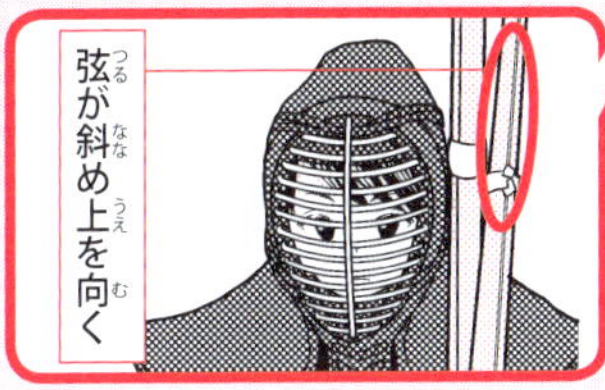
弦《つる》が斜《なな》め上《うえ》を向《む》く

メン！

手首《てくび》を返《かえ》して正《ただ》しい刃《は》すじで打《う》つ。

3 送《おく》り足《あし》で前進《ぜんしん》しながら、ふたたび振《ふ》りかぶる。

4 手首《てくび》を返《かえ》して相手《あいて》の右面《みぎめん》をめがけて斜《なな》めに振《ふ》り下《お》ろす。

メン！
元立《もとだ》ちが合《あ》わせて後《うし》ろに下《さ》がる

5 左右《ひだりみぎ》、左右《ひだりみぎ》と４回《かい》打《う》ったら、左足《ひだりあし》を下《さ》げながら振《ふ》りかぶる。

6 後《うし》ろに下《さ》がりながら５回《かい》打《う》つ。

メン！
元立《もとだ》ちが合《あ》わせて前進《ぜんしん》する

面《めん》打《う》ち

その場《ば》で振《ふ》りかぶって面《めん》打《う》ち（⇩P72）に慣《な》れたら、**今度《こんど》は大《おお》きく踏《ふ》み込《こ》みながら行《おこな》います。**正中線《せいちゅうせん》にそって、左《ひだり》こぶしがおでこにくるくらいまで大《おお》きく竹刀《しない》を振《ふ》り上《あ》げたら、左足《ひだりあし》の親指《おやゆび》のつけ根《ね》で強《つよ》く床《ゆか》を蹴《け》り、**右足《みぎあし》を大《おお》きく前《まえ》に踏《ふ》み込《こ》みます。**同時《どうじ》に竹刀《しない》をまっすぐ振《ふ》り下《お》ろし「メン！」と気合《きあ》いを発《はっ》し、相手《あいて》の正面《しょうめん》をとらえます。

実戦《じっせん》では、大《おお》きく振《ふ》りかぶる余裕《よゆう》はほとんどないので、チャンスにすばやく攻《せ》め込《こ》んで打《う》つ、**小《ちい》さい振《ふ》り上《あ》げからの面打《めんう》ち**も練習《れんしゅう》しましょう。

振《ふ》りかぶって正面打《しょうめんう》ち

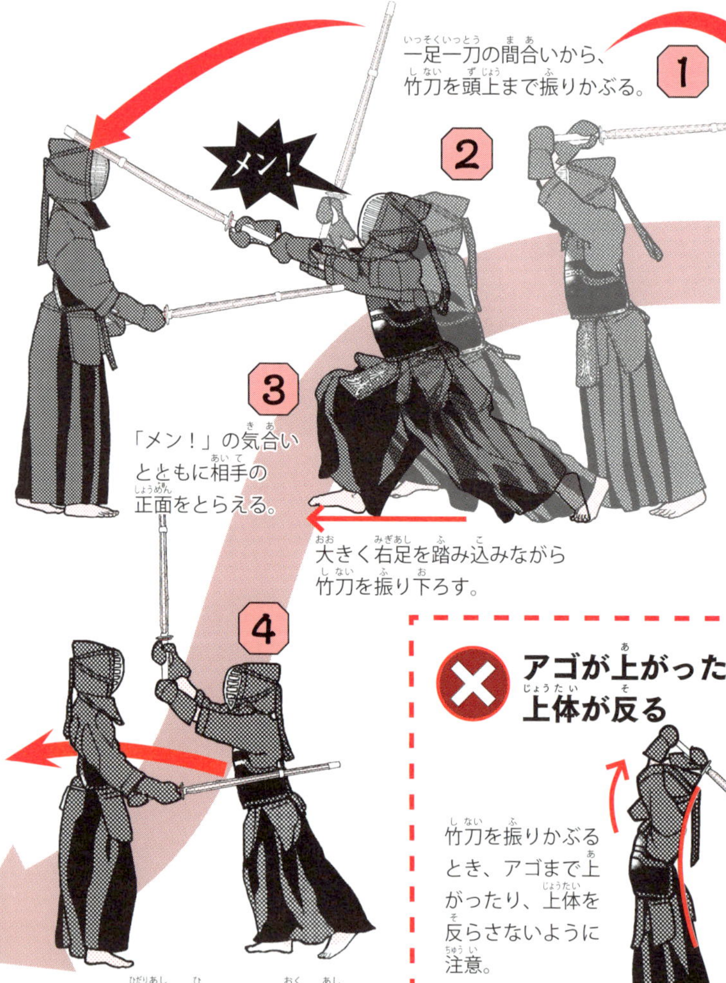
1
一足一刀《いっそくいっとう》の間合《まあ》いから、竹刀《しない》を頭上《ずじょう》まで振《ふ》りかぶる。
2
メン！
3
「メン！」の気合《きあ》いとともに相手《あいて》の正面《しょうめん》をとらえる。
大《おお》きく右足《みぎあし》を踏《ふ》み込《こ》みながら竹刀《しない》を振《ふ》り下《お》ろす。
4
すばやく左足《ひだりあし》を引《ひ》きつけ、送《おく》り足《あし》で相手《あいて》の左側《ひだりがわ》（自分《じぶん》から見《み》て右《みぎ》）をすり抜《ぬ》ける。

✕ アゴが上《あ》がったり上体《じょうたい》が反《そ》る

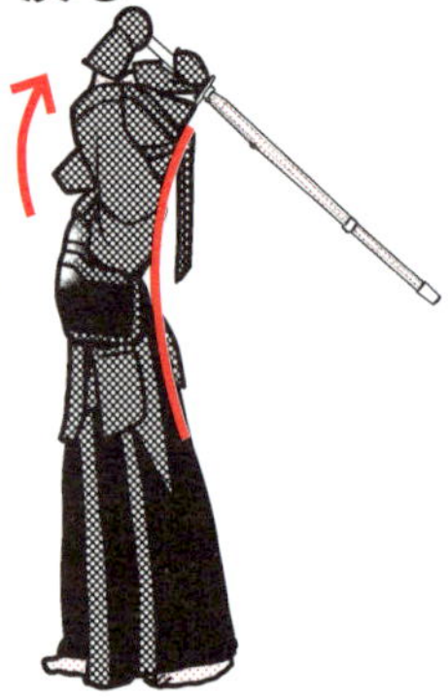

竹刀《しない》を振《ふ》りかぶるとき、アゴまで上《あ》がったり、上体《じょうたい》を反《そ》らさないように注意《ちゅうい》。

テーマ

大《おお》きく竹刀《しない》を振《ふ》り上《あ》げる面打《めんう》ちと、小《ちい》さくすばやい振《ふ》り上《あ》げからの面打《めんう》ちを学《まな》ぼう。

攻《せ》め込《こ》んですばやく面《めん》打《う》ち

✕ 左《ひだり》ひじが上《あ》がる

手首《てくび》を伸《の》ばさずに左《ひだり》ひじを上《あ》げると、形《かたち》が悪《わる》く打突《だとつ》もしっかりできない。

1 触剣《しょっけん》の間合《まあ》い（⇨ P81）で構《かま》える。

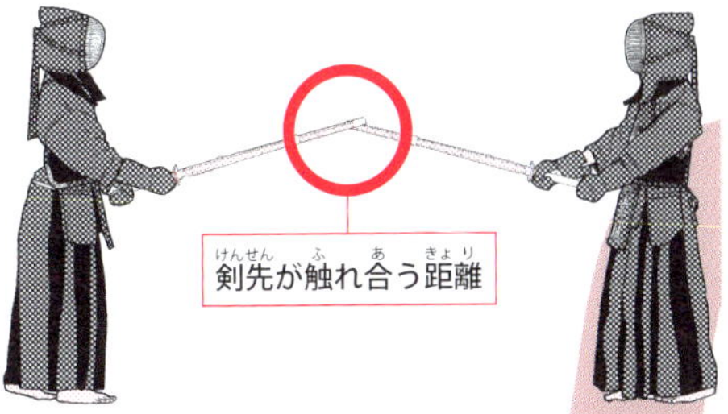
剣先《けんせん》が触《ふ》れ合《あ》う距離《きょり》

2 右足《みぎあし》を踏《ふ》み出《だ》して打《う》ち間《ま》に入《はい》っていく。

3 左足《ひだりあし》を強《つよ》く蹴《け》ってすばやく竹刀《しない》を振《ふ》り上《あ》げる。

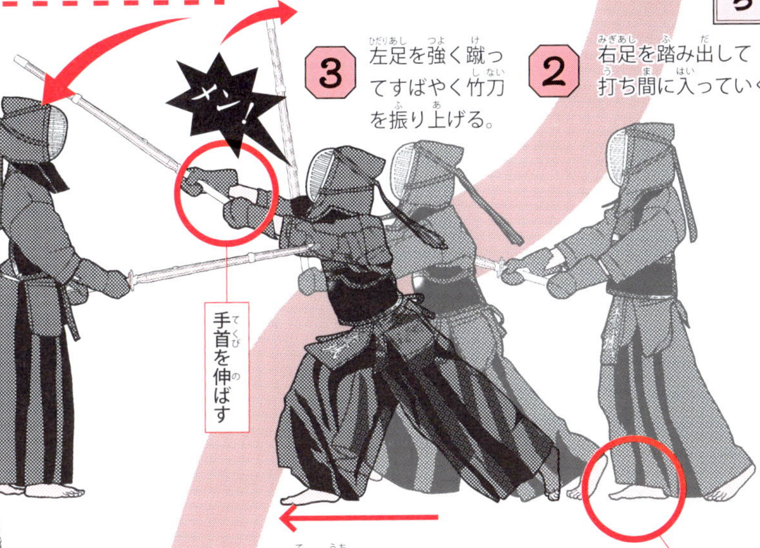
メン！
手首《てくび》を伸《の》ばす
床《ゆか》すれすれに前《まえ》に出《だ》していく

4 手《て》の内《うち》をしぼり、手首《てくび》を伸《の》ばしながら面《めん》をとらえる。

5

送《おく》り足《あし》で相手《あいて》の左側《ひだりがわ》（自分《じぶん》から見《み》て右《みぎ》）をすり抜《ぬ》けていく。

ポイント

右足《みぎあし》を出《だ》して攻《せ》める

「触剣《しょっけん》の間合《まあ》い」や「一足一刀《いっそくいっとう》の間合《まあ》い」から踏《ふ》み込《こ》んでも竹刀《しない》は相手《あいて》に届《とど》かない。右足《みぎあし》を出《だ》して「打《う》ち間《ま》」に入《はい》り、圧力《あつりょく》をかけて攻《せ》めることが大切《たいせつ》だ。

打《う》ち込《こ》み 2

小《こ》手《て》打《う》ち

小《こ》手《て》打《う》ちも**大**《おお》**きく振**《ふ》**りかぶって打**《う》**つ練習**《れんしゅう》から行《おこな》います。小《こ》手《て》打《う》ちはまっすぐ振《ふ》り上《あ》げ、まっすぐ振《ふ》り下《お》ろすことが何《なに》よりも大切《たいせつ》です。

続《つづ》いて実戦《じっせん》に近《ちか》い小《ちい》さな振《ふ》り上《あ》げの練習《れんしゅう》をします。構《かま》えているとき、**自分**《じぶん》**の竹刀**《しない》**が右**《みぎ》**側**《がわ》**にある状態**《じょうたい》**が〝表**《おもて》**〟、左**《ひだり》**にあるのが〝裏**《うら》**〟**。小《こ》手《て》は竹刀《しない》を裏《うら》に回《まわ》さないと当《あ》たりません。**裏**《うら》**に回**《まわ》**す方法**《ほうほう》**は、上**《うえ》**から下**《した》**からの2種類**《しゅるい》**がある**ので両方《りょうほう》とも練習《れんしゅう》するようにします。下《した》から回《まわ》す方法《ほうほう》は、上《うえ》から回《まわ》すよりもさらに小《ちい》さな振《ふ》り上《あ》げで打《う》つことができます。

まっすぐ振《ふ》り下《お》ろして小《こ》手《て》打《う》ち

振《ふ》り上《あ》げた竹刀《しない》をまっすぐ振《ふ》り下《お》ろして、右小手《みぎこて》の甲手布団《こてぶとん》を真上《まうえ》からたたく。

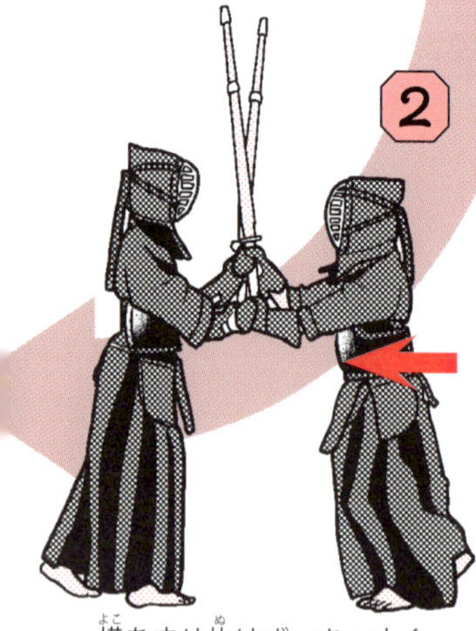

横《よこ》をすり抜《ぬ》けず、まっすぐ相手《あいて》に当《あ》たっていく。

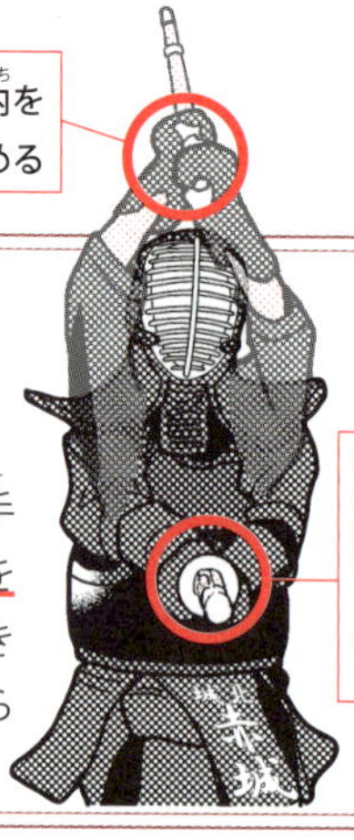

ポイント

まっすぐ振《ふ》り上《あ》げて下《お》ろす

振《ふ》り上《あ》げるときは右手《みぎて》の力《ちから》を抜《ぬ》いて手《て》の内《うち》をゆるめ、振《ふ》り下《お》ろすときは手《て》の内《うち》をしめながらまっすぐ振《ふ》り下《お》ろそう。

テーマ

大《おお》きく振《ふ》りかぶっての小手打《こてう》ちから、より実戦《じっせん》に近《ちか》い小《ちい》さな振《ふ》り上《あ》げの練習《れんしゅう》も行《おこな》おう。

ポイント 構《かま》えでの表《おもて》と裏《うら》

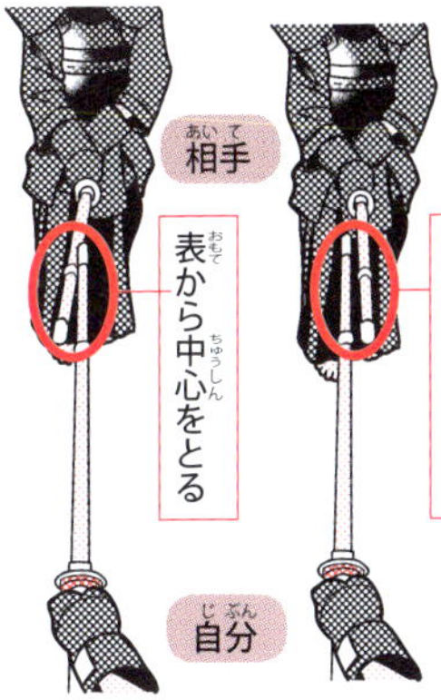

相手《あいて》と向《む》き合《あ》っているとき、通常《つうじょう》は自分《じぶん》の竹刀《しない》が右側《みぎがわ》にきている。この状態《じょうたい》が"表《おもて》"で、左側《ひだりがわ》にきた状態《じょうたい》が"裏《うら》"。相手《あいて》の右小手《みぎこて》を打《う》つためには裏《うら》に回《まわ》すことが必要《ひつよう》だ。

上《うえ》から回《まわ》して小手《こて》打《う》ち

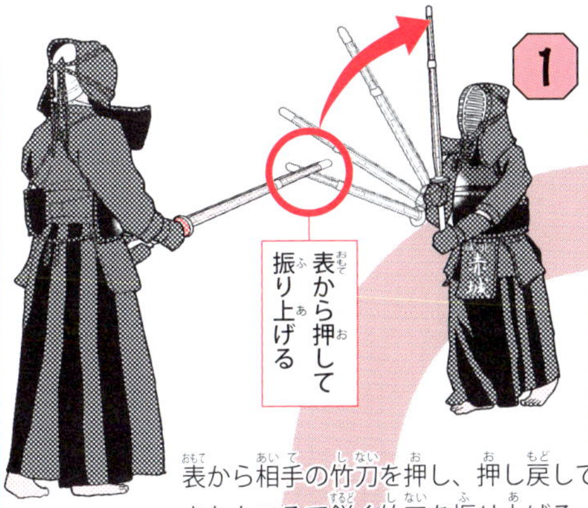

表《おもて》から相手《あいて》の竹刀《しない》を押《お》し、押《お》し戻《もど》してきたところで鋭《するど》く竹刀《しない》を振《ふ》り上《あ》げる。

右小手《みぎこて》にすきができたところを真上《まうえ》からたたく。

下《した》から回《まわ》して小手《こて》打《う》ち

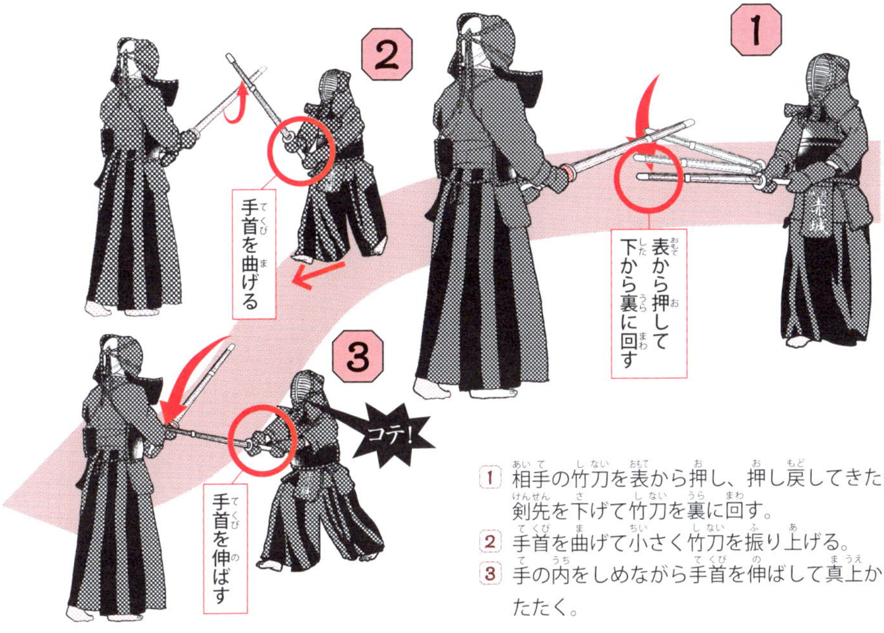

1. 相手《あいて》の竹刀《しない》を表《おもて》から押《お》し、押《お》し戻《もど》してきたところで剣先《けんせん》を下《さ》げて竹刀《しない》を裏《うら》に回《まわ》す。
2. 手首《てくび》を曲《ま》げて小《ちい》さく竹刀《しない》を振《ふ》り上《あ》げる。
3. 手《て》の内《うち》をしめながら手首《てくび》を伸《の》ばして真上《まうえ》から小手《こて》をたたく。

打《う》ち込《こ》み 3

胴《どう》打《う》ち

相手《あいて》の右側《みぎがわ》を抜《ぬ》けていく右胴《みぎどう》打《う》ち

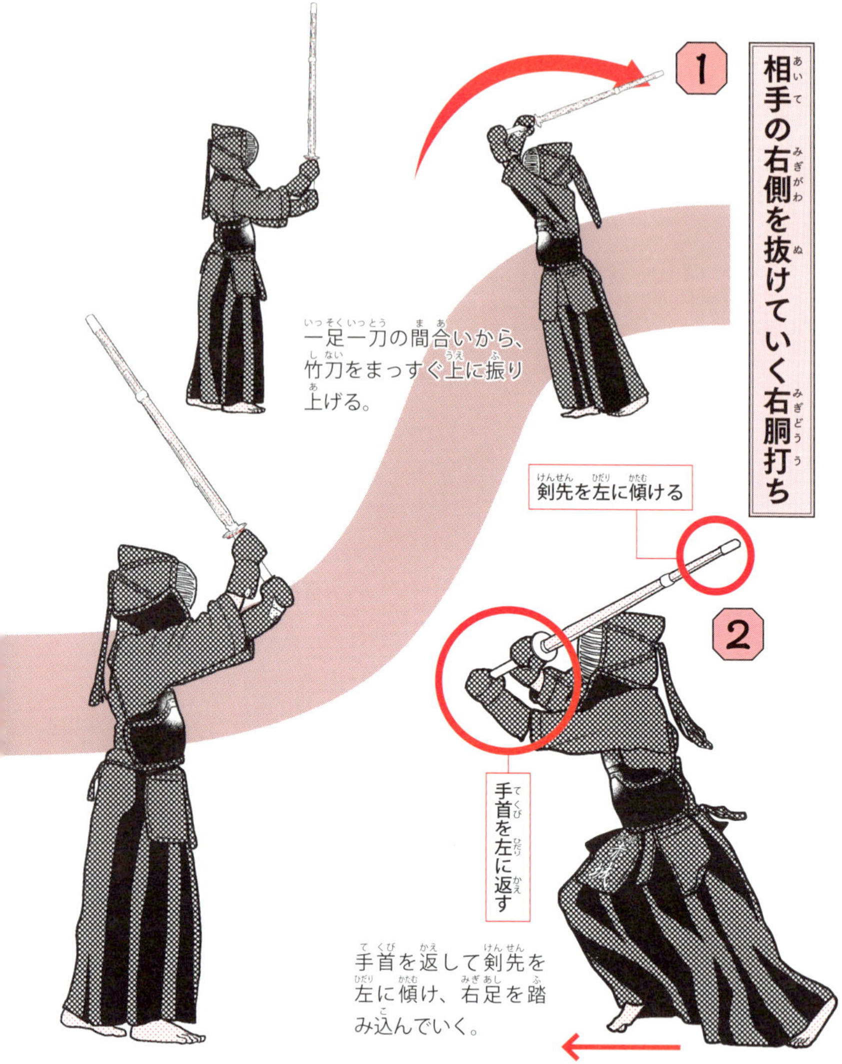

1
一足一刀《いっそくいっとう》の間合《まあ》いから、竹刀《しない》をまっすぐ上《うえ》に振《ふ》り上《あ》げる。
剣先《けんせん》を左《ひだり》に傾《かたむ》ける
2
手首《てくび》を左《ひだり》に返《かえ》す
手首《てくび》を返《かえ》して剣先《けんせん》を左《ひだり》に傾《かたむ》け、右足《みぎあし》を踏《ふ》み込《こ》んでいく。

テーマ

振《ふ》りかぶってから手首《てくび》を返《かえ》して刃《は》すじ正《ただ》しく胴《どう》をたたき、相手《あいて》の右側《みぎがわ》を抜《ぬ》けていく。

胴《どう》打《う》ちは、打突後《だとつご》に相手《あいて》の左側《ひだりがわ》（自分《じぶん》から見《み》て右《みぎ》）に抜《ぬ》けていくのが一般的《いっぱんてき》ですが、まずは基本《きほん》をしっかりと学《まな》ぶために、相手《あいて》の右側《みぎがわ》に抜《ぬ》けていく練習《れんしゅう》から始《はじ》めましょう。

竹刀《しない》をまっすぐ上《うえ》に振《ふ》り上《あ》げるのは面《めん》、小手《こて》打《う》ちと同《おな》じですが、そこから**手首《てくび》を返《かえ》して、竹刀《しない》を斜《なな》めに振《ふ》り下《お》ろす動《うご》き**が特徴的《とくちょうてき》な胴《どう》打《う》ち。ただし必《ひつ》要以上《よういじょう》に竹刀《しない》を横《よこ》にしてしまうと、横《よこ》から払《はら》うような打《う》ち方《かた》になり、刃《は》すじも悪《わる》くなるので一本《いっぽん》と認《みと》められません。**刃《は》の部分《ぶぶん》をしっかり当《あ》てるよう**にしましょう。

ポイント

真上《まうえ》に振《ふ》りかぶって手首《てくび》を返《かえ》す

竹刀《しない》をまっすぐ上《うえ》にふりかぶるのは面《めん》打《う》ちと同《おな》じだが、手《て》首《くび》を返《かえ》して剣先《けんせん》を左《ひだり》に傾《かたむ》け、そこから右胴《みぎどう》をめがけて斜《なな》めに振《ふ》り下《お》ろしていこう。

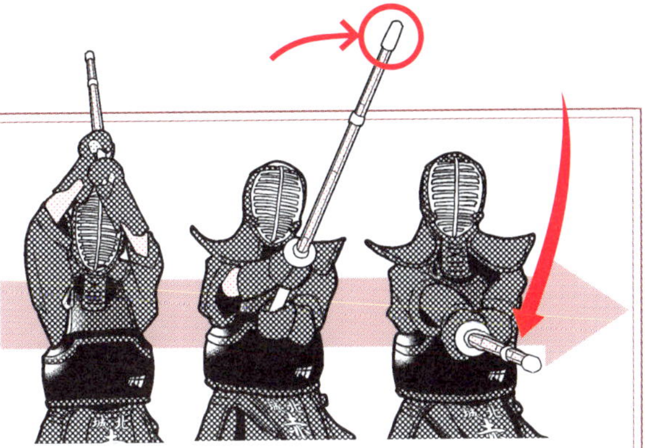

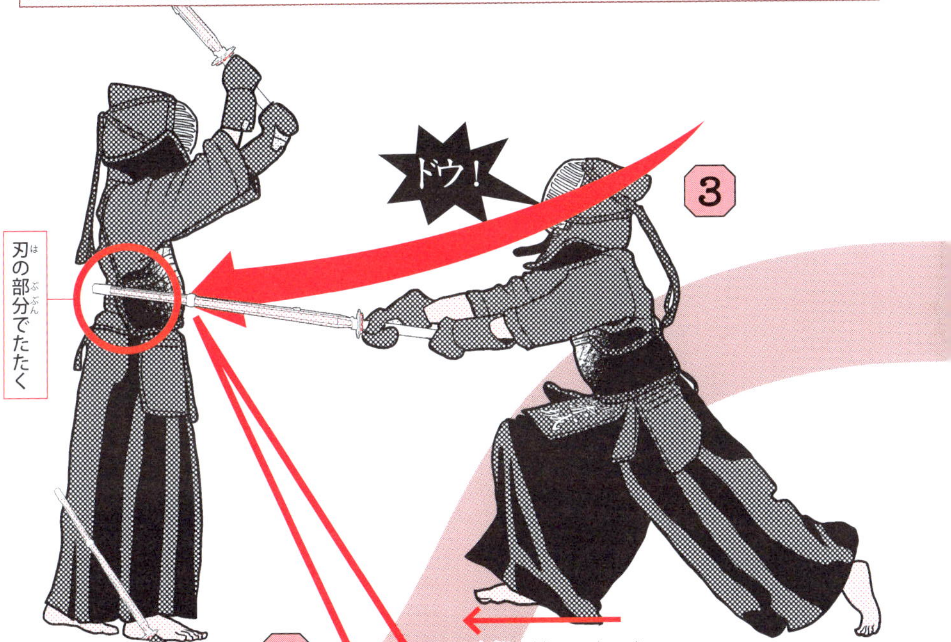

竹刀《しない》を斜《なな》めに振《ふ》り下《お》ろし「ドウ！」のかけ声《ごえ》とともに右胴《みぎどう》をたたく。

相手《あいて》の右側《みぎがわ》（自分《じぶん》から見《み》て左《ひだり》）を歩《あゆ》み足《あし》で抜《ぬ》けていく。

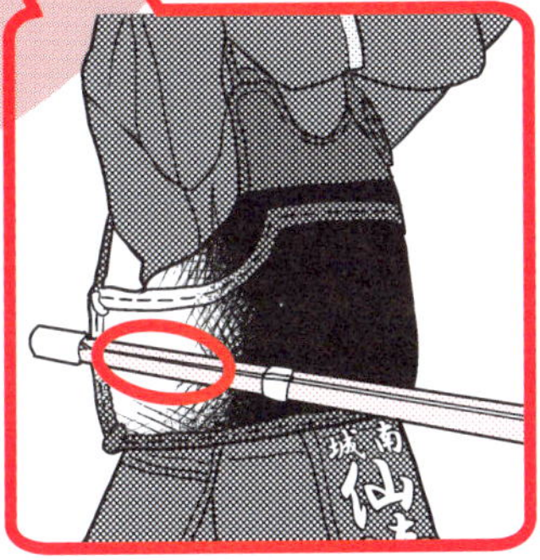

弦《つる》が斜《なな》め上《うえ》を向《む》いた状態《じょうたい》で、刃《は》の部分《ぶぶん》でしっかりととらえる。

残心《ざんしん》

打突後《だとつご》の残心《ざんしん》

相手《あいて》の左側《ひだりがわ》を抜《ぬ》けて左回《ひだりまわ》りで振《ふ》り向《む》いて残心《ざんしん》

1
飛《と》び込《こ》んで面打《めんう》ち。
メン！

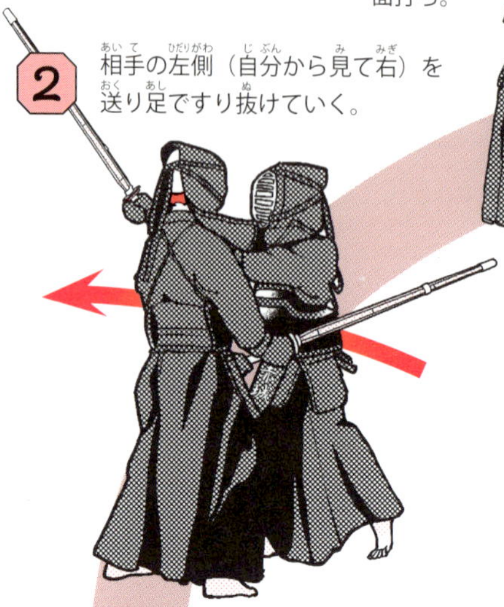

2
相手《あいて》の左側《ひだりがわ》（自分《じぶん》から見《み》て右《みぎ》）を送《おく》り足《あし》ですり抜《ぬ》けていく。

3
反撃《はんげき》されない十分《じゅうぶん》な間合《まあ》いをとったら左回《ひだりまわ》りで振《ふ》り向《む》く。

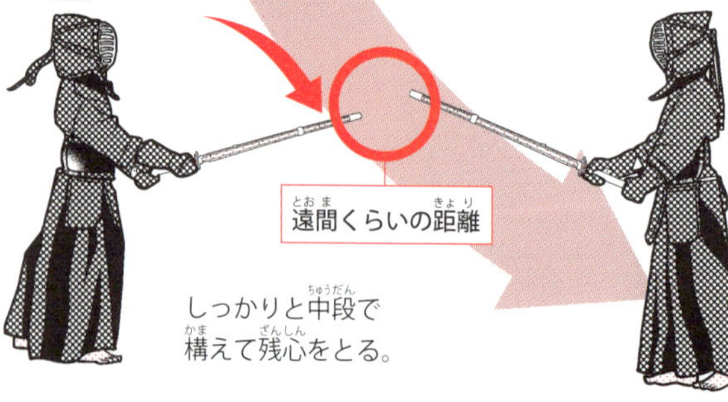

4
遠間《とおま》くらいの距離《きょり》
しっかりと中段《ちゅうだん》で構《かま》えて残心《ざんしん》をとる。

残《ざん》心《しん》とは、面打《めんう》ち、胴打《どうう》ちをした後《あと》に相手《あいて》の横《よこ》をすり抜《ぬ》け、十分《じゅうぶん》な間合《まあ》いをとったら振《ふ》り向《む》き、また竹刀《しない》を構《かま》える動《うご》きです。**「打突後《だとつご》も油断《ゆだん》せず、相手《あいて》の反撃《はんげき》にすぐ対応《たいおう》できるような心構《こころがま》えと身構《みがま》えを示《しめ》す」**という意味《いみ》があります。小手《こて》打《う》ちでは相手《あいて》と体当《たいあ》たりするような体勢《たいせい》になりますが、これも残心《ざんしん》の一《ひと》つです。**相手《あいて》の左側《ひだりがわ》から抜《ぬ》けたときは左回《ひだりまわ》り、右側《みぎがわ》を抜《ぬ》けたときは右回《みぎまわ》りで振《ふ》り向《む》きます。**引《ひ》き技《わざ》（⇩P120）の場合《ばあい》も、後《うし》ろに下《さ》がった後《あと》で中段《ちゅうだん》に構《かま》えて残心《ざんしん》をとります。

テーマ

相手《あいて》の反撃《はんげき》を防《ふせ》ぐために、打《だ》突後《とつご》にしっかり構《かま》える。残心《ざんしん》をとらないと一本《いっぽん》にならない。

第《だい》4章《しょう》

仕《し》かけ技《わざ》で打《う》ち込《こ》む

メーンっ!
パーァン
ナナミ
大会《たいかい》にも
出《で》ることだし
試合《しあい》に
勝《か》つための
攻《せ》め方《かた》も
教《おし》えてくれよ
ふー
うん……
そうね!

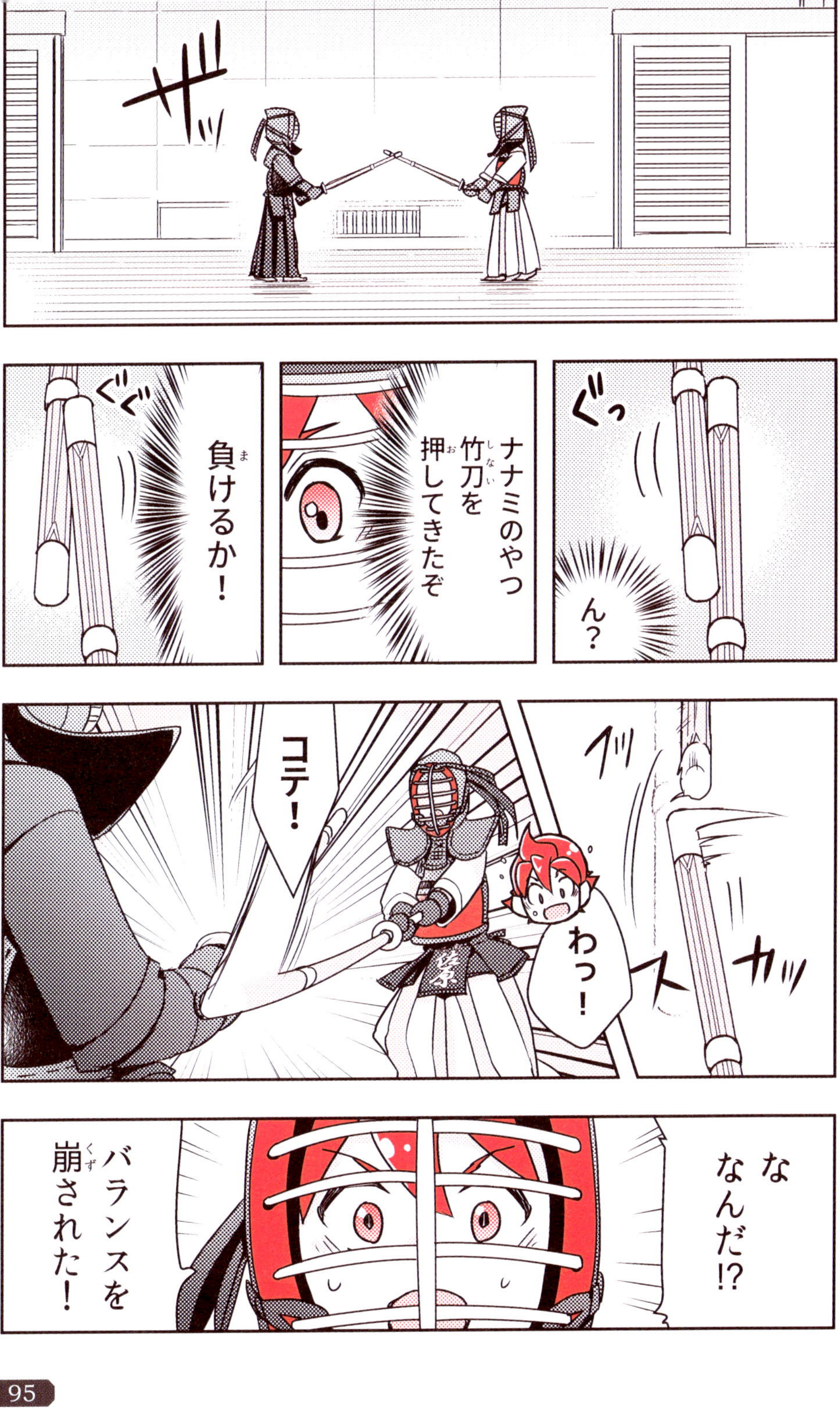
ザッ
ぐっ
ん？
ナナミのやつ
竹刀《しない》を
押《お》してきたぞ
ぐぐ
負《ま》けるか！
カッ
コテ！
わっ！
な
なんだ!?
バランスを
崩《くず》された！

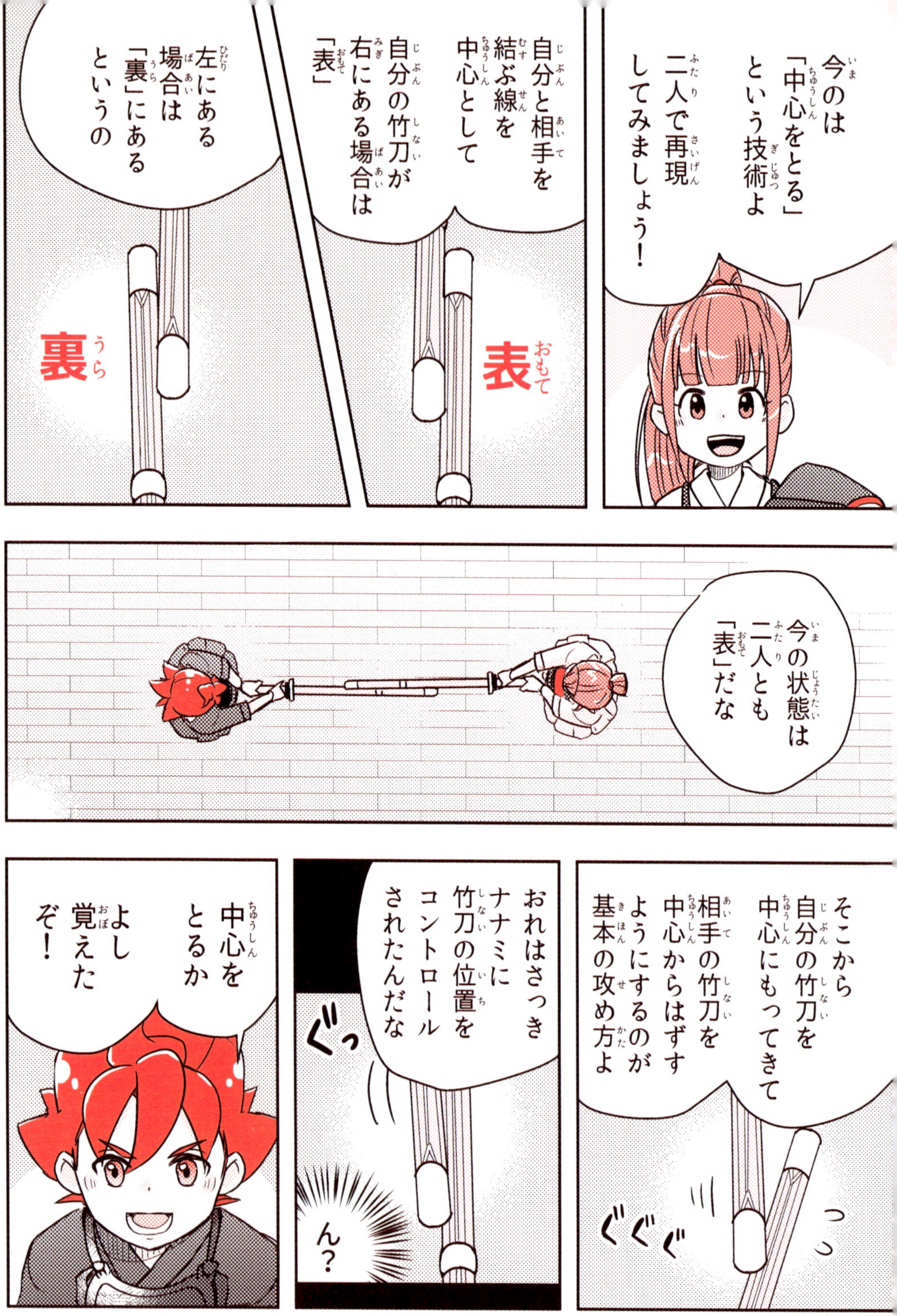
今《いま》のは「中心《ちゅうしん》をとる」という技術《ぎじゅつ》よ
二人《ふたり》で再現《さいげん》してみましょう！
自分《じぶん》と相手《あいて》を結《むす》ぶ線《せん》を中心《ちゅうしん》として自分《じぶん》の竹刀《しない》が右《みぎ》にある場合《ばあい》は「表《おもて》」
表《おもて》
左《ひだり》にある場合《ばあい》は「裏《うら》」にあるというの
裏《うら》
今《いま》の状態《じょうたい》は二人《ふたり》とも「表《おもて》」だな
そこから自分《じぶん》の竹刀《しない》を中心《ちゅうしん》にもってきて相手《あいて》の竹刀《しない》を中心《ちゅうしん》からはずすようにするのが基本《きほん》の攻《せ》め方《かた》よ
ぐぐぐ
っ
おれはさっきナナミに竹刀《しない》の位置《いち》をコントロールされたんだな
ぐっ
ん？
中心《ちゅうしん》をとるか
よし覚《おぼ》えたぞ！

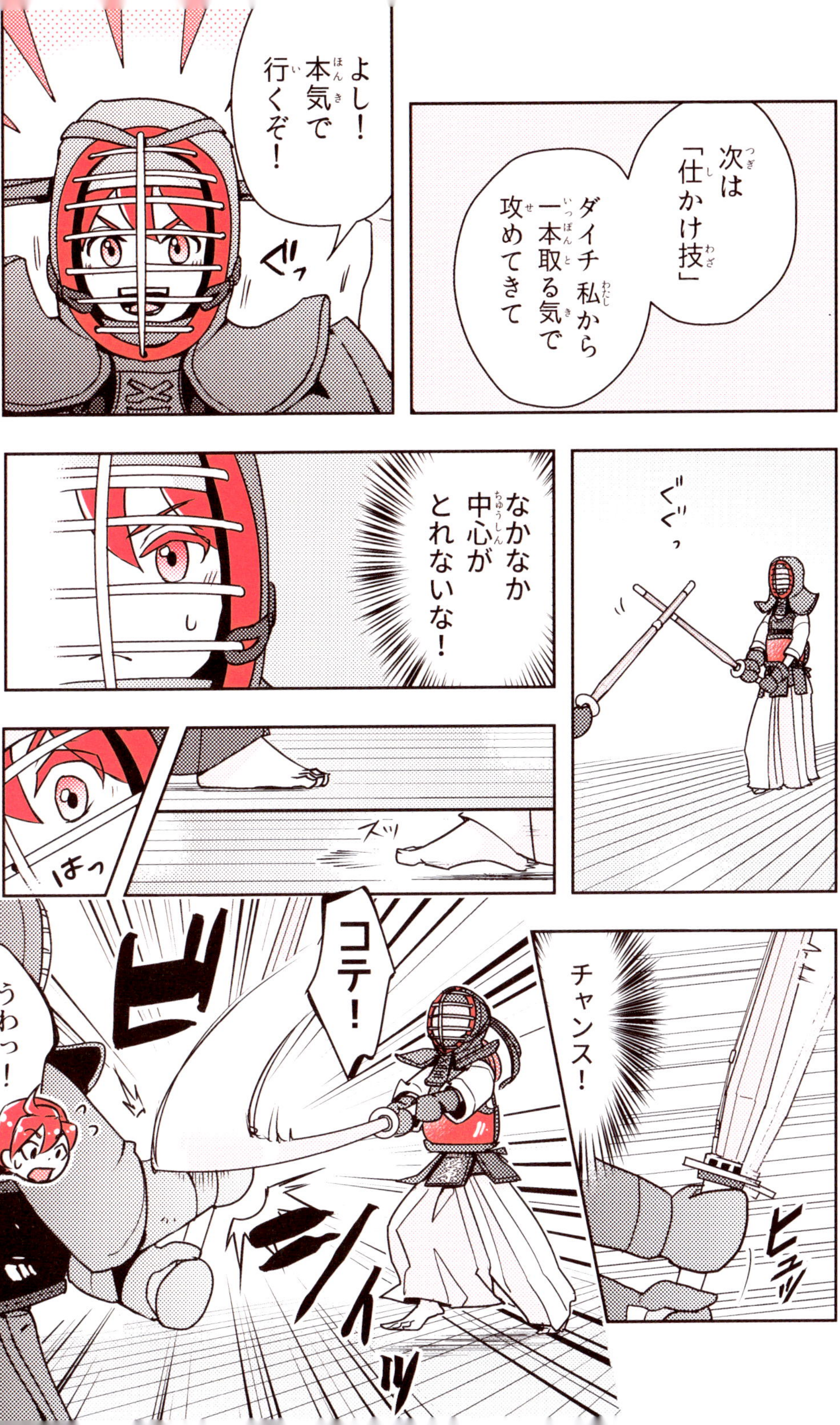
次《つぎ》は「仕《し》かけ技《わざ》」
ダイチ 私《わたし》から一本《いっぽん》取《と》る気《き》で攻《せ》めてきて
よし！本気《ほんき》で行《い》くぞ！
ぐっ
ぐぐっ
なかなか中心《ちゅうしん》がとれないな！
ズッ
はっ
チャンス！
ヒュッ
コテ！
ビシィッ
うわっ！

今《いま》のが「仕《し》かけ技《わざ》」のひとつ「出《で》ばな小手《こて》」よ
ダイチが動《うご》き出《だ》す瞬間《しゅんかん》をねらったの
へえ 相手《あいて》の出方《でかた》を待《ま》つ技《わざ》か
ううん
相手《あいて》が動《うご》くのを待《ま》つんじゃなくて
こちらから攻《せ》めていって相手《あいて》が出《で》るように仕向《しむ》けるのよ
なるほど！オレはさっきナナミが一歩前《いっぽまえ》に踏《ふ》み込《こ》んだからあせって打《う》ちに出《で》たんだった！
スッ
ほっ
そうその動《うご》き出《だ》す瞬間《しゅんかん》の「起《お》こり」をねらったのよ
スゲーな剣道《けんどう》っていろんな技《わざ》があるんだな！
そうなのよ！
でもねどんなに技《わざ》を覚《おぼ》えて正《ただ》しく打《う》ち込《こ》んだとしても「気剣体《きけんたい》の一致《いっち》」ができていないとダメなのよ
どういうことだ？

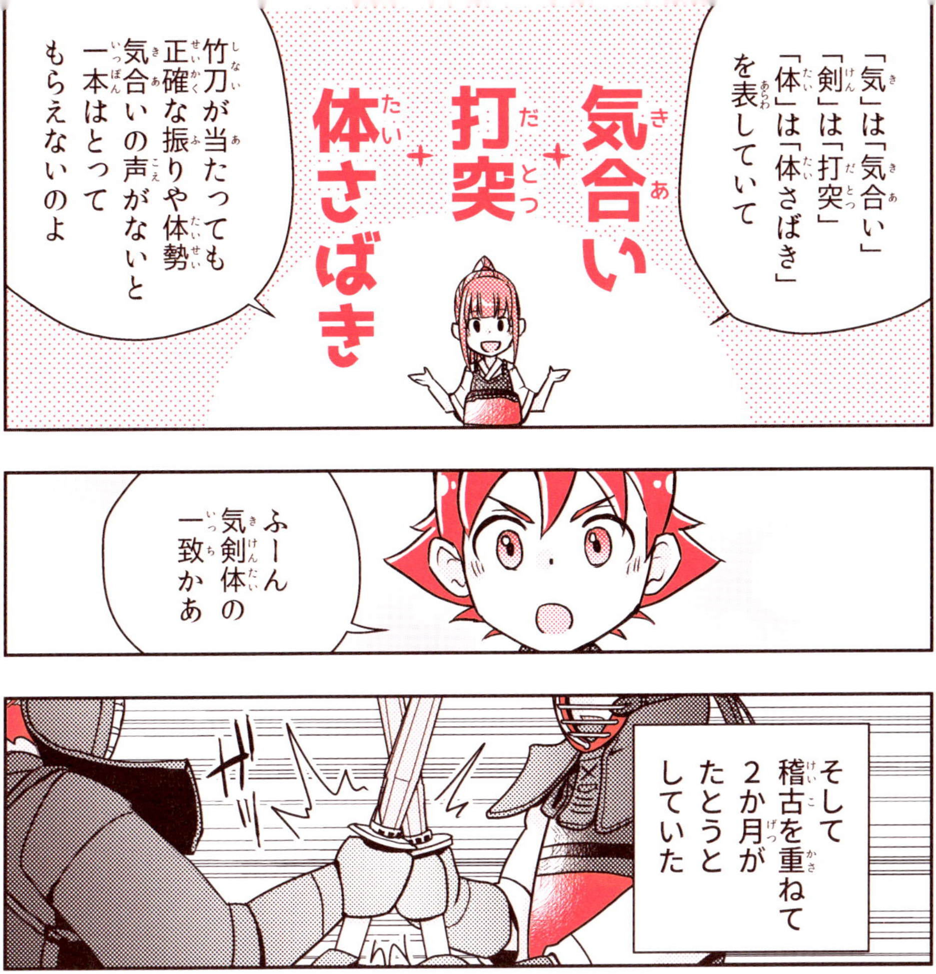
「気《き》」は「気合《きあ》い」
「剣《けん》」は「打突《だとつ》」
「体《たい》」は「体《たい》さばき」
を表《あらわ》していて
気合《きあ》い
打突《だとつ》
体《たい》さばき
竹刀《しない》が当《あ》たっても
正確《せいかく》な振《ふ》りや体勢《たいせい》
気合《きあ》いの声《こえ》がないと
一本《いっぽん》はとって
もらえないのよ
ふーん
気剣体《きけんたい》の
一致《いっち》かあ
そして
稽古《けいこ》を重《かさ》ねて
2か月《げつ》が
たとうと
していた

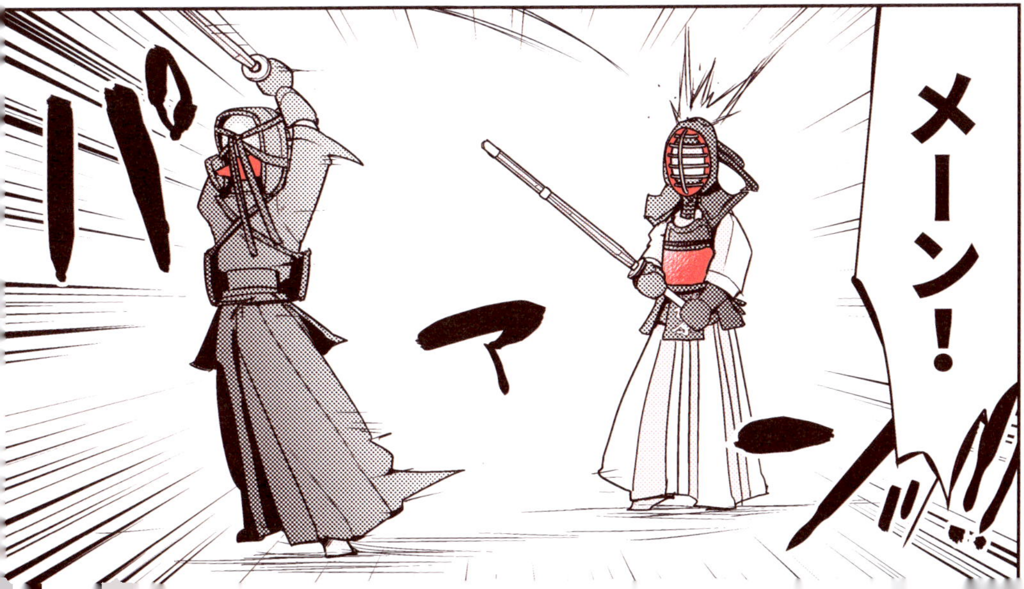
メーン！

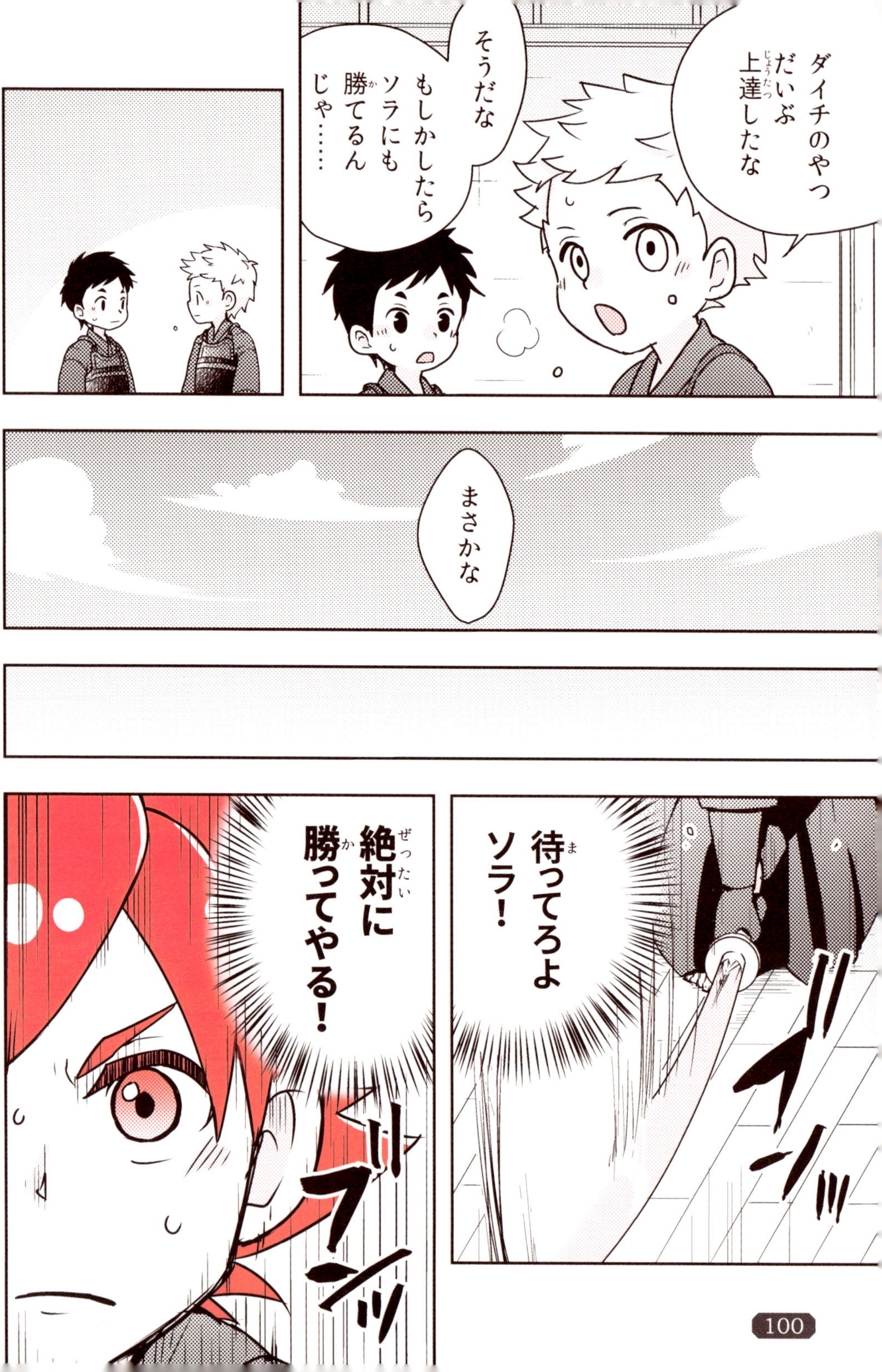
ダイチのやつ だいぶ上達《じょうたつ》したな
そうだな もしかしたら ソラにも 勝《か》てるん じゃ……
まさかな
待《ま》ってろよ ソラ!
絶対《ぜったい》に 勝《か》ってやる!

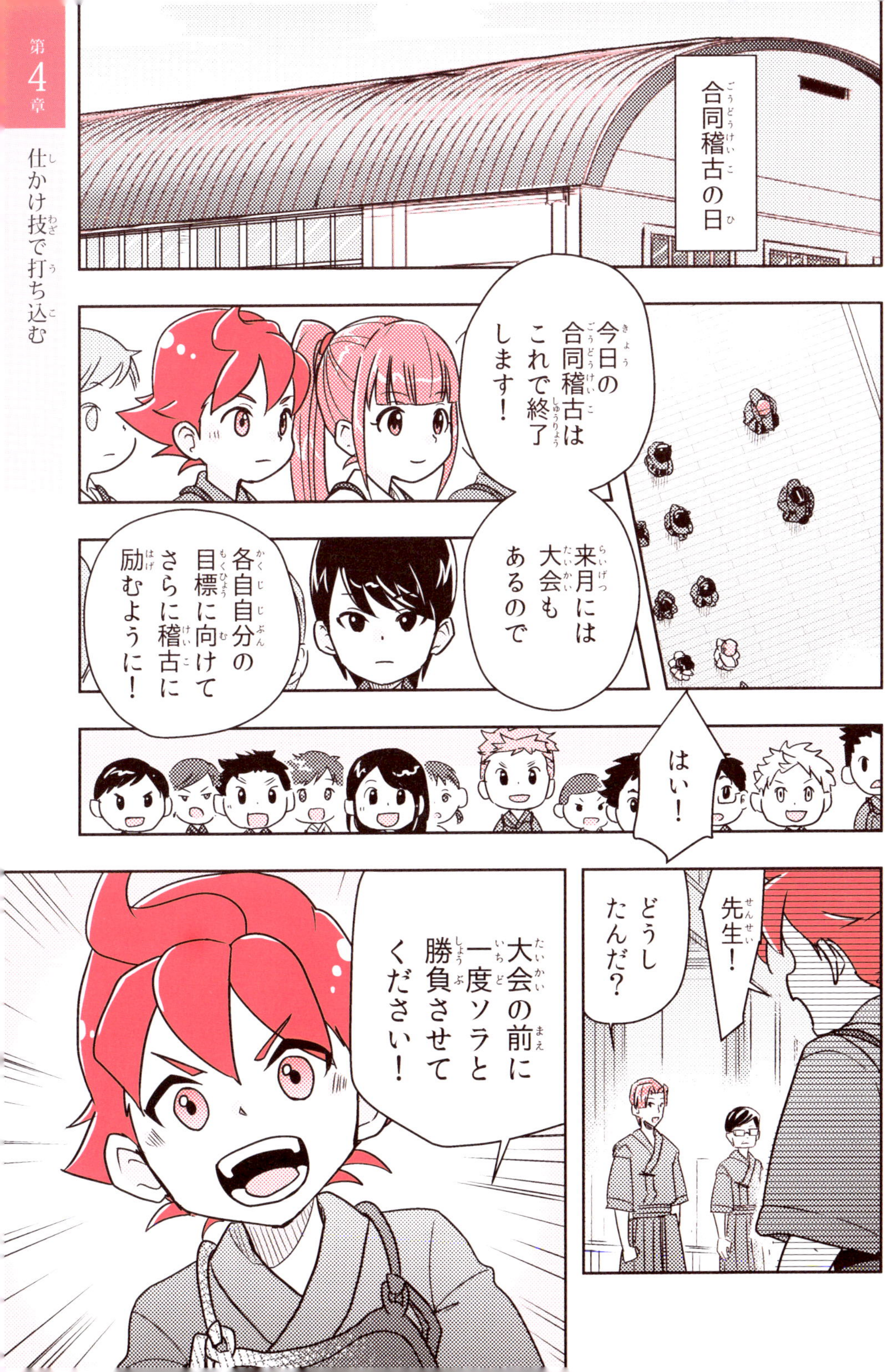
合同稽古《ごうどうけいこ》の日《ひ》
今日《きょう》の合同稽古《ごうどうけいこ》はこれで終了《しゅうりょう》します！
来月《らいげつ》には大会《たいかい》もあるので
各自自分《かくじじぶん》の目標《もくひょう》に向《む》けてさらに稽古《けいこ》に励《はげ》むように！
はい！
先生《せんせい》！
どうしたんだ？
大会《たいかい》の前《まえ》に一度《いちど》ソラと勝負《しょうぶ》させてください！

ダイチ!?
なにをいってるんだダイチ!
ダイチくん大会《たいかい》まで待《ま》てないのか
先生《せんせい》
僕《ぼく》はかまいません
いやしかし……
やったぁ!ありがとうソラ!
そうと決《き》まれば早《はや》くやろう!
………

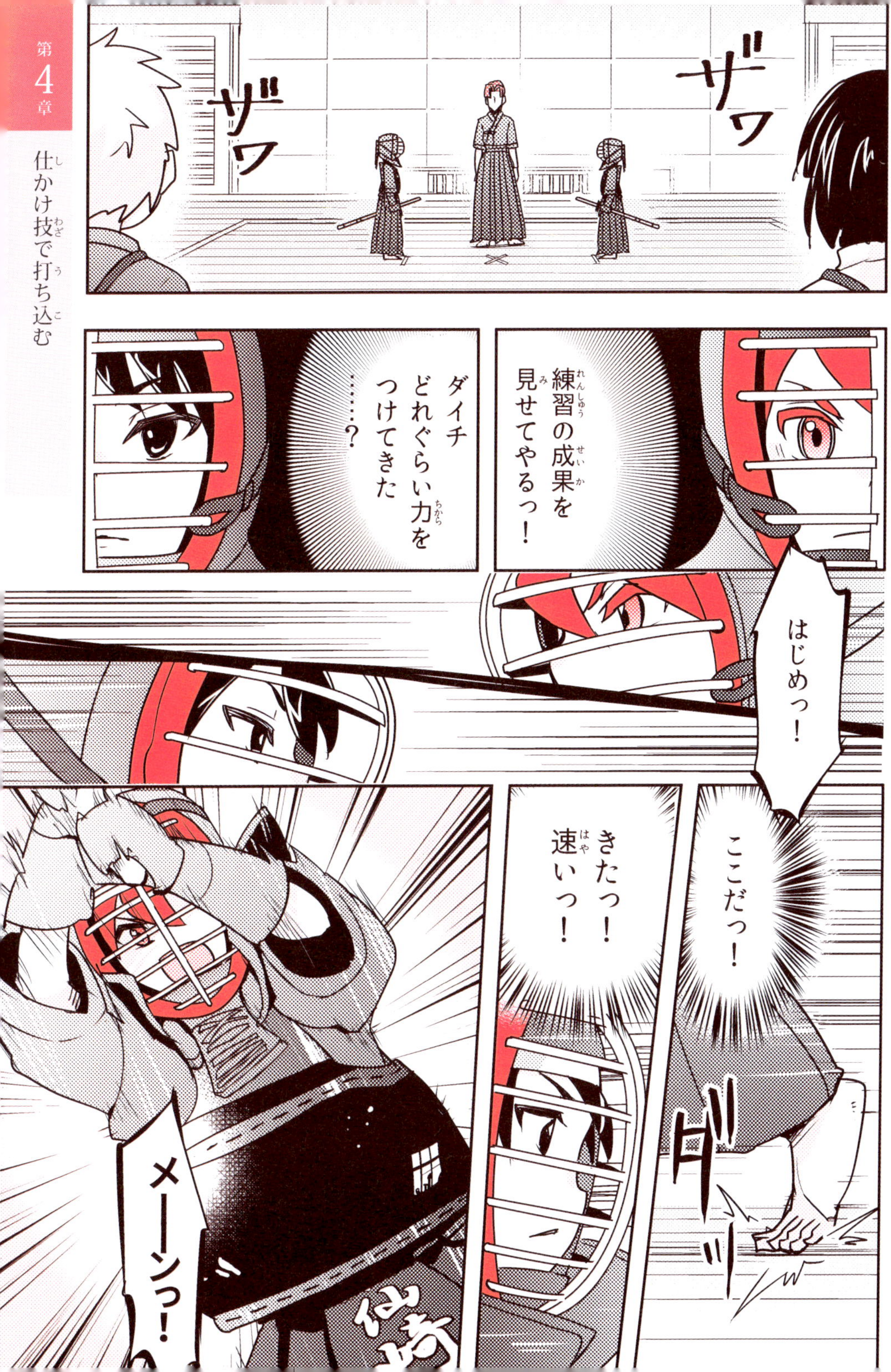
ザワ
ザワ
練習《れんしゅう》の成果《せいか》を見《み》せてやるっ！
ダイチどれぐらい力《ちから》をつけてきた……？
はじめっ！
ここだっ！
きたっ！速《はや》いっ！
ダーッ
メーンっ！

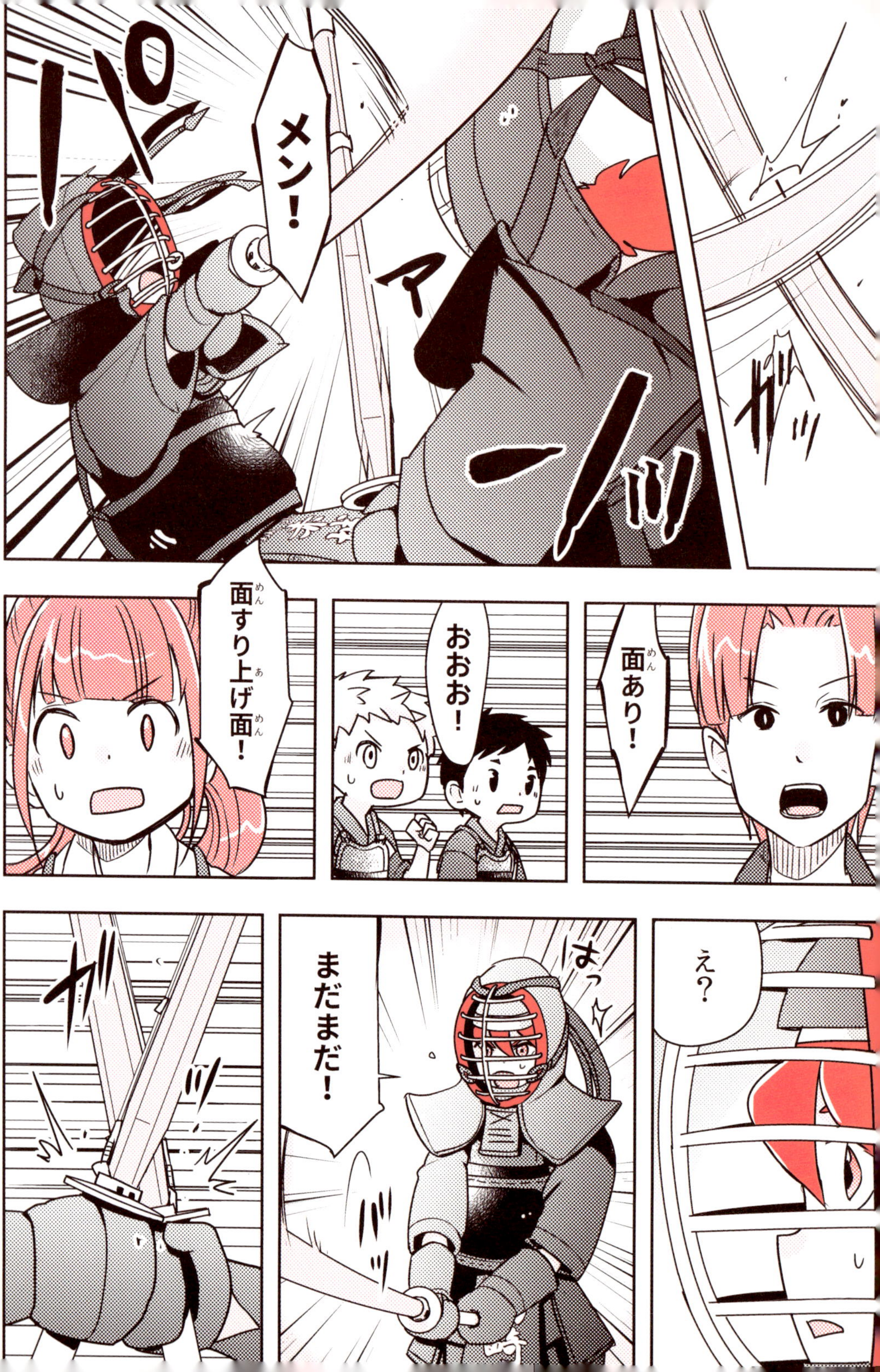

メン！
ガッ
面《めん》あり！
おおお！
面《めん》すり上《あ》げ面《めん》！
え？
すっ
まだまだ！
ガッ

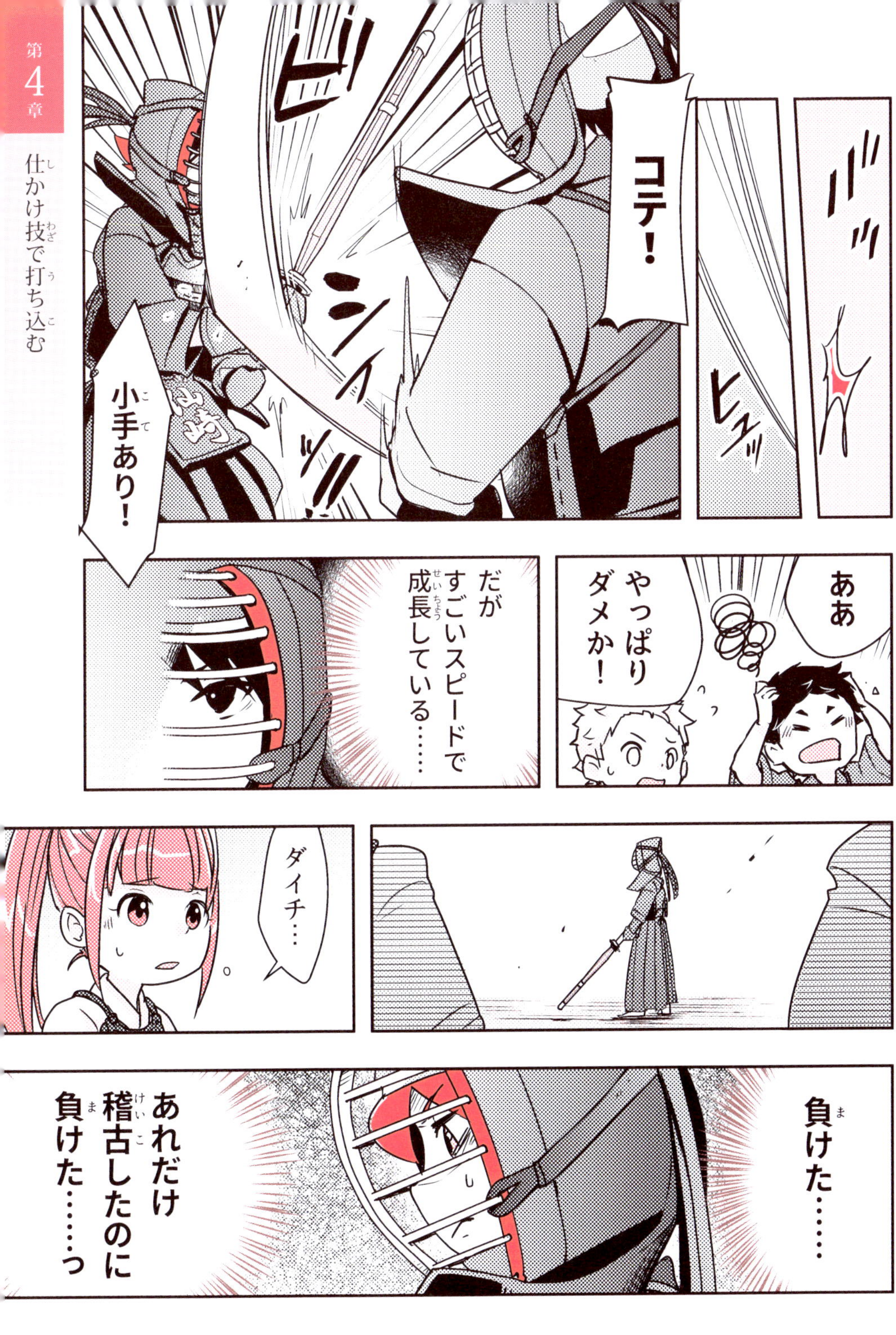
ヒュッ
コテ!
小手《こて》あり!
ああ
やっぱりダメか!
だがすごいスピードで成長《せいちょう》している……
ダイチ…
負《ま》けた……
あれだけ稽古《けいこ》したのに負《ま》けた……っ

出《で》ばな面《めん》

相手《あいて》の起《お》こりをとらえて面打《めんう》ち

1

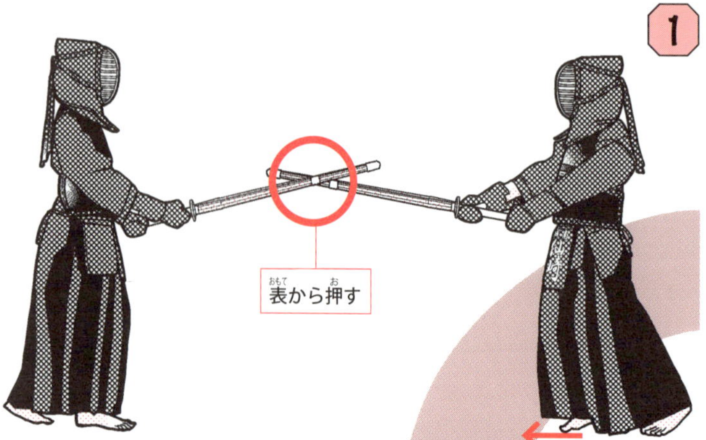

一足一刀《いっそくいっとう》の間合《まあ》い（⇨P80）で互角《ごかく》の状態《じょうたい》から、右足《みぎあし》を踏《ふ》み出《だ》すとともに表《おもて》から中心《ちゅうしん》をとって攻《せ》める。

2

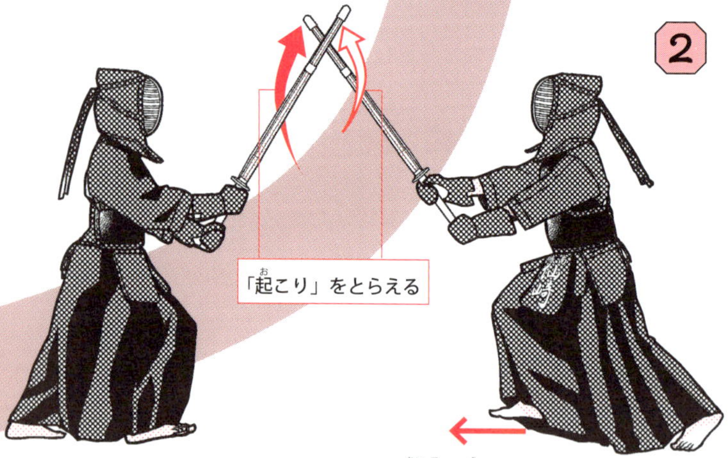

相手《あいて》が打《う》ってこようとするところで、竹刀《しない》を小《ちい》さく振《ふ》り上《あ》げる。

相《あい》手《て》を打《う》つチャンスは、**「起《お》こり（打《う》ちに出《で》てくるところ）」**と**「居《い》ついたところ（気力《きりょく》や動作《どうさ》が一瞬《いっしゅん》止《と》まったとき）」**、**「技《わざ》のつきたところ（相手《あいて》の技《わざ》が出《で》つくしたとき）」の三《みっ》つ**。このうちの「起《お》こり」をとらえるのが**「出《で》ばな技《わざ》」**です。相手《あいて》が出《で》てくる瞬間《しゅんかん》をとらえて面《めん》を打《う》ち込《こ》むのですが、ただ待《ま》っているのではなく、前足《まえあし》を踏《ふ》み出《だ》して攻《せ》めていき、相手《あいて》がその圧力《あつりょく》に耐《た》えられずに打《う》って出《で》ようとしたところをとらえます。**「中心《ちゅうしん》をとる」**（⇩P126）ようにして攻《せ》めましょう。

テーマ

相手《あいて》を待《ま》つのではなく、攻《せ》めて相手《あいて》が打《う》ちに出《で》てくる「起《お》こり」をとらえて面《めん》を打《う》つ。

ポイント

中心《ちゅうしん》をとって攻《せ》める

出《で》ばな技《わざ》は、相手《あいて》が出《で》てくるのをただ待《ま》つのではなく、自分《じぶん》から攻《せ》め、あせった相手《あいて》が打《う》ってくるように仕向《しむ》けることが大切《たいせつ》だ。そのためには右足《みぎあし》を踏《ふ》み出《だ》すとともに、表《おもて》から相手《あいて》の竹刀《しない》を押《お》さえて中心《ちゅうしん》をとって攻《せ》めていこう。

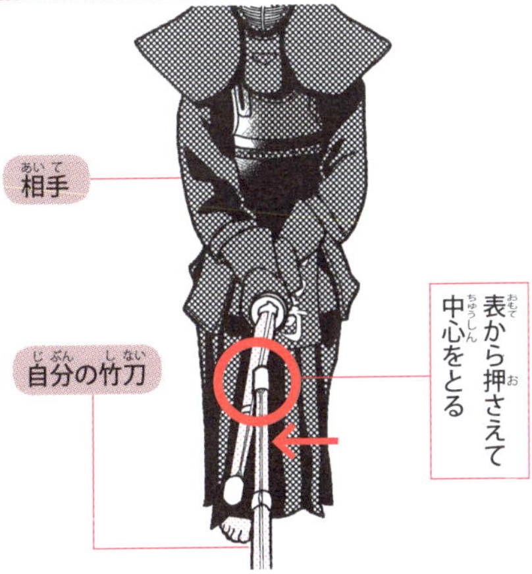
相手《あいて》
自分《じぶん》の竹刀《しない》
表《おもて》から押《お》さえて中心《ちゅうしん》をとる

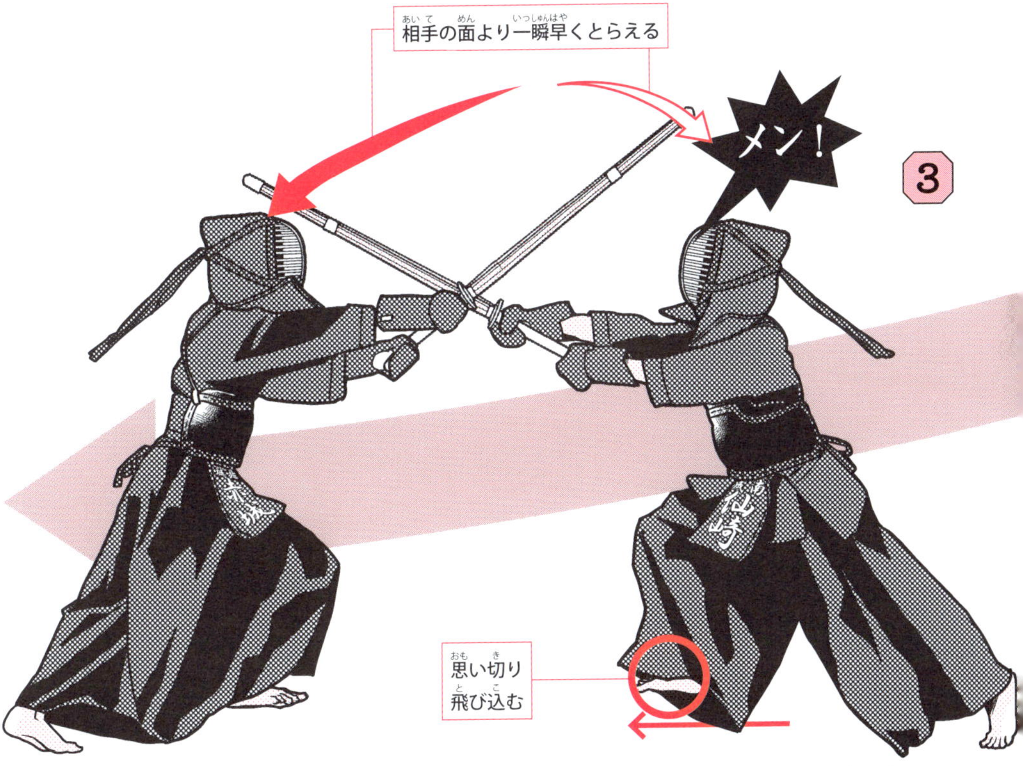
相手《あいて》の面《めん》より一瞬早《いっしゅんはや》くとらえる
メン！
3
思《おも》い切《き》り飛《と》び込《こ》む

腕《うで》だけでなく体《からだ》ごと飛《と》び込《こ》み、相手《あいて》より一瞬早《いっしゅんはや》く面《めん》をとらえる。

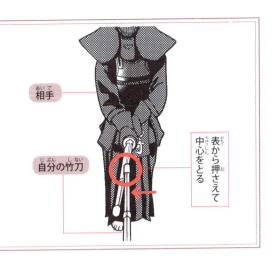

出《で》ばな技《わざ》 2

出《で》ばな小《ご》手《て》

相手《あいて》の起《お》こりをとらえて小手《こて》打《う》ち

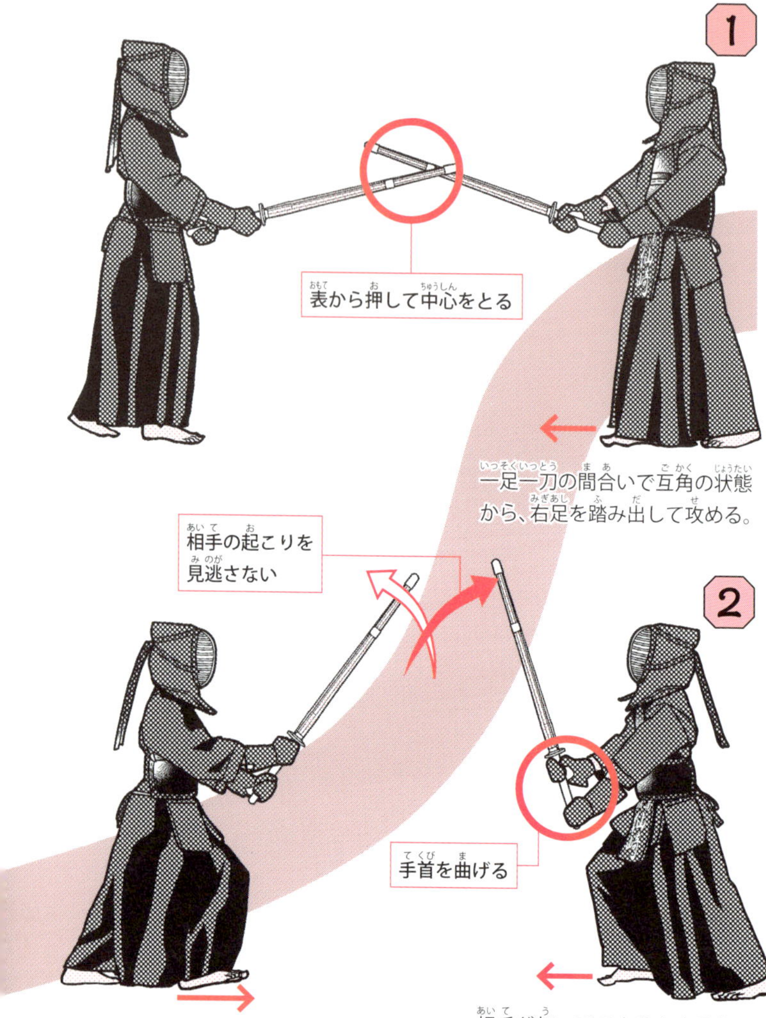
1
表《おもて》から押《お》して中心《ちゅうしん》をとる
一足一刀《いっそくいっとう》の間合《まあ》いで互角《ごかく》の状態《じょうたい》から、右足《みぎあし》を踏《ふ》み出《だ》して攻《せ》める。
2
相手《あいて》の起《お》こりを見逃《みのが》さない
手首《てくび》を曲《ま》げる

相手《あいて》が打《う》ってこようとするところで、小《ちい》さく鋭《するど》く竹刀《しない》を振《ふ》り上《あ》げる。

テーマ

相手《あいて》が出《で》てくるように仕向《しむ》け、相手《あいて》の起《お》こりをとらえて、体《からだ》ごと飛《と》び込《こ》んで小手《こて》を打《う》つ。

出《で》ばな面《めん》と同《おな》じく、**出《で》ばな小手《こて》も自分《じぶん》から攻《せ》めていき、相手《あいて》が出《で》てくる「起《お》こり」をとらえます。**ただ出《で》ばな小《ご》手《て》の場合《ばあい》、その場《ば》で待《ま》って相《あい》手《て》が面《めん》を打《う》ち切《き》ったところをとらえるのでは、打《う》ち遅《おく》れたり、当《あ》たっても相手《あいて》の勢《いきお》いが勝《か》って一本《いっぽん》にならないときがあります。**自分《じぶん》から攻《せ》め、相《あい》手《て》が打《う》ちにきたところを先《さき》にとらえることが大切《たいせつ》です。**

竹刀《しない》を横《よこ》から振《ふ》ったり、面《めん》をさけようと体《からだ》を傾《かたむ》けて打《う》つのも正《ただ》しい打《う》ち方《かた》ではありません。背《せ》すじを伸《の》ばして真上《まうえ》からたたきましょう。

ポイント

体《からだ》ごと飛《と》び込《こ》む

出《で》ばな小手《こて》は打《う》ってくる相手《あいて》をその場《ば》で待《ま》つのではなく、体《からだ》ごと思《おも》い切《き》って飛《と》び込《こ》み、相手《あいて》より一瞬《いっしゅん》早《はや》く小手《こて》をとらえることが大切《たいせつ》だ。

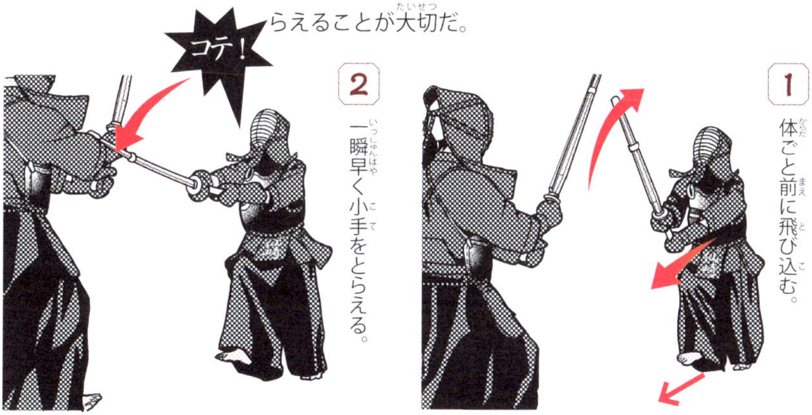

1 体《からだ》ごと前《まえ》に飛《と》び込《こ》む。

2 一瞬《いっしゅん》早《はや》く小手《こて》をとらえる。

3 打《う》ってくる相手《あいて》に対《たい》し、踏《ふ》み込《こ》みながら竹刀《しない》をまっすぐ振《ふ》り下《お》ろしてたたく。

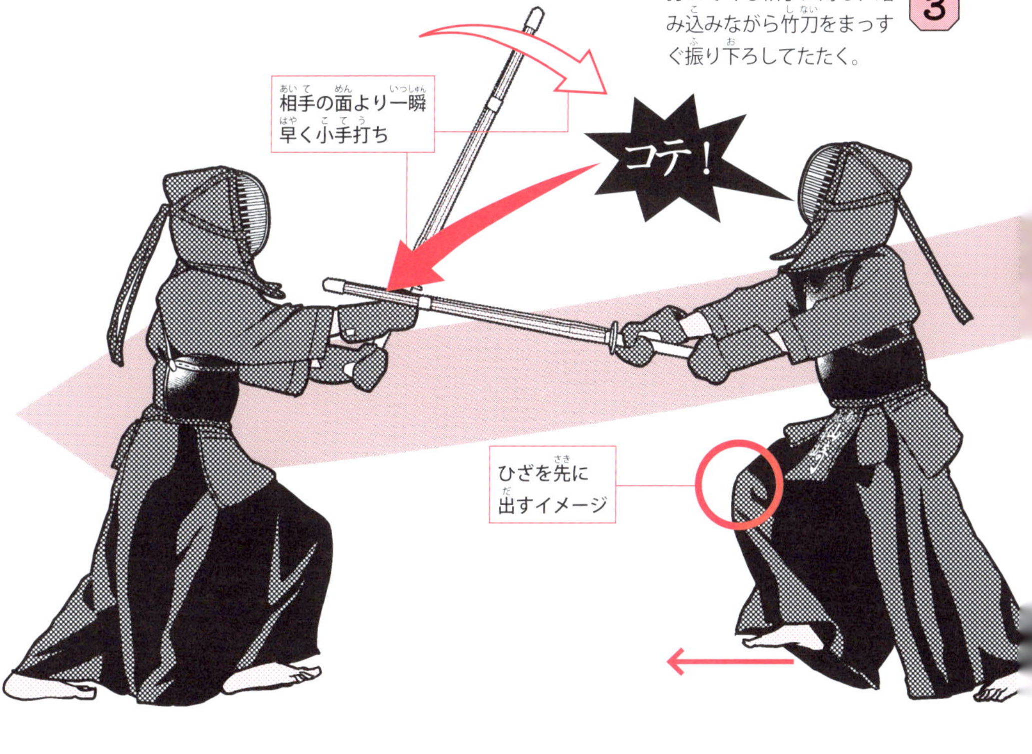

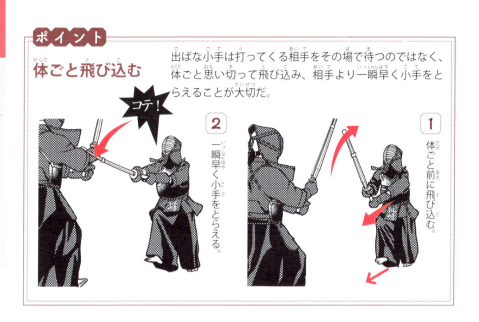

出《で》ばな技《わざ》 3

相小手面《あいこてめん》

相手《あいて》の小手《こて》打《う》ちに小手《こて》を合《あ》わせ、続《つづ》けて面打《めんう》ち

1

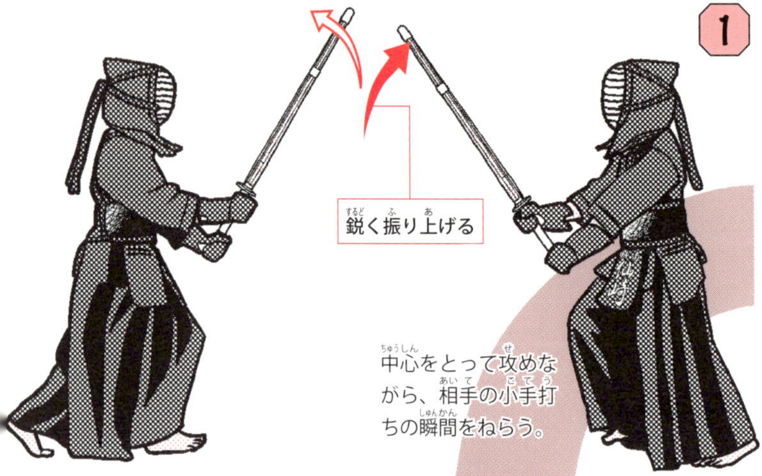
鋭《するど》く振《ふ》り上《あ》げる
中心《ちゅうしん》をとって攻《せ》めながら、相手《あいて》の小手打《こてう》ちの瞬間《しゅんかん》をねらう。

2

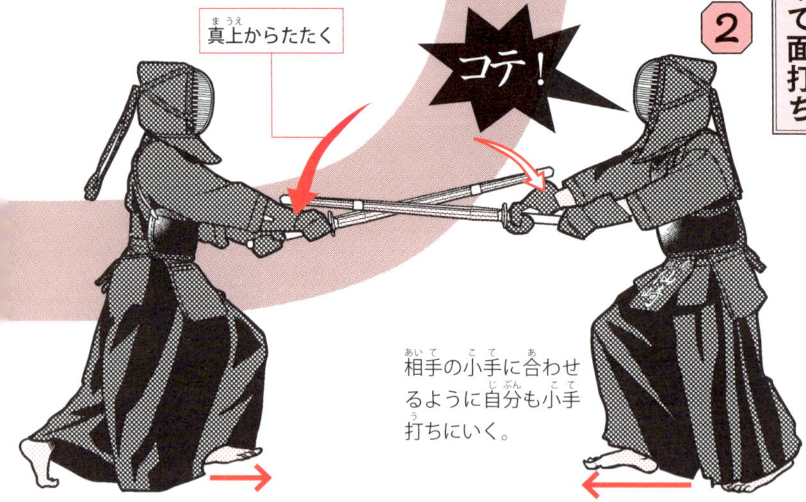
真上《まうえ》からたたく
コテ！
相手《あいて》の小手《こて》に合《あ》わせるように自分《じぶん》も小手《こて》打《う》ちにいく。

テーマ

相手《あいて》の小手《こて》に小手《こて》を合《あ》わせてから面打《めんう》ちを連続《れんぞく》する。つねに中心《ちゅうしん》をとって攻《せ》めていく。

相《あい》手《て》が出《で》てくる「起《お》こり」をとらえるのは出《で》ばな面《めん》、出《で》ばな小手《ごて》と同《おな》じですが、**一発《いっぱつ》で決《き》められなかった場合《ばあい》に、連続《れんぞく》して一本《いっぽん》をとりにいくのがこの相小手面《あいこてめん》です。**

相手《あいて》が小手《こて》を打《う》ってくるときに自分《じぶん》も合《あ》わせて小手《こて》を打《う》ちにいきます。そこで小手《こて》に当《あ》たらなかったとしても、**相《あい》手《て》の竹刀《しない》を正中線《せいちゅうせん》からはずし、すかさず小《ちい》さく振《ふ》り上《あ》げて面《めん》打《う》ちにいきます。**裏《うら》をとるために、相手《あいて》が竹刀《しない》を上《うえ》から回《まわ》しても下《した》から回《まわ》しても同《おな》じです。つねに自分《じぶん》が中心《ちゅうしん》をとって攻《せ》めていく姿勢《しせい》が大切《たいせつ》です。

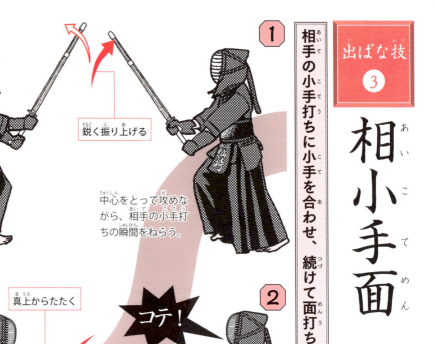

ポイント

小手《こて》の合《あ》わせ方《かた》

相小手面《あいこてめん》の最初《さいしょ》の小手《こて》打《う》ちは、相打《あいう》ちになってもつねに自分《じぶん》が中心《ちゅうしん》をとった状態《じょうたい》を保《たも》つことが大切《たいせつ》だ。

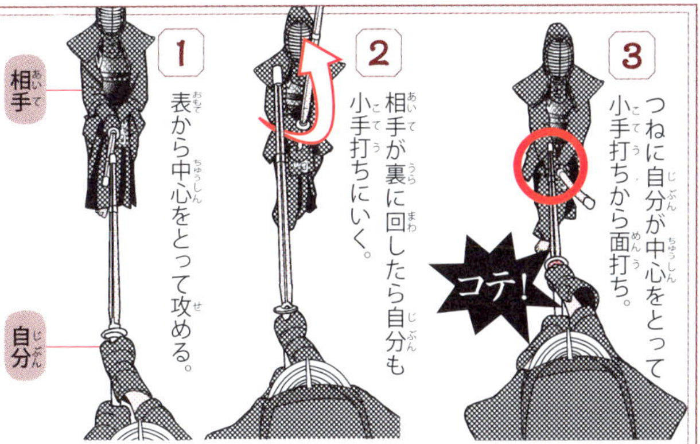
相手《あいて》
自分《じぶん》
1
表《おもて》から中心《ちゅうしん》をとって攻《せ》める。
2
相手《あいて》が裏《うら》に回《まわ》したら自分《じぶん》も小手《こて》打《う》ちにいく。
3
つねに自分《じぶん》が中心《ちゅうしん》をとって小手《こて》打《う》ちから面《めん》打《う》ち。
コテ!

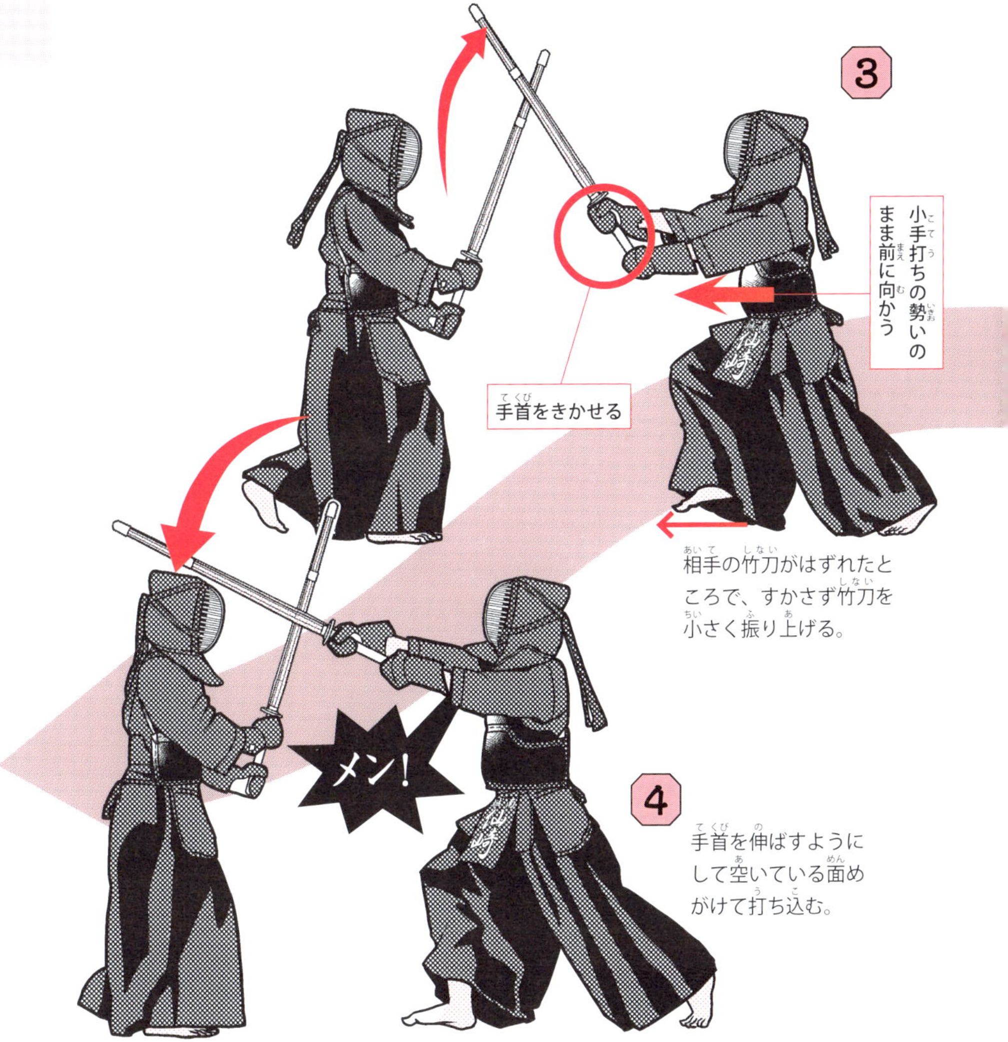
3
小手《こて》打《う》ちの勢《いきお》いのまま前《まえ》に向《む》かう
手首《てくび》をきかせる
4
メン!

相手《あいて》の竹刀《しない》がはずれたところで、すかさず竹刀《しない》を小《ちい》さく振《ふ》り上《あ》げる。

手首《てくび》を伸《の》ばすようにして空《あ》いている面《めん》めがけて打《う》ち込《こ》む。

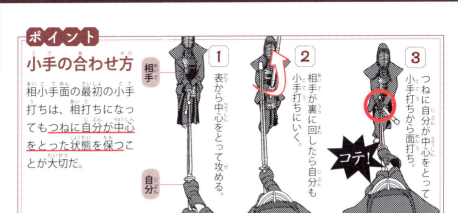

二段打《にだんう》ち ①

面面《めんめん》

面《めん》や小手《こて》などの技《わざ》が決《き》まらなかったとき、続《つづ》けてもう一本技《いっぽんわざ》を出《だ》す連続技《れんぞくわざ》のことを**「二段打《にだんう》ち」**といいます。**面面《めんめん》、小手面《こてめん》、小手胴《こてどう》**などがありますが、「面面《めんめん》」は、面《めん》を打《う》って相手《あいて》が下《さ》がったら、さらに飛《と》び込《こ》んで面打《めんう》ちをする技《わざ》です。

ただし「面面《めんめん》」を学《まな》ぶ前《まえ》に、本書《ほんしょ》では**「胸突《むなづ》きして面《めん》」**から練習《れんしゅう》することをすすめます。**突《つ》き技《わざ》は中学生《ちゅうがくせい》までは原則的《げんそくてき》に禁《きん》止《し》ですが、左足《ひだりあし》で蹴《け》って前《まえ》に体《からだ》を出《だ》す動《うご》きを覚《おぼ》えやすい技《わざ》**だからです。相手《あいて》の胸《むね》を突《つ》き、すばやく左足《ひだりあし》を引《ひ》きつけて面《めん》を打《う》ちましょう。

上達への道 「胸突《むなづ》きして面《めん》」からはじめる

二段打《にだんう》ちの連続技《れんぞくわざ》を学《まな》ぶ前《まえ》に「胸突《むなづ》きして面《めん》」の動《うご》きから学《まな》ぶ。左足《ひだりあし》を強《つよ》く蹴《け》って前《まえ》に出《で》たら、すばやく左足《ひだりあし》を引《ひ》きつけて次《つぎ》の技《わざ》を出《だ》そう。

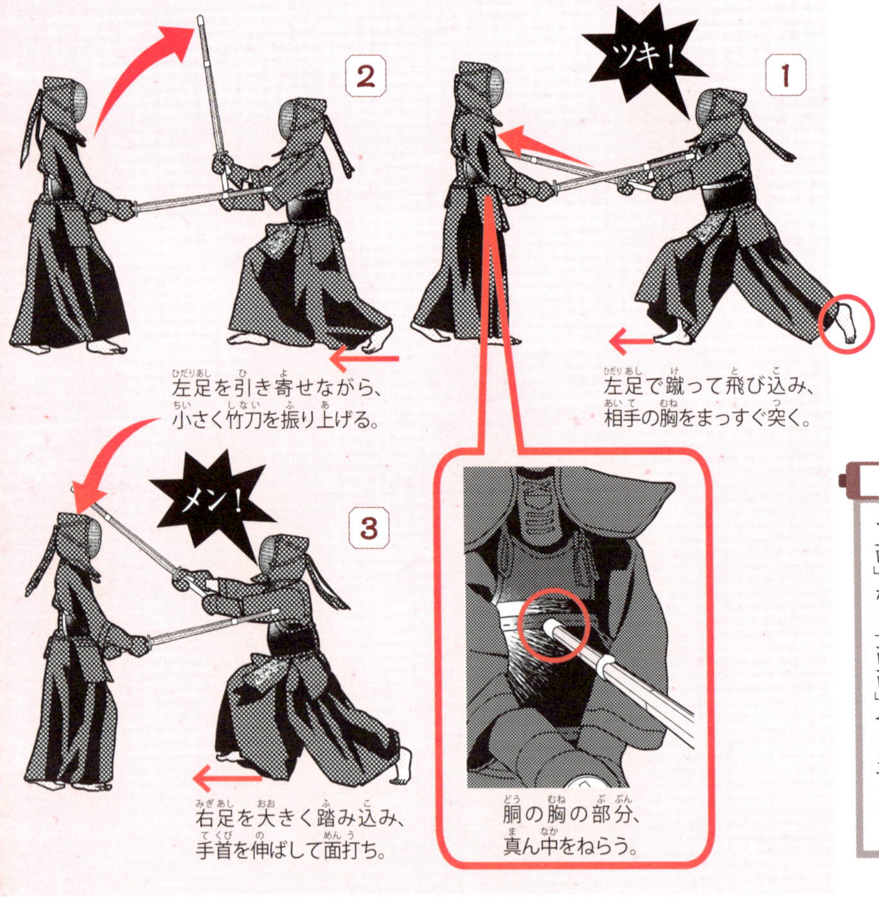

1 左足《ひだりあし》で蹴《け》って飛《と》び込《こ》み、相手《あいて》の胸《むね》をまっすぐ突《つ》く。

2 左足《ひだりあし》を引《ひ》き寄《よ》せながら、小《ち》さく竹刀《しない》を振《ふ》り上《あ》げる。

3 右足《みぎあし》を大《おお》きく踏《ふ》み込《こ》み、手首《てくび》を伸《の》ばして面打《めんう》ち。

胴《どう》の胸《むね》の部分《ぶぶん》、真《ま》ん中《なか》をねらう。

テーマ

相手《あいて》の体勢《たいせい》が崩《くず》れたらもう一本《いっぽん》打《う》ち込《こ》む連続技《れんぞくわざ》。「胸突《むなづ》きして面《めん》」から「面面《めんめん》」へと進《すす》もう。

面打《めんう》ちで相手《あいて》が下《さ》がったところをさらに面《めん》

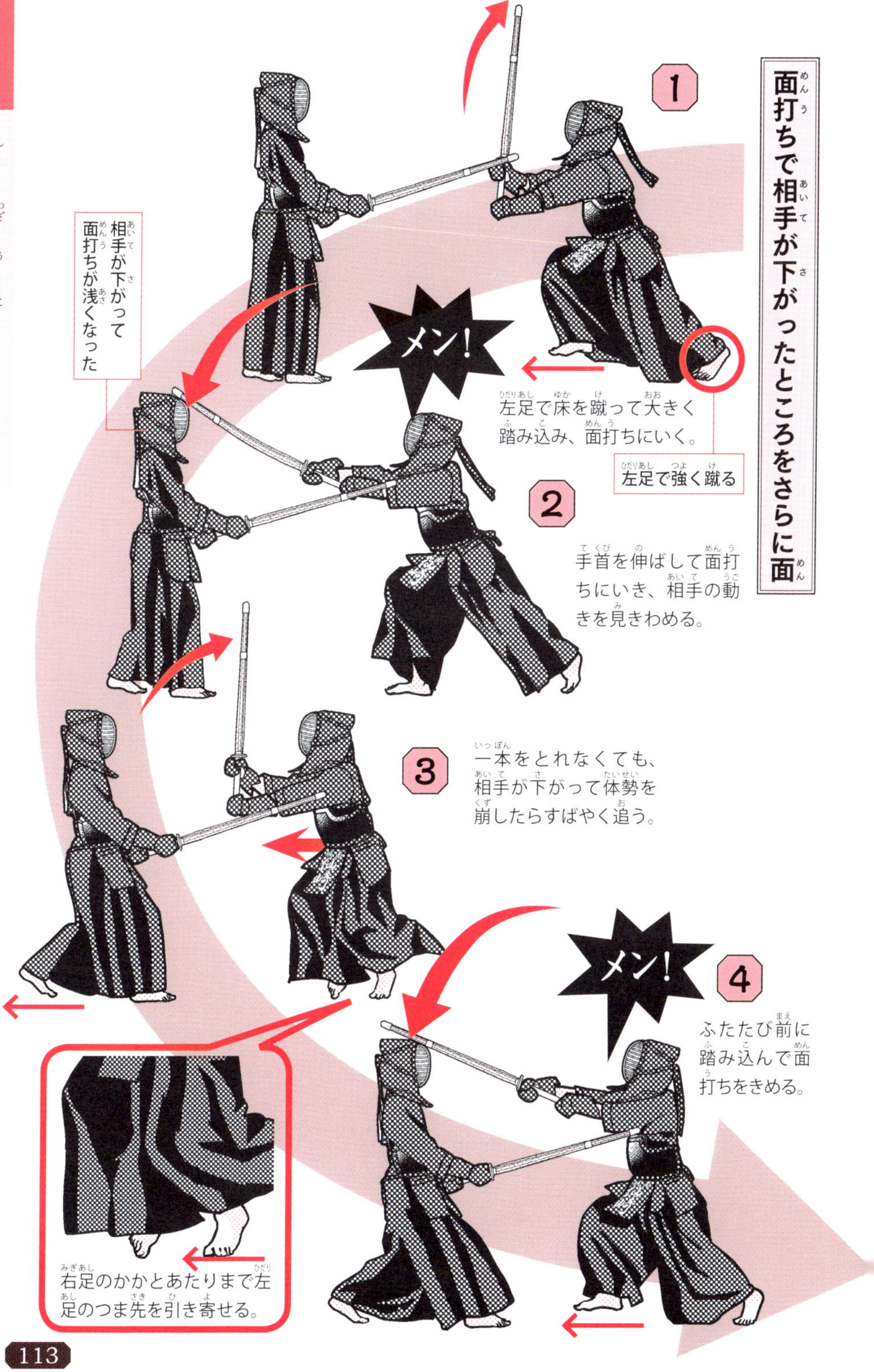

相手《あいて》が下《さ》がって面打《めんう》ちが浅《あさ》くなった

1 左足《ひだりあし》で床《ゆか》を蹴《け》って大《おお》きく踏《ふ》み込《こ》み、面打《めんう》ちにいく。

左足《ひだりあし》で強《つよ》く蹴《け》る

2 手首《てくび》を伸《の》ばして面打《めんう》ちにいき、相手《あいて》の動《うご》きを見《み》きわめる。

3 一本《いっぽん》をとれなくても、相手《あいて》が下《さ》がって体勢《たいせい》を崩《くず》したらすばやく追《お》う。

右足《みぎあし》のかかとあたりまで左《ひだり》足《あし》のつま先《さき》を引《ひ》き寄《よ》せる。

4 ふたたび前《まえ》に踏《ふ》み込《こ》んで面《めん》打《う》ちをきめる。

二段打《にだんう》ち ②

小《こ》手《て》面《めん》

小手打《こてう》ちで相手《あいて》が下《さ》がったところをさらに面《めん》

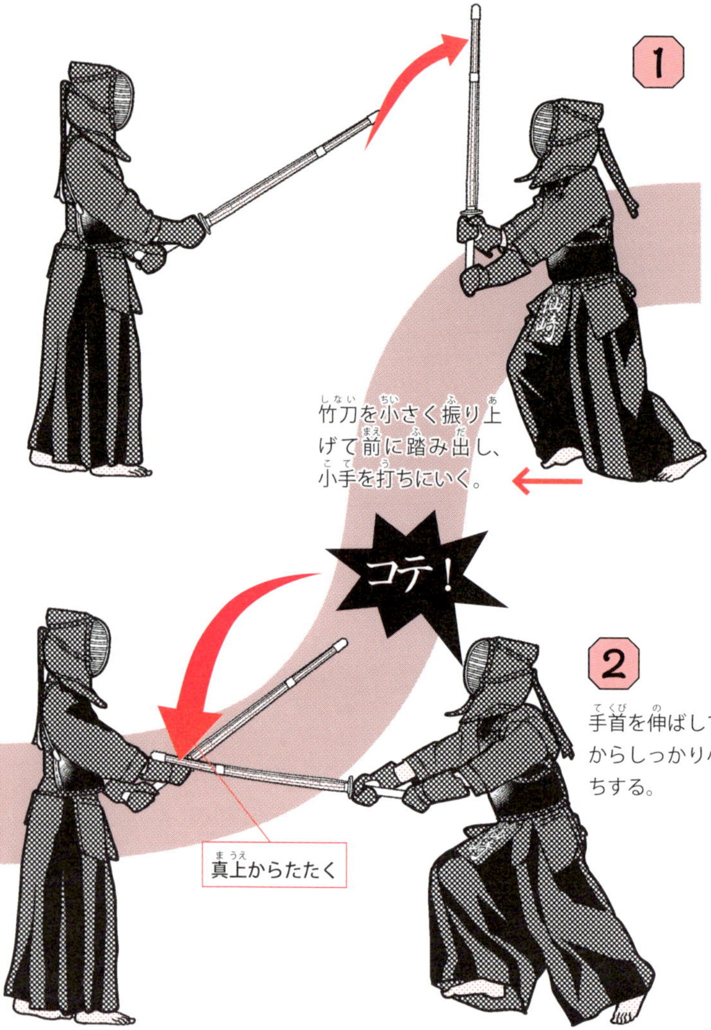

1 竹刀《しない》を小《ちい》さく振《ふ》り上《あ》げて前《まえ》に踏《ふ》み出《だ》し、小手《こて》を打《う》ちにいく。

2 手首《てくび》を伸《の》ばして真上《まうえ》からしっかり小手打《こてう》ちする。

テーマ

小手打《こてう》ちしたらすばやく左足《ひだりあし》を引《ひ》き寄《よ》せて面《めん》を打《う》つ体勢《たいせい》に入《はい》る。手首《てくび》の使《つか》い方《かた》も大切《たいせつ》だ。

小《こ》手面《てめん》もよく使《つか》われる連続技《れんぞくわざ》です。実戦《じっせん》では小《こ》手《て》が当《あ》たらなかった場合《ばあい》に続《つづ》けて面《めん》にいく技《わざ》ですが、練習《れんしゅう》では基本《きほん》の形《かたち》を覚《おぼ》えるために、小手打《こてう》ちもしっかり当《あ》てます。

二段打《にだんう》ちはいかに二本目《にほんめ》をすばやく打《う》てるかが大切《たいせつ》で、小手打《こてう》ちにいく前進《ぜんしん》している勢《いきお》いを使《つか》って左足《ひだりあし》をすばやく引《ひ》き寄《よ》せ、さらに前《まえ》に飛《と》び込《こ》んで面《めん》に打《う》ちこみます。

連続技《れんぞくわざ》では手首《てくび》の使《つか》い方《かた》も重要《じゅうよう》です。**右手首《みぎてくび》を「曲《ま》げて伸《の》ばす、また曲《ま》げて伸《の》ばす」という動《うご》き**を使《つか》い、竹刀《しない》を鋭《するど》く動《うご》かしましょう。

ポイント

手首《てくび》の使《つか》い方《かた》

連続技《れんぞくわざ》で大切《たいせつ》なのは「手首《てくび》を曲《ま》げて伸《の》ばす、また曲《ま》げて伸《の》ばす」という動《うご》き。「曲《ま》げ」てというのは、親指側《おやゆびがわ》に「手首《てくび》を起《お》こす」ことだ。打《う》ち込《こ》むときは手首《てくび》を伸《の》ばして竹刀《しない》を振《ふ》り下《お》ろそう。

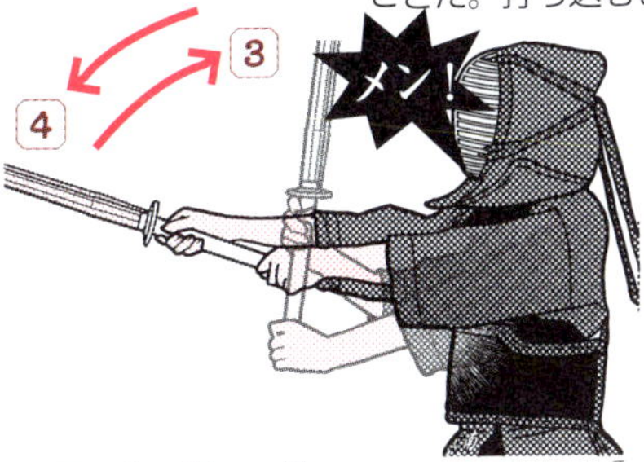
メン！
3
4

コテ！
1
2

3 手《て》の高《たか》さを保《たも》ったまま、ふたたび手《て》首《くび》を「曲《ま》げる」。

4 次《つぎ》に手首《てくび》を「伸《の》ばし」て連続技《れんぞくわざ》で面《めん》打《う》ち。

1 手首《てくび》を親指側《おやゆびがわ》に「曲《ま》げ」て竹刀《しない》を振《ふ》り上《あ》げる。

2 手首《てくび》を「伸《の》ばし」てまっすぐたたいて小手打《こてう》ち。

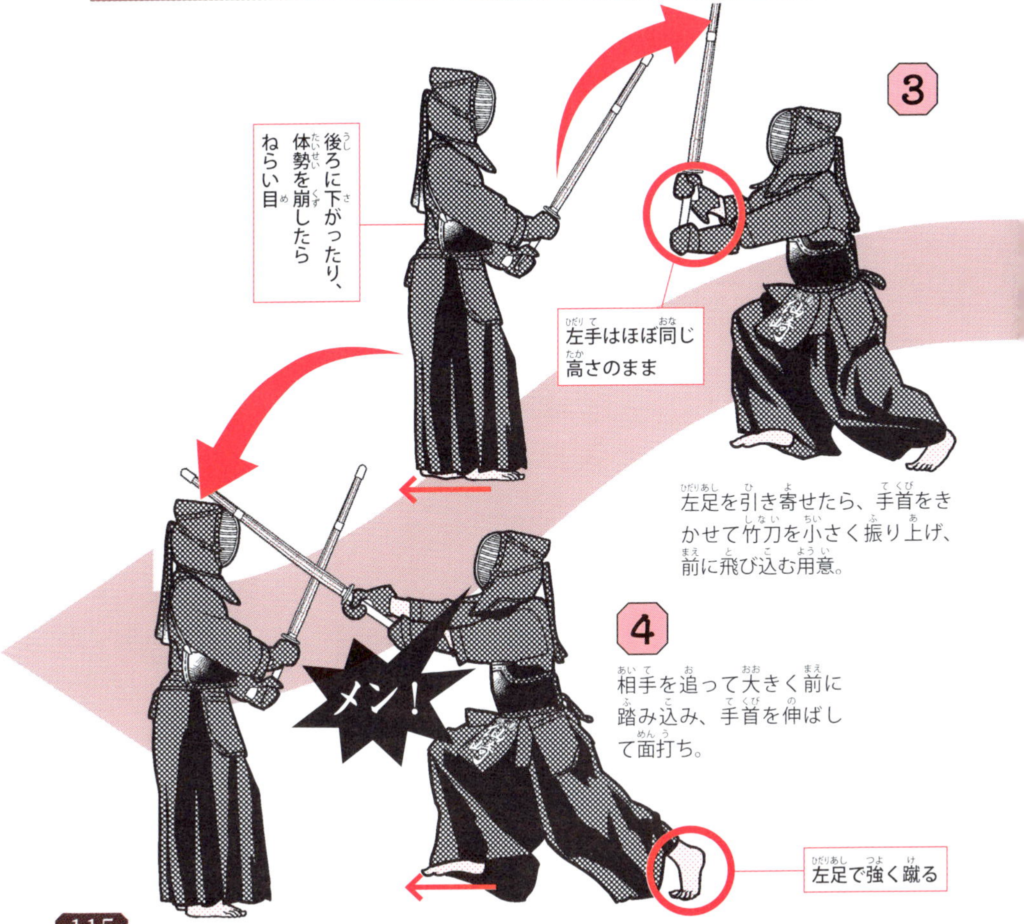
後《うし》ろに下《さ》がったり、体勢《たいせい》を崩《くず》したらねらい目《め》
左手《ひだりて》はほぼ同《おな》じ高《たか》さのまま
メン！
左足《ひだりあし》で強《つよ》く蹴《け》る

3

左足《ひだりあし》を引《ひ》き寄《よ》せたら、手首《てくび》をきかせて竹刀《しない》を小《ちい》さく振《ふ》り上《あ》げ、前《まえ》に飛《と》び込《こ》む用意《ようい》。

4

相手《あいて》を追《お》って大《おお》きく前《まえ》に踏《ふ》み込《こ》み、手首《てくび》を伸《の》ばして面打《めんう》ち。

二段《にだん》打《う》ち 3

小《こ》手《て》胴《どう》

小《こ》手《て》打《う》ちで相手《あいて》が下《さ》がったところをさらに胴《どう》

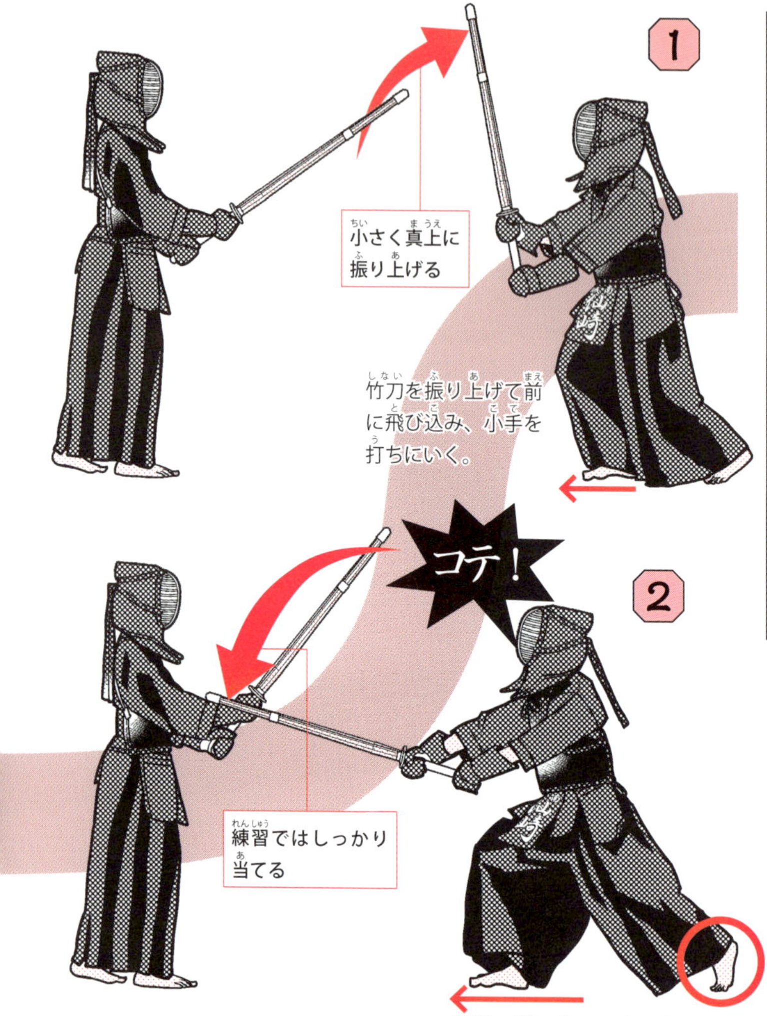
1
小《ちい》さく真上《まうえ》に
振《ふ》り上《あ》げる
竹刀《しない》を振《ふ》り上《あ》げて前《まえ》に飛《と》び込《こ》み、小手《こて》を打《う》ちにいく。
コテ！
2
練習《れんしゅう》ではしっかり
当《あ》てる

左足《ひだりあし》で床《ゆか》を蹴《け》って踏《ふ》み込《こ》みながら小手打《こてう》ち。

テーマ

面《めん》を警戒《けいかい》した相手《あいて》が腕《うで》を上《あ》げたところで胴《どう》。真上《まうえ》に振《ふ》り上《あ》げ、手首《てくび》を返《かえ》して斜《なな》めに振《ふ》る。

小《こ》手胴《てどう》は、小手面《こてめん》を警戒《けいかい》した相手《あいて》が腕《うで》を上《あ》げ、胴《どう》が空《あ》いたときに打《う》ち込《こ》む技《わざ》です。実戦《じっせん》では一本目《いっぽんめ》が決《き》まらなかったときに、**相手《あいて》が下《さ》がったら面《めん》、腕《うで》を上《あ》げたら胴《どう》**と、一瞬《いっしゅん》のうちに判断《はんだん》して二《に》本目《ほんめ》を出《だ》します。しかし稽古《けいこ》では、連続《れんぞく》した動《うご》きを体《からだ》に覚《おぼ》え込《こ》ませるために決《き》まった技《わざ》を練習《れんしゅう》するのです。

小手胴《こてどう》のポイントは二本目《にほんめ》で竹刀《しない》を振《ふ》り上《あ》げ、そこから**手首《てくび》を返《かえ》して剣先《けんせん》を左《ひだり》に傾《かたむ》け、竹刀《しない》を斜《なな》めに振《ふ》り下《お》ろす**ことです。小手胴《こてどう》と同《おな》じように、面胴《めんどう》も練習《れんしゅう》しておきましょう。

ポイント

打突後《だとつご》の抜《ぬ》け方《かた》

「打《う》ち込《こ》みの胴打《どうう》ち」（⇨ P90）では相手《あいて》の右側《みぎがわ》（自分《じぶん》から見《み》て左《ひだり》）へ抜《ぬ》ける練習法《れんしゅうほう》を紹介《しょうかい》したが、ここでは「面抜《めんぬ》き胴《どう》」（⇨ P146）のイメージで相手《あいて》の左側《ひだりがわ》（自分《じぶん》から見《み》て右《みぎ》）に抜《ぬ》けていく。「送《おく》り足《あし》」ではなく「歩《あゆ》み足《あし》」を使《つか》おう。

打《う》ち込《こ》みの胴打《どうう》ちなどではしっかり胴《どう》をたたいて左《ひだり》へ抜《ぬ》ける。

小手胴《こてどう》や面抜《めんぬ》き胴《どう》では竹刀《しない》を振《ふ》り抜《ぬ》いて右《みぎ》へ抜《ぬ》ける。

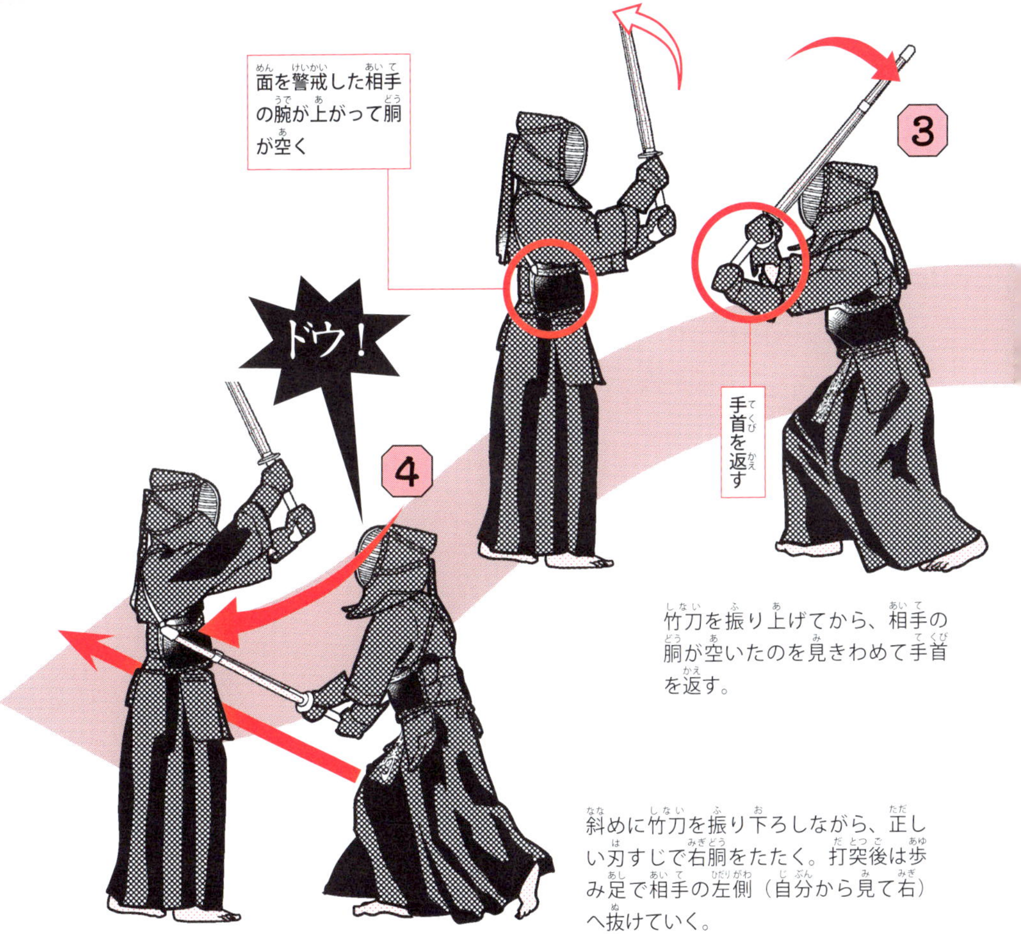

竹刀《しない》を振《ふ》り上《あ》げてから、相手《あいて》の胴《どう》が空《あ》いたのを見《み》きわめて手首《てくび》を返《かえ》す。

斜《なな》めに竹刀《しない》を振《ふ》り下《お》ろしながら、正《ただ》しい刃《は》すじで右胴《みぎどう》をたたく。打突後《だとつご》は歩《あゆ》み足《あし》で相手《あいて》の左側《ひだりがわ》（自分《じぶん》から見《み》て右《みぎ》）へ抜《ぬ》けていく。

つばぜり合《あ》い

どちらかが打《う》ちにいって決《き》まらず、間合《まあ》いのとれない状態《じょうたい》になったとき、**相《あい》手《て》のつばと自分《じぶん》のつばを当《あ》ててお互《たが》いにチャンスをうかがうのが「つばぜり合《あ》い」**です。ここから**相手《あいて》の体勢《たいせい》を崩《くず》して打《う》ち込《こ》み、後《うし》ろに引《ひ》いて間合《まあ》いをとるのが「引《ひ》き技《わざ》」**です。

剣道《けんどう》は間合《まあ》いをとって攻《せ》めるのが基本《きほん》なので、**つばぜり合《あ》いの時間《じかん》は短《みじか》くする**べきです。「少《すこ》し休《やす》もう」などと気《き》を抜《ぬ》かないようにすること。また反則《はんそく》になるような誤《あやま》ったつばぜり合《あ》いにならないように注意《ちゅうい》しましょう。

正《ただ》しいつばぜり合《あ》いの形《かたち》

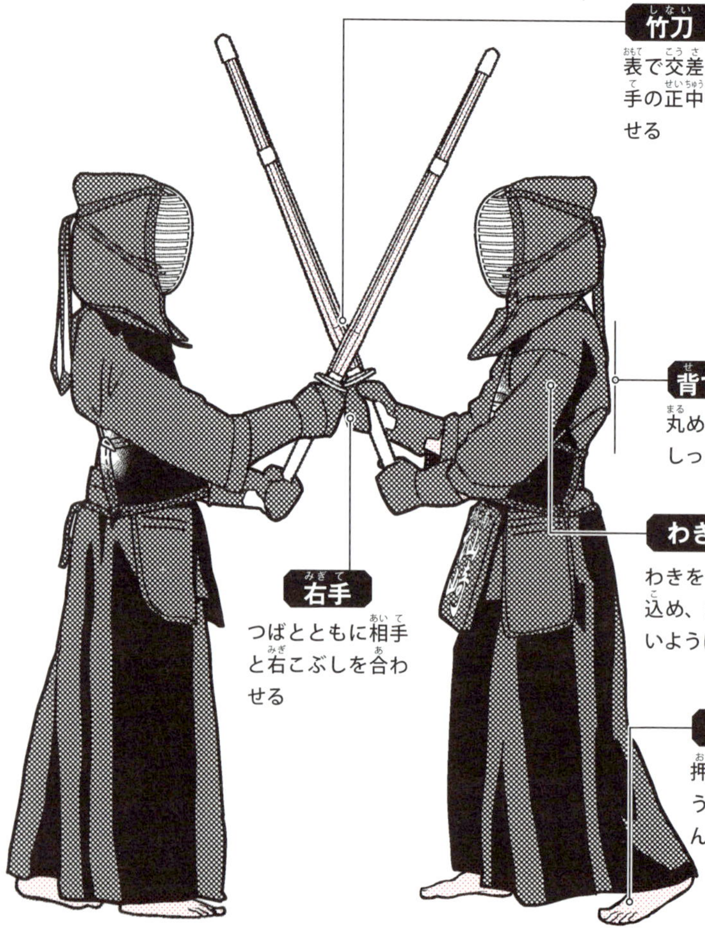
竹刀《しない》
表《おもて》で交差《こうさ》させ、相《あい》手《て》の正中線《せいちゅうせん》に合《あ》わせる
背《せ》すじ
丸《まる》めたり反《そ》ったりせずにしっかり伸《の》ばす
わき
わきをしめて力《ちから》を込《こ》め、押《お》し負《ま》けないようにする
右手《みぎて》
つばとともに相手《あいて》と右《みぎ》こぶしを合《あ》わせる
足《あし》
押《お》されないように左足《ひだりあし》で踏《ふ》ん張《ば》る

テーマ

引《ひ》き技《わざ》を学《まな》ぶ前《まえ》に正《ただ》しいつばぜり合《あ》いの形《かた》を覚《おぼ》え、相手《あいて》に押《お》し負《ま》けない体勢《たいせい》をつくろう。

こぶしの合《あ》わせ方《かた》

つばぜり合《あ》いはつば同士《どうし》を合《あ》わせるだけでなく、右《みぎ》こぶしを合《あ》わせて押《お》すようにする。

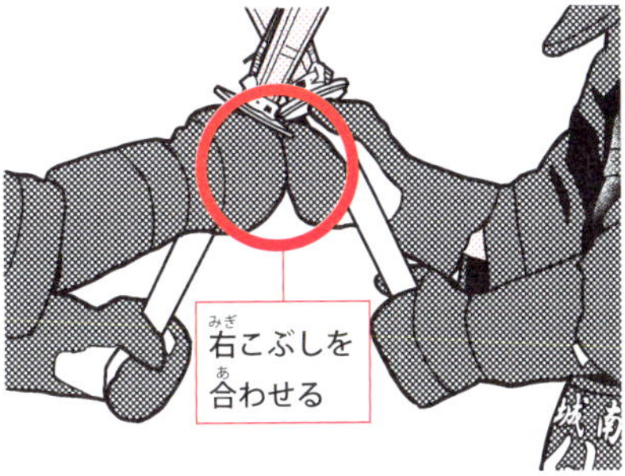

✖ 逆交差《ぎゃくこうさ》で押《お》す

竹刀《しない》を裏《うら》に回《まわ》して引《ひ》っかけ、長時間相手《ちょうじかんあいて》に打《う》たせないようにしたり、何度《なんど》もすると反則《はんそく》になることもある。

✖ 上《うえ》から押《お》さえる

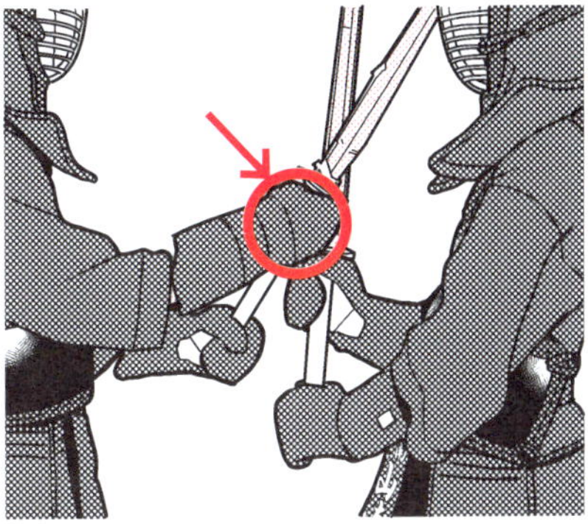

右《みぎ》こぶしを合《あ》わせず、つばの上《うえ》から右《みぎ》こぶしで押《お》さえると反則《はんそく》をとられる行為《こうい》になる。

✖ 肩《かた》に竹刀《しない》をかける

相手《あいて》に打《う》たれそうなときに短《みじか》い時間《じかん》ならいいが、ずっとやっていてはいけない。

足《あし》の構《かま》え方《かた》

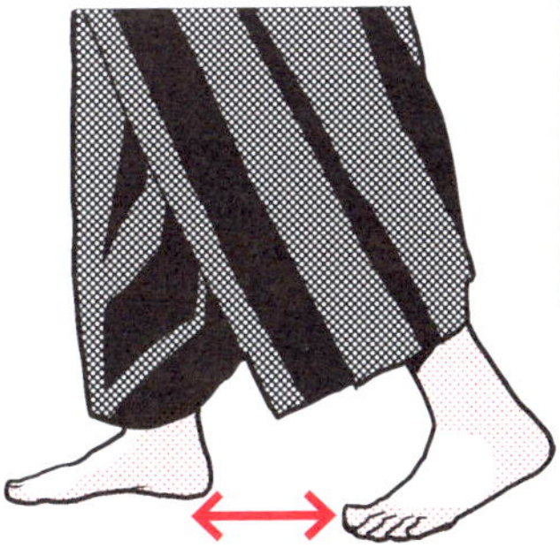

基本《きほん》の構《かま》え（⇨P25）よりも少《すこ》し左足《ひだりあし》を後《うし》ろに引《ひ》き、拇指球《ぼしきゅう》（⇨P29）に力《ちから》を入《い》れて押《お》し負《ま》けないようにする。

引き技 2

引《ひ》き面《めん》

左《ひだり》に押《お》して表《おもて》から引《ひ》き面《めん》

1 つばぜり合《あ》いで互角《ごかく》になっている形《かたち》。

2 開《ひら》き足《あし》で右足《みぎあし》を右斜《みぎなな》め前《まえ》に出《だ》し、相手《あいて》を表《おもて》から押《お》す。

4 跳《と》び上《あ》がるようにして裏《うら》から右面《みぎめん》をたたく。

5 すばやく後《うし》ろに下《さ》がり、十分《じゅうぶん》に距離《きょり》が空《あ》いたら残心《ざんしん》をとる。

テーマ

つばぜり合《あ》いから相手《あいて》を崩《くず》して面《めん》を打《う》ち込《こ》む。表《おもて》からと裏《うら》からの引《ひ》き面《めん》を覚《おぼ》えよう。

引《ひ》き技《わざ》は、つばぜり合《あ》いから相手《あいて》を崩《くず》し、それによってできたすきをついて打《う》ち込《こ》みます。相手《あいて》の崩《くず》し方《かた》にはさまざまな方法《ほうほう》があり、引《ひ》き面《めん》、引《ひ》き小手《こて》など技《わざ》によって違《ちが》います。

引《ひ》き面《めん》にはいくつか崩《くず》し方《かた》がありますが、一般的《いっぱんてき》なのは、**開《ひら》き足《あし》で右斜《みぎなな》め前《まえ》に押《お》しながら相手《あいて》を左方向《ひだりほうこう》に押《お》し、表《おもて》から左面《ひだりめん》を打《う》つ**というもの。

また表《おもて》から力《ちから》を入《い》れて押《お》し返《かえ》してくる相手《あいて》に対《たい》しては、**左《ひだり》こぶしで払《はら》いながら裏《うら》に回《まわ》り、裏《うら》から右面《みぎめん》を打《う》つ**方法《ほうほう》もあります。

3 相手《あいて》の竹刀《しない》が正中線《せいちゅうせん》からはずれたら竹刀《しない》を振《ふ》り上《あ》げる。

4 跳《と》び上《あ》がるようにして表《おもて》から左面《ひだりめん》をたたく。

5 送《おく》り足《あし》ですばやく後《うし》ろに下《さ》がる。

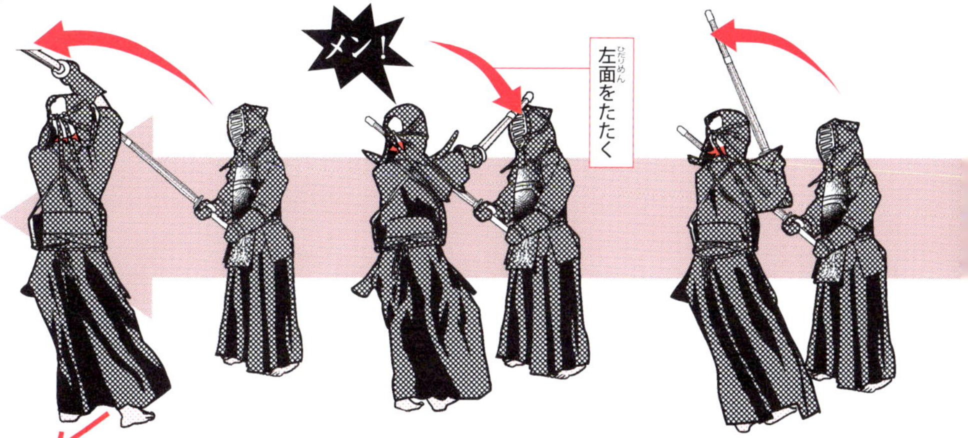

裏《うら》に回《まわ》って引《ひ》き面《めん》

1 つばぜり合《あ》いで相手《あいて》が押《お》し返《かえ》してくる状態《じょうたい》。

2 左《ひだり》こぶしで相手《あいて》を払《はら》うようにして裏《うら》に回《まわ》る。

3 相手《あいて》の竹刀《しない》が正中《せいちゅう》線《せん》からはずれたら竹刀《しない》を振《ふ》り上《あ》げる。

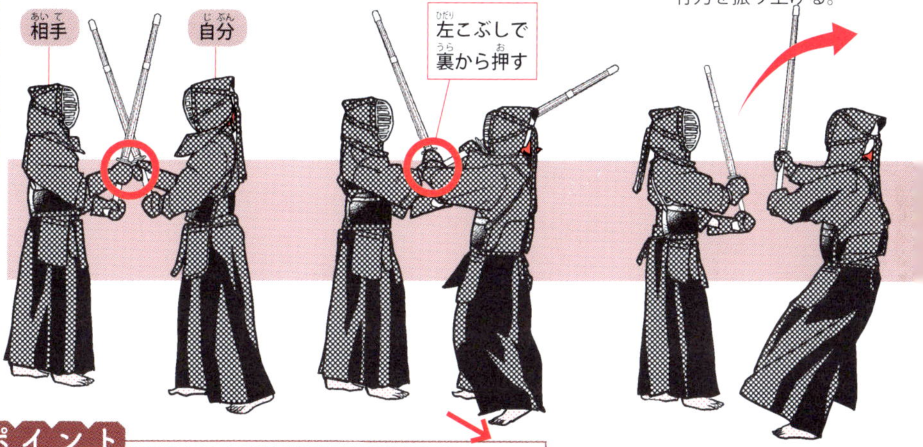

ポイント

真上《まうえ》に跳《と》び上《あ》がって打《う》つ

引《ひ》き技《わざ》は「下《さ》がりながら打《う》つ」のではなく「打《う》って、下《さ》がる」ことが大切《たいせつ》。打《う》つときは後《うし》ろではなく、真上《まうえ》に跳《と》び上《あ》がろう。

× 引《ひ》き上《あ》げ過《す》ぎ

面《めん》打《う》ち後《ご》に審判《しんぱん》にアピールしようと、剣先《けんせん》が下《した》を向《む》くほど引《ひ》き上《あ》げないように注《ちゅう》意《い》。

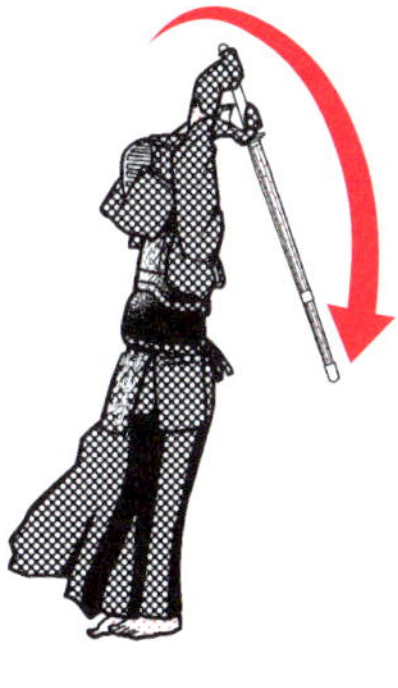

引《ひ》き技《わざ》 3

引《ひ》き小《ご》手《て》

裏《うら》に回《まわ》って引《ひ》き小《ご》手《て》

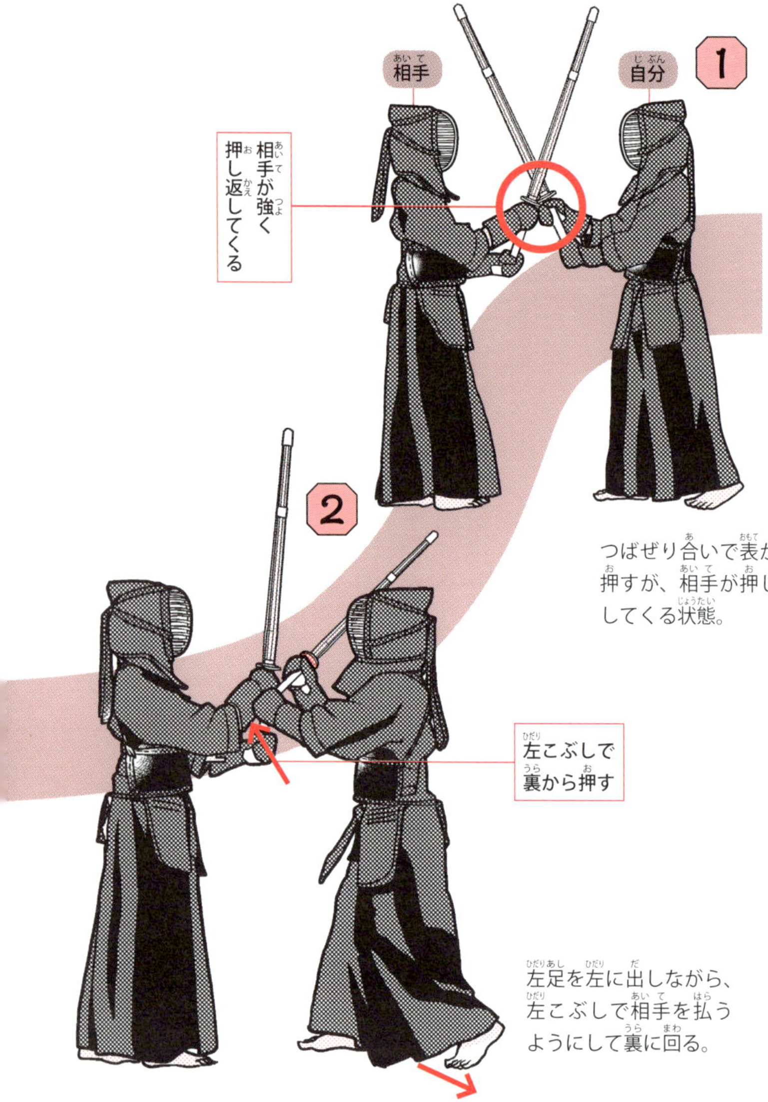

つばぜり合《あ》いで表《おもて》から押《お》すが、相《あい》手《て》が押《お》し返《かえ》してくる状態《じょうたい》。

左足《ひだりあし》を左《ひだり》に出《だ》しながら、左《ひだり》こぶしで相《あい》手《て》を払《はら》うようにして裏《うら》に回《まわ》る。

テーマ

相《あい》手《て》の押《お》し返《かえ》す力《ちから》を利用《りよう》し、左《ひだり》こぶしで相《あい》手《て》の右小手《みぎこて》を押《お》しながら裏《うら》に回《まわ》って小手《こて》打《う》ち。

相《あい》手《て》の小手《こて》を打《う》つには裏《うら》に回《まわ》らなくてはいけません。まず**表《おもて》から押《お》し、相《あい》手《て》が押《お》し返《かえ》してくる力《ちから》を利用《りよう》して裏《うら》に回《まわ》ります**。そこで相《あい》手《て》の竹刀《しない》が勢《いきお》いあまって中心《ちゅうしん》からはずれたところで、空《あ》いた小手《こて》をめがけて打《う》ちこみます。

相《あい》手《て》を崩《くず》すときは、**左足《ひだりあし》を左《ひだり》に出《だ》し、左《ひだり》こぶしで相《あい》手《て》の右《みぎ》小《こ》手《て》を押《お》すようにして裏《うら》に回《まわ》る**とより効果的《こうかてき》です。

引《ひ》き小《ご》手《て》を打《う》った後《あと》は、体《からだ》を横《よこ》に向《む》けたり、相《あい》手《て》から顔《かお》をそらさないように注意《ちゅうい》です。打《う》った形《かたち》のまま後《うし》ろに下《さ》がり、反撃《はんげき》に備《そな》えましょう。

ポイント

相手《あいて》の力《ちから》を利用《りよう》する

相手《あいて》を崩《くず》して裏《うら》に回《まわ》るために、相手《あいて》が押《お》す力《ちから》をそのまま流《なが》すように左《ひだり》こぶしで払《はら》おう。

1 左《ひだり》こぶしで相手《あいて》の右小手《みぎこて》を払《はら》う。

2 中心《ちゅうしん》がはずれて空《あ》いた小手《こて》をたたく。

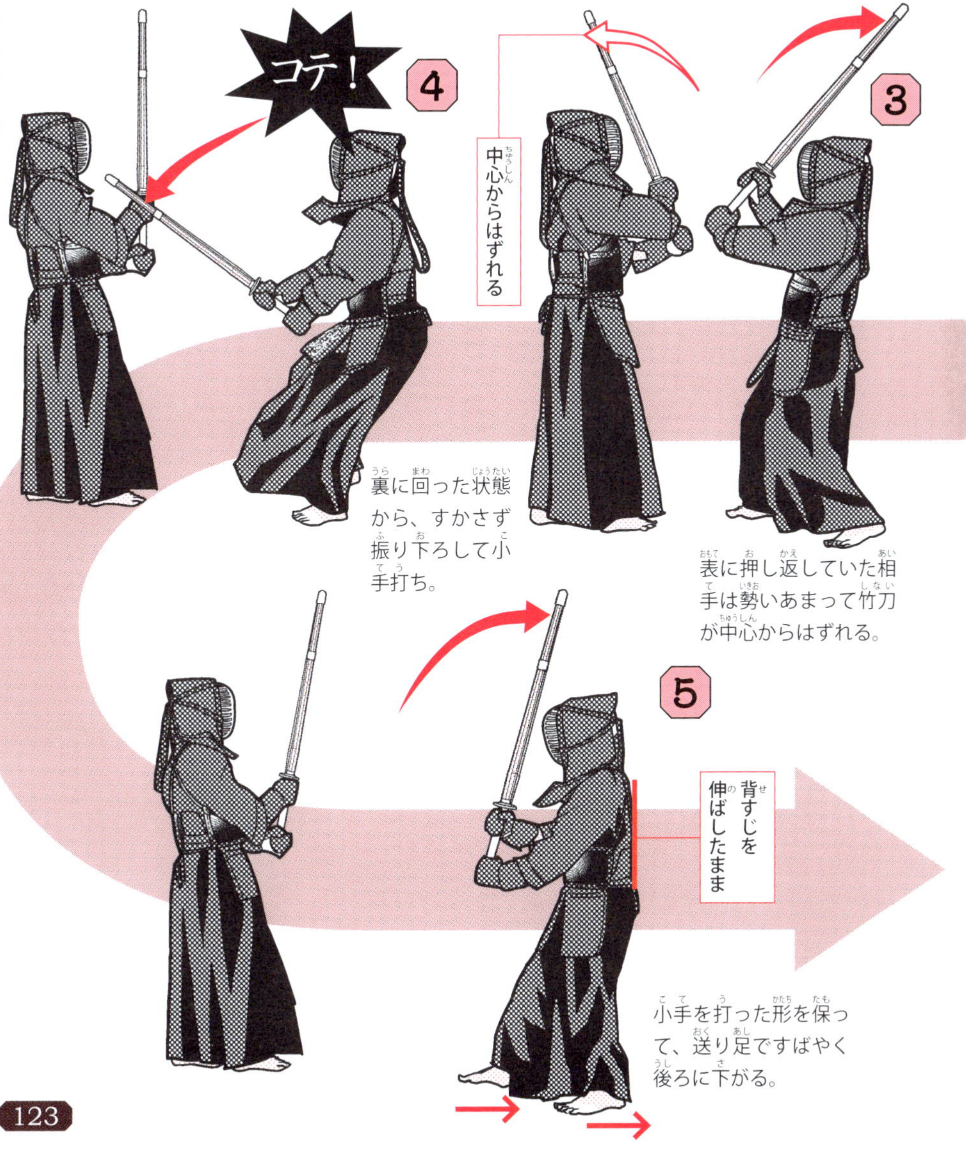

3 表《おもて》に押《お》し返《かえ》していた相《あい》手《て》は勢《いきお》いあまって竹刀《しない》が中心《ちゅうしん》からはずれる。

4 裏《うら》に回《まわ》った状態《じょうたい》から、すかさず振《ふ》り下《お》ろして小《こ》手《て》打《う》ち。

5 小手《こて》を打《う》った形《かたち》を保《たも》って、送《おく》り足《あし》ですばやく後《うし》ろに下《さ》がる。

引《ひ》き技《わざ》 4

引《ひ》き胴《どう》

上《うえ》から押《お》して引《ひ》き胴《どう》

1 つばぜり合《あ》いで互角《ごかく》になっている状態《じょうたい》。

2 右《みぎ》こぶしに体重《たいじゅう》を乗《の》せて、相手《あいて》の竹刀《しない》の上《うえ》から押《お》し下《さ》げる。

✕ 背中《せなか》を丸《まる》めてしまう

相手《あいて》に面《めん》を打《う》たれないように、背中《せなか》を丸《まる》めて頭《あたま》を低《ひく》くしている人《ひと》がいるが、体勢《たいせい》が悪《わる》いため一本《いっぽん》にはならない。引《ひ》き技《わざ》はすべて背《せ》すじを伸《の》ばし、頭《あたま》が天井《てんじょう》を向《む》いた状態《じょうたい》で打《う》とう。

テーマ

引《ひ》き面《めん》をねらっているかのように右《みぎ》こぶしで上《うえ》から押《お》し、押《お》し戻《もど》してきたら胴《どう》を打《う》つ。

引《ひ》き技《わざ》は、相手《あいて》を押《お》して崩《くず》したとき、相手《あいて》がそのままなら空《あ》いたところに打《う》ち込《こ》みます。または相手《あいて》が押《お》し返《かえ》してきたら、その力《ちから》を利《り》用《よう》してすきをつくることで打《う》ち込《こ》みます。引《ひ》き胴《どう》では、**右こぶしに体重《たいじゅう》を乗《の》せて相手《あいて》を押《お》し下《さ》げ、相手《あいて》が押《お》し戻《もど》そうと手《て》を上《あ》げてきたところで、がら空《あ》きの胴《どう》をたたきます。**

相手《あいて》を押《お》し下《さ》げてから竹刀《しない》を真上《まうえ》に振《ふ》り上《あ》げれば、相手《あいて》は引《ひ》き面《めん》を警戒《けいかい》するのでより効果的《こうかてき》になります。相手《あいて》の手《て》もとが上《あ》がったら手首《てくび》を返《かえ》して斜《なな》めに振《ふ》り下《お》ろしましょう。

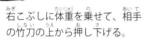

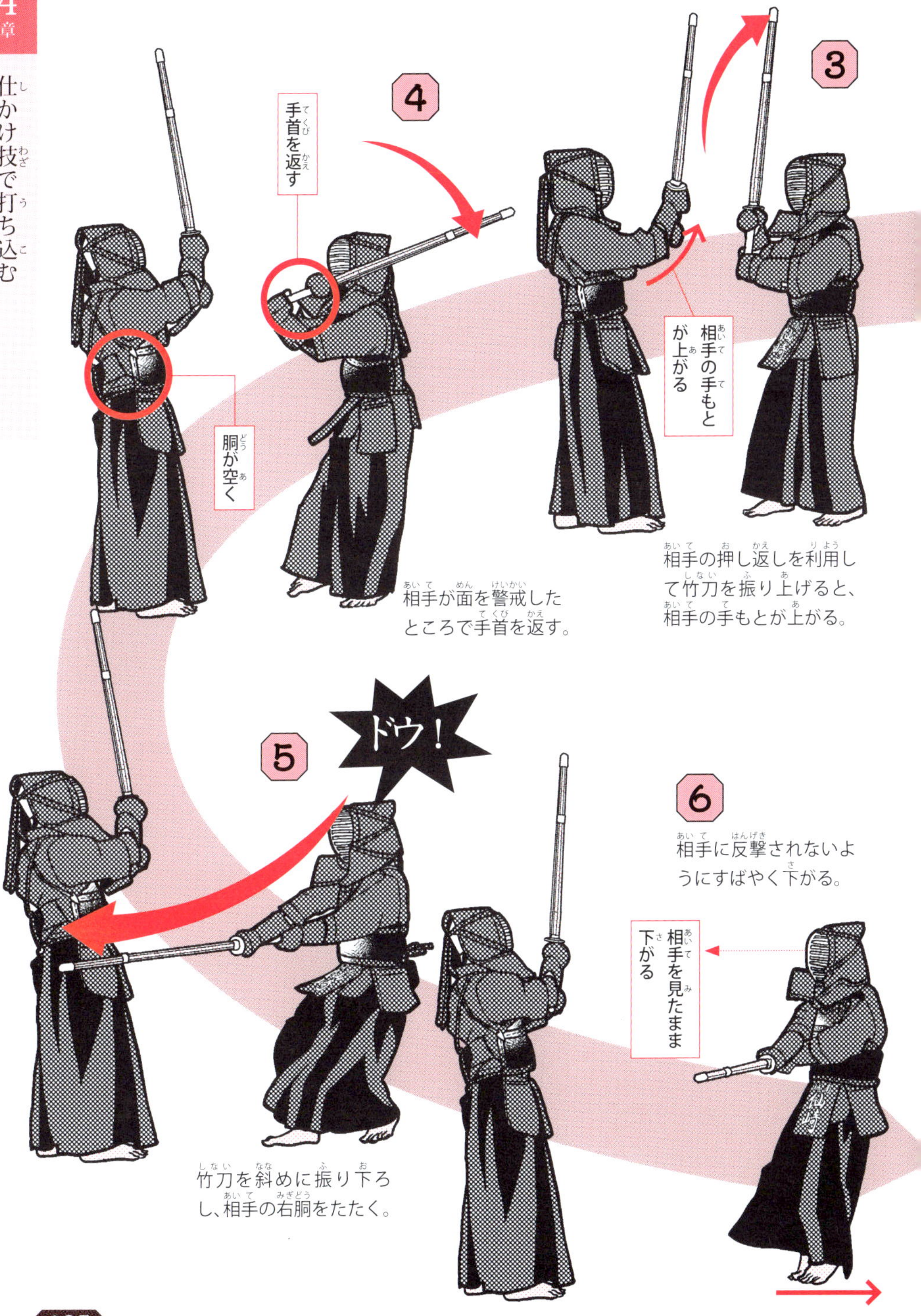

相手《あいて》の押《お》し返《かえ》しを利用《りよう》して竹刀《しない》を振《ふ》り上《あ》げると、相手《あいて》の手《て》もとが上《あ》がる。

相手《あいて》が面《めん》を警戒《けいかい》したところで手首《てくび》を返《かえ》す。

竹刀《しない》を斜《なな》めに振《ふ》り下《お》ろし、相手《あいて》の右胴《みぎどう》をたたく。

相手《あいて》に反撃《はんげき》されないようにすばやく下《さ》がる。

中心《ちゅうしん》をとる

表《おもて》からの攻《せ》め、裏《うら》からの攻《せ》め

テーマ

すべての攻《せ》めの基本《きほん》は自分《じぶん》の竹刀《しない》で中心《ちゅうしん》をとること。相手《あいて》の竹刀《しない》を中心《ちゅうしん》からはずそう。

すべての〝攻《せ》め〟の基本《きほん》と**なるのは「中心《ちゅうしん》をとる」ことです。**相手《あいて》と構《かま》え合《あ》ったとき、自分《じぶん》と相手《あいて》を結《むす》ぶ線《せん》を中心《ちゅうしん》として、その左右《さゆう》に自分《じぶん》と相手《あいて》の剣先《けんせん》があります。**自《じ》分《ぶん》の剣先《けんせん》が右側《みぎがわ》にある状態《じょうたい》が〝表《おもて》〟、左側《ひだりがわ》にあるのが〝裏《うら》〟。**

そこから攻《せ》めていくときは、〝表《おもて》〟の場合《ばあい》は、自分《じぶん》の竹刀《しない》で相手《あいて》の竹刀《しない》を右側《みぎがわ》から押《お》さえて中心《ちゅうしん》をとり、〝裏《うら》〟の場合《ばあい》は、自分《じぶん》の竹刀《しない》で相手《あいて》の竹刀《しない》を左《ひだり》側《がわ》から押《お》さえて中心《ちゅうしん》をとります。自分《じぶん》の竹刀《しない》で相手《あいて》の竹刀《しない》を中心《ちゅうしん》からどかすようにすることが大切《たいせつ》になります。

表《おもて》からの攻《せ》め

1

自分《じぶん》と相手《あいて》を結《むす》ぶ線《せん》を中心《ちゅうしん》に、右側《みぎがわ》に自分《じぶん》の剣先《けんせん》がある〝表《おもて》〟の状態《じょうたい》。

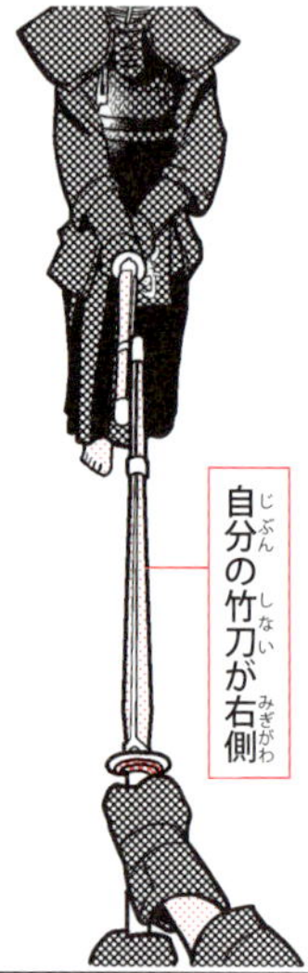

2

自分《じぶん》の竹刀《しない》で相手《あいて》の竹刀《しない》を右側《みぎがわ》から押《お》さえて中心《ちゅうしん》をとる。

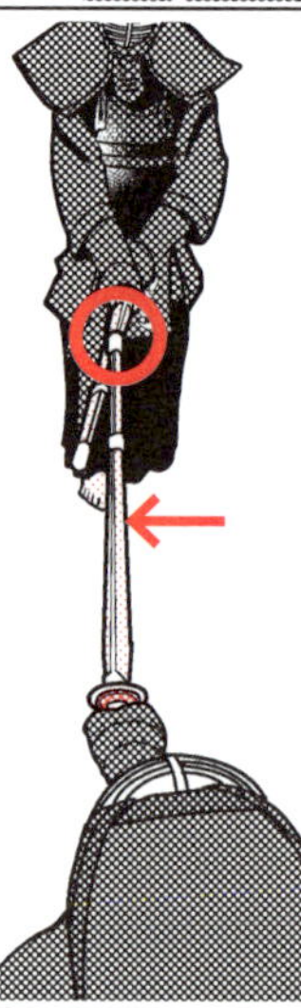

裏《うら》からの攻《せ》め

1

自分《じぶん》と相手《あいて》を結《むす》ぶ線《せん》を中心《ちゅうしん》に、左側《ひだりがわ》に自分《じぶん》の剣先《けんせん》がある〝裏《うら》〟の状態《じょうたい》。

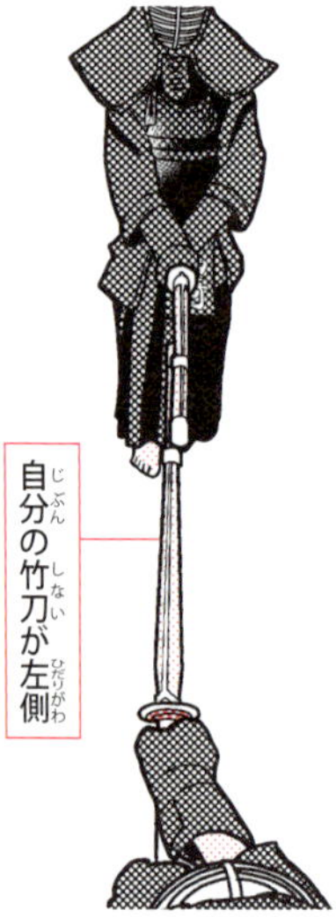

2

自分《じぶん》の竹刀《しない》で相手《あいて》の竹刀《しない》を左側《ひだりがわ》から押《お》さえて中心《ちゅうしん》をとる。

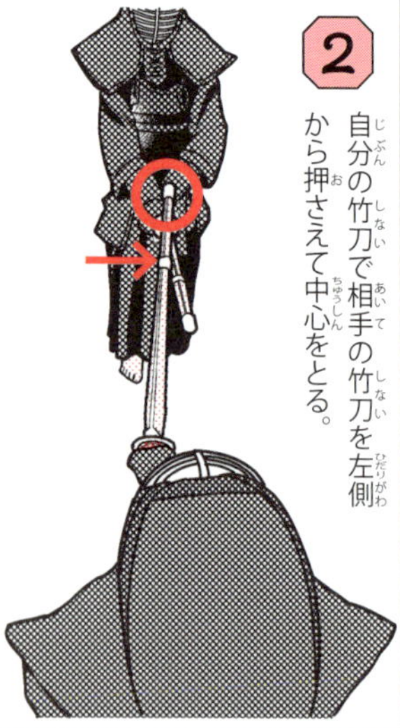

第《だい》5章《しょう》

応《おう》じ技《わざ》で反撃《はんげき》する

あれ？
ダイチまだ来《き》てないな
どうしたんだ？
さぁー
ブンッ
ブンッ
……
結局《けっきょく》今日《きょう》もダイチ来《こ》なかったな
来《こ》なくてもかまいません
あんなやつ

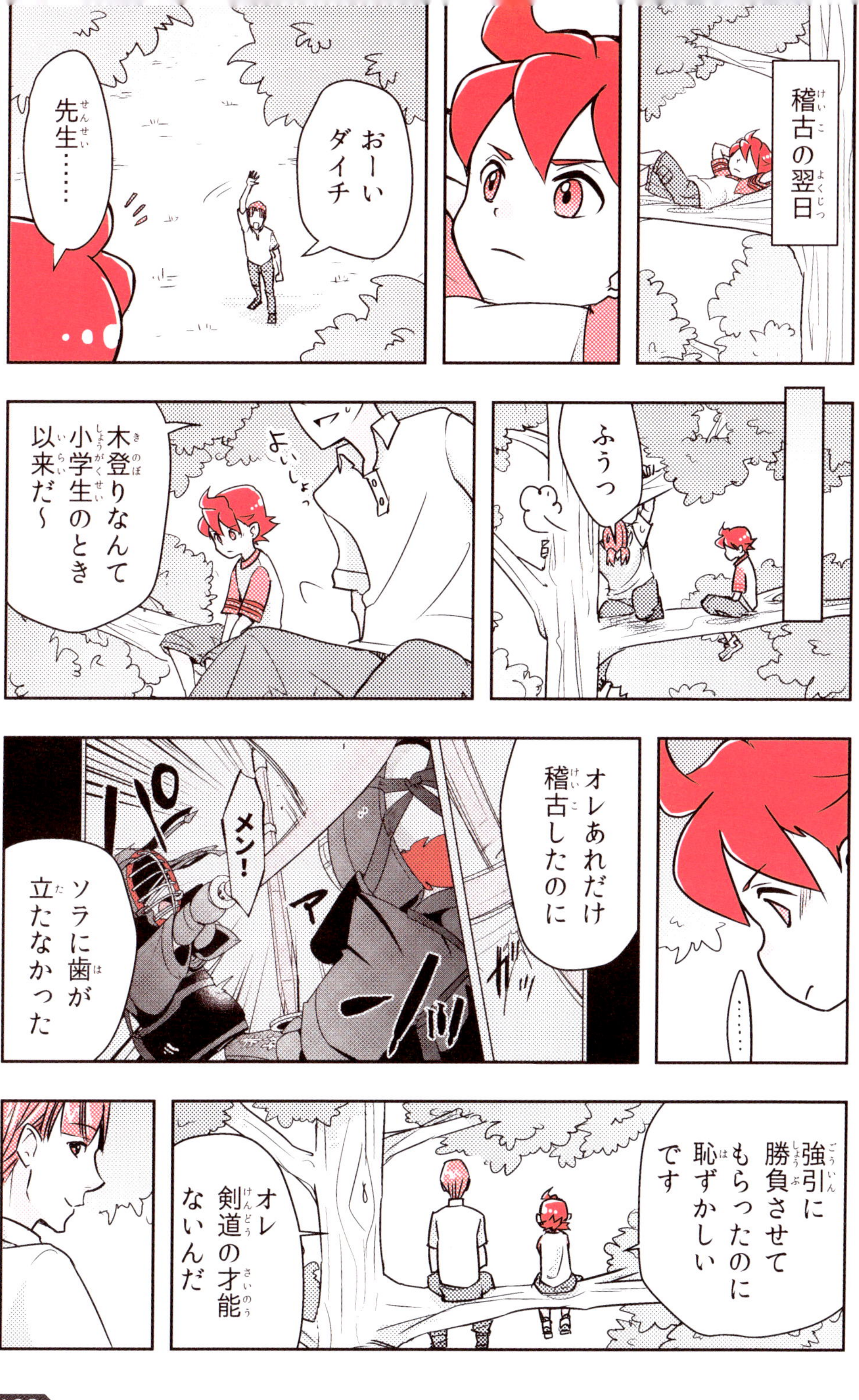
稽古《けいこ》の翌日《よくじつ》
おーい ダイチ
先生《せんせい》……
ふうっ
よいしょっ
木登《きのぼ》りなんて 小学生《しょうがくせい》のとき 以来《いらい》だ〜
……
オレあれだけ 稽古《けいこ》したのに
メン！
ソラに歯《は》が 立《た》たなかった
強引《ごういん》に 勝負《しょうぶ》させて もらったのに 恥《は》ずかしい です
オレ 剣道《けんどう》の才能《さいのう》 ないんだ

そんなことはないぞ
ダイチもソラも一緒《いっしょ》だよ みんな少《すこ》しずつ成長《せいちょう》していくんだ
この木《き》だってそうだ
ポス
最初《さいしょ》からこんな立派《りっぱ》じゃなかったはずだろ?
ザ
ア。。
……
剣道《けんどう》も同《おな》じだよ いきなり強《つよ》くはならない
やることはただひとつ
……でも
そうだダイチ
ちょっと散歩《さんぽ》でもしないか

赤城
赤城
先生《せんせい》 ここって……
ソラの家《いえ》だ
ん？
ブンッ
ソラだ
ヒュッ

ふっ！
ブンッ
ブンッ
ふっっっ！
あんなに苦《くる》しそうな表情《ひょうじょう》でそれでも竹刀《しない》を振《ふ》り続《つづ》けている……
剣道家《けんどうか》がやることはただひとつ「正《ただ》しい剣道《けんどう》を身《み》につける」ことだけだよ
おいダイチ！
ダッ
オレなにやってんだ！
ソラがあんなに努力《どりょく》しているのに！
オレはちょっとうまくいかなかったぐらいで逃《に》げ出《だ》すなんて！
ダダ
次《つぎ》の練習日《れんしゅうび》
ザッ

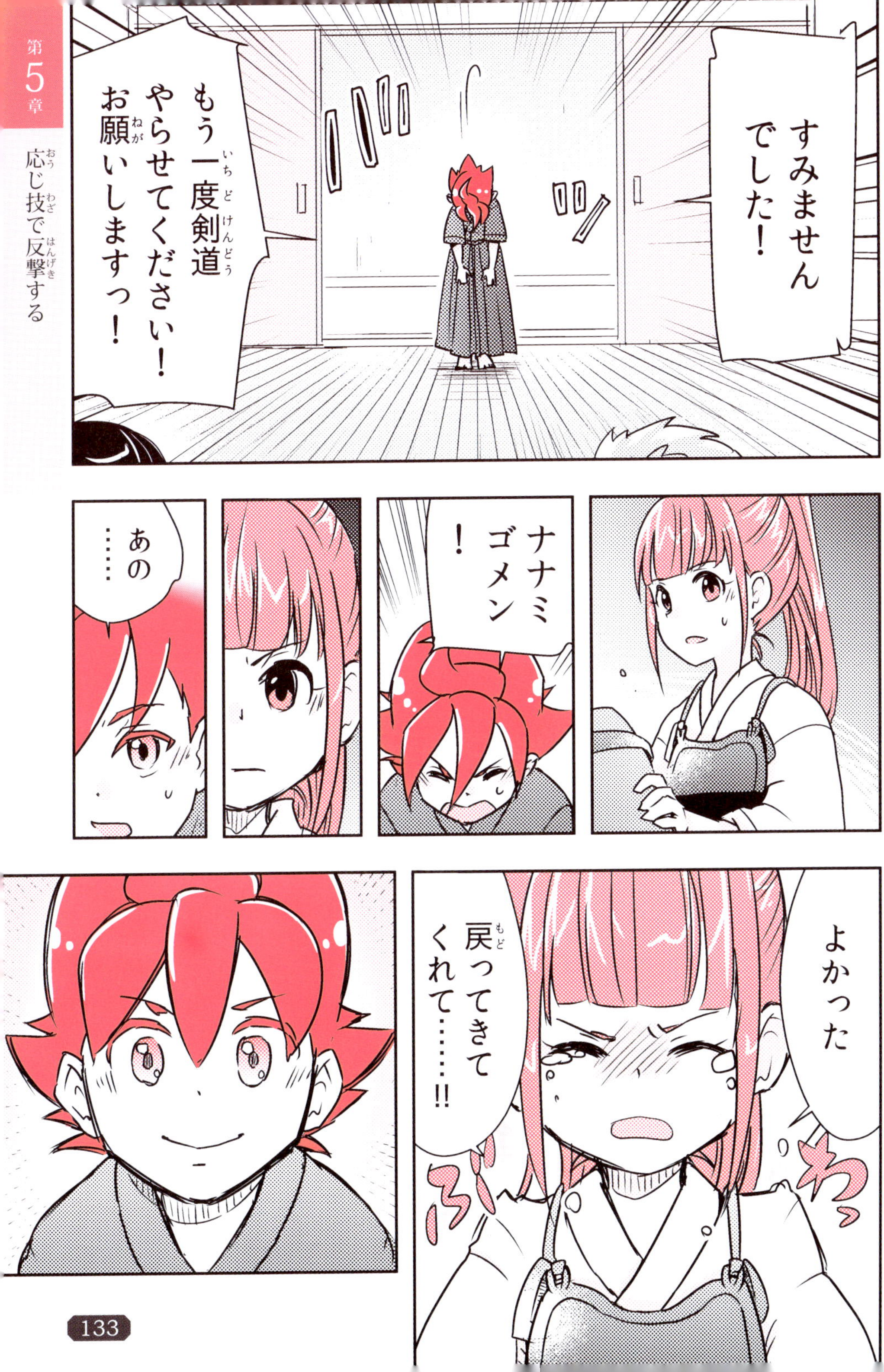
すみませんでした！
もう一度《いちど》剣道《けんどう》やらせてください！お願《ねが》いしますっ！
ナナミゴメン！
あの……
よかった
戻《もど》ってきてくれて……!!
ぶわっ

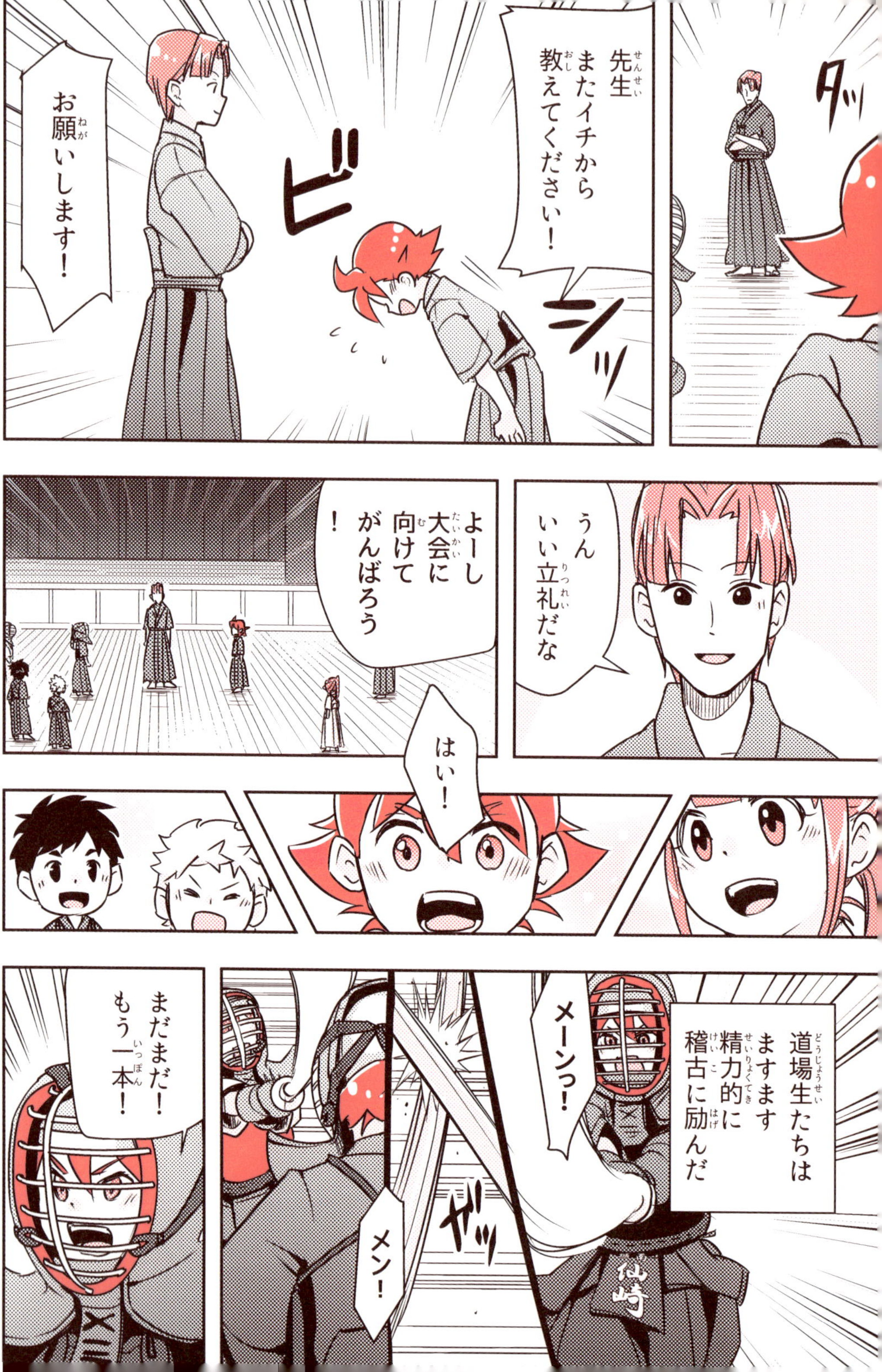

タッ
先生《せんせい》
またイチから
教《おし》えてください！
ビ
シッ
お願《ねが》いします！
うん
いい立礼《りつれい》だな
よーし
大会《たいかい》に
向《む》けて
がんばろう
！
はい！
道場生《どうじょうせい》たちは
ますます
精力的《せいりょくてき》に
稽古《けいこ》に励《はげ》んだ
メーンっ！
仙崎
ザッ
メン！
まだまだ！
もう一本《いっぽん》！

そして
いよいよ
大会当日《たいかいとうじつ》が
やってきた
ーツセンター
第54回
小学生剣道大会
えーと
ソラと試合《しあい》
するには……
決勝《けっしょう》まで
進《すす》まないと
ダメみたいね
その前《まえ》に
負《ま》けないと
いいけどね
なっ
に〜〜〜!
絶対決勝《ぜったいけっしょう》に
行《い》くからな!
スタ
スタ
めずらしいわ
ソラがほかの
選手《せんしゅ》に声《こえ》を
かけるなんて
つい声《こえ》をかけて
しまった……
賢者黙《けんじゃもく》して語《かた》らず
オレはただ
自分《じぶん》の剣道《けんどう》を
やるだけだ
じゃあダイチは
男子《だんし》の部《ぶ》
私《わたし》は女子《じょし》の部《ぶ》で
優勝《ゆうしょう》ね!
おし
がんばろう!
ゴッ

約束通《やくそくどお》り
ナナミは見事《みごと》に
優勝《ゆうしょう》を決《き》めた！
コテェ!!
ナナミ
やった
ぞ！
メーンっ！
そして
ダイチも
決勝戦《けっしょうせん》に
コマを進《すす》めた
決勝戦《けっしょうせん》
ザワ　ザワ
ダイチ
がんばれ!!
ソラ
優勝《ゆうしょう》だ!!

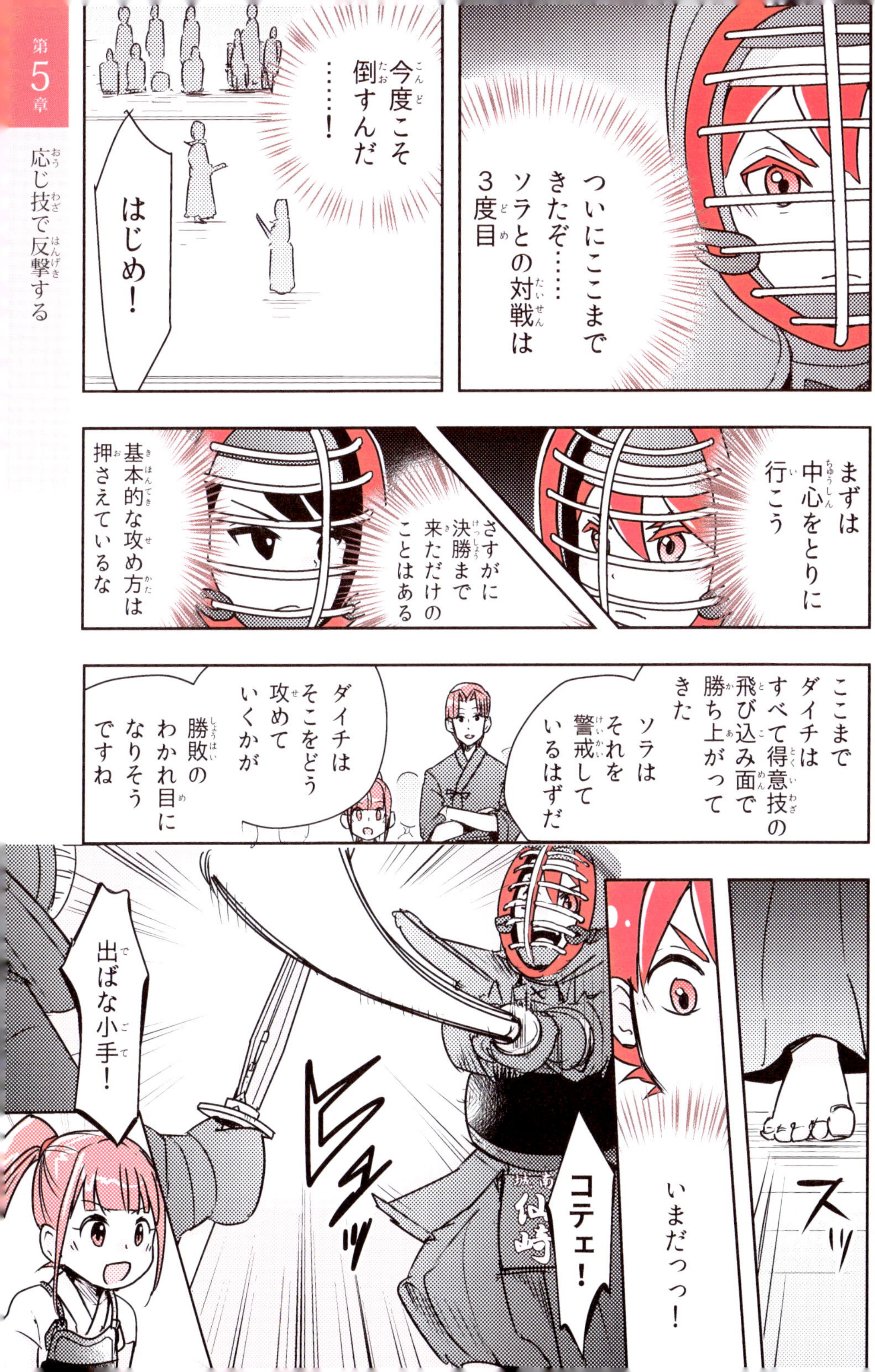
ついにここまできたぞ……
ソラとの対戦《たいせん》は3度目《どめ》
今度《こんど》こそ倒《たお》すんだ……!
はじめ!
まずは中心《ちゅうしん》をとりに行《い》こう
さすがに決勝《けっしょう》まで来《き》ただけのことはある
基本的《きほんてき》な攻《せ》め方《かた》は押《お》さえているな
ここまでダイチはすべて得意技《とくいわざ》の飛《と》び込《こ》み面《めん》で勝《か》ち上《あ》がってきた
ソラはそれを警戒《けいかい》しているはずだ
ダイチはそこをどう攻《せ》めていくかが勝敗《しょうはい》のわかれ目《め》になりそうですね
スッ
いまだっっ!
コテェ!
ビュッ
出《で》ばな小手《こて》!

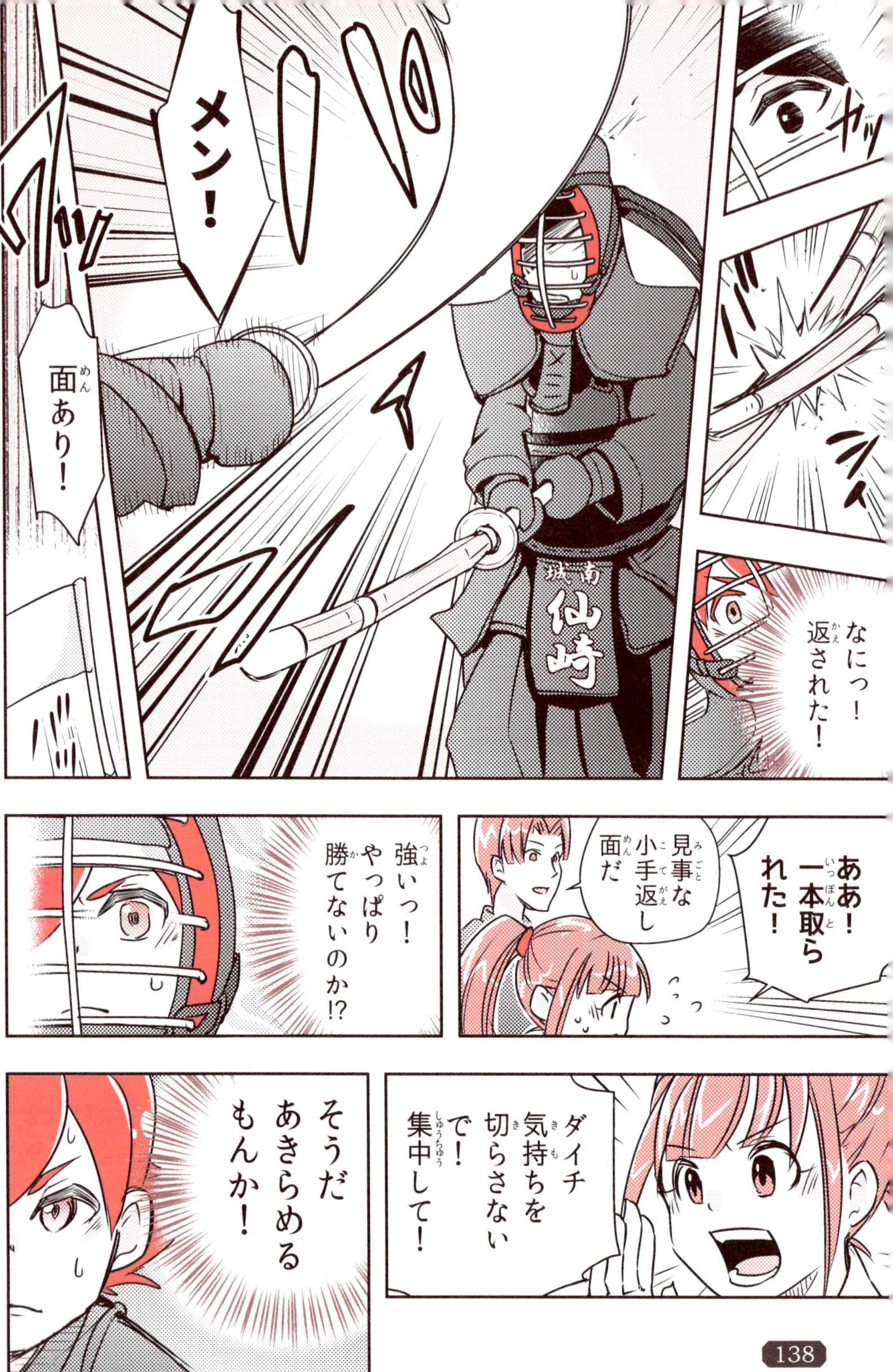
ガッ
メン！
面《めん》あり！
城南
仙崎
なにっ！返《かえ》された！
ああ！一本《いっぽん》取《と》られた！
見事《みごと》な小手返《こてがえ》し面《めん》だ
強《つよ》いっ！やっぱり勝《か》てないのか!?
ダイチ気持《きも》ちを切《き》らさないで！集中《しゅうちゅう》して！
そうだあきらめるもんか！

ダイチ飛《と》び込《こ》み面《めん》だ！
必殺技《ひっさつわざ》見《み》せてやれ！
よしっ！
ダッ
きた！
！
ドウ！
胴《どう》あり！
面《めん》抜《ぬ》き胴《どう》が決《き》まった！これで一本《いっぽん》ずつよ！
しまった……

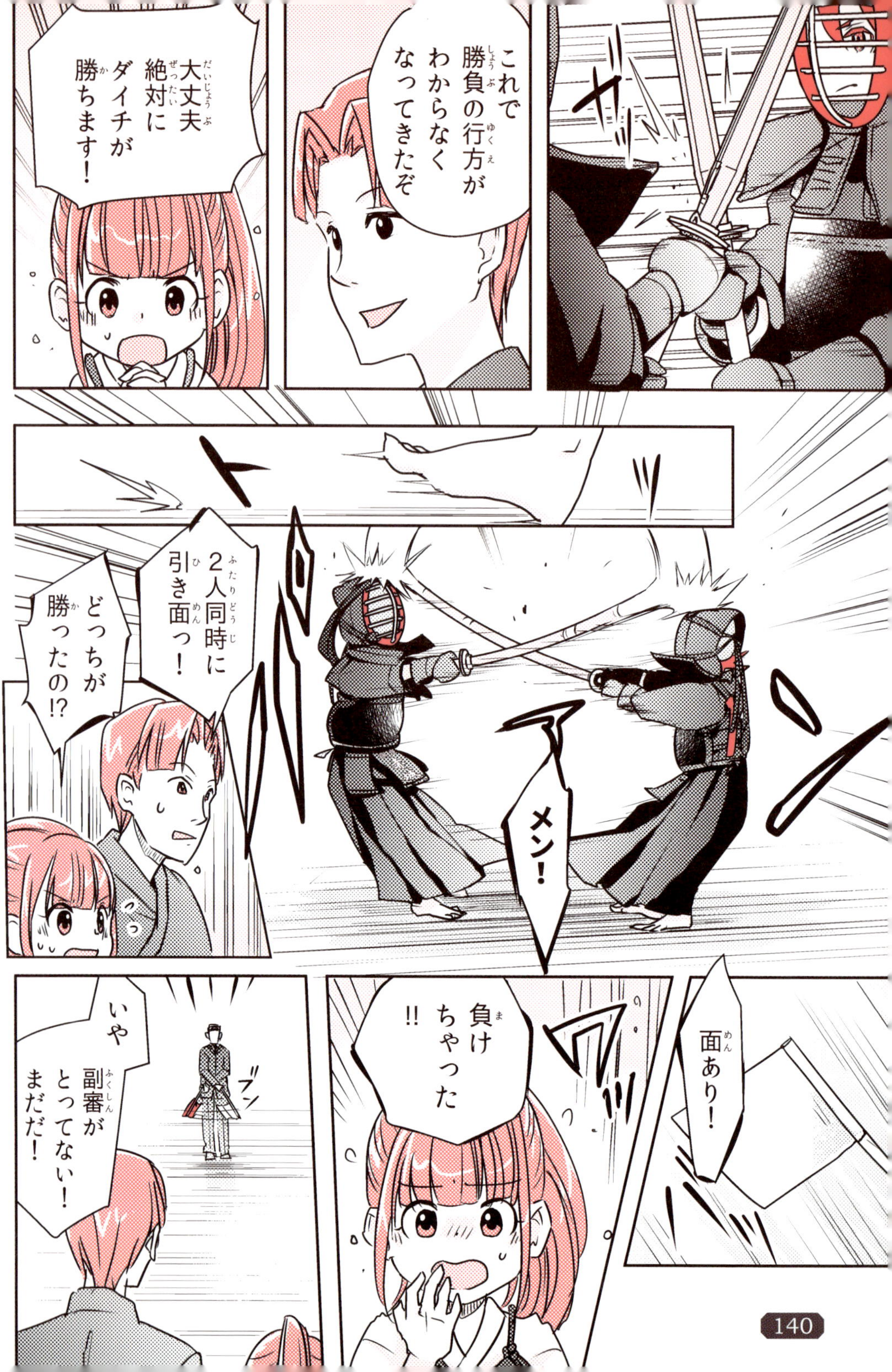

これで勝負《しょうぶ》の行方《ゆくえ》がわからなくなってきたぞ
大丈夫《だいじょうぶ》絶対《ぜったい》にダイチが勝《か》ちます！
メン！
2人同時《ふたりどうじ》に引《ひ》き面《めん》っ！
どっちが勝《か》ったの!?
面《めん》あり！
負《ま》けちゃった!!
ブン
いや副審《ふくしん》がとってない！まだだ！

あ
あぶなかった……
ワー
ワー
次《つぎ》で決《き》めるっ!!
ゼェ
ハァ

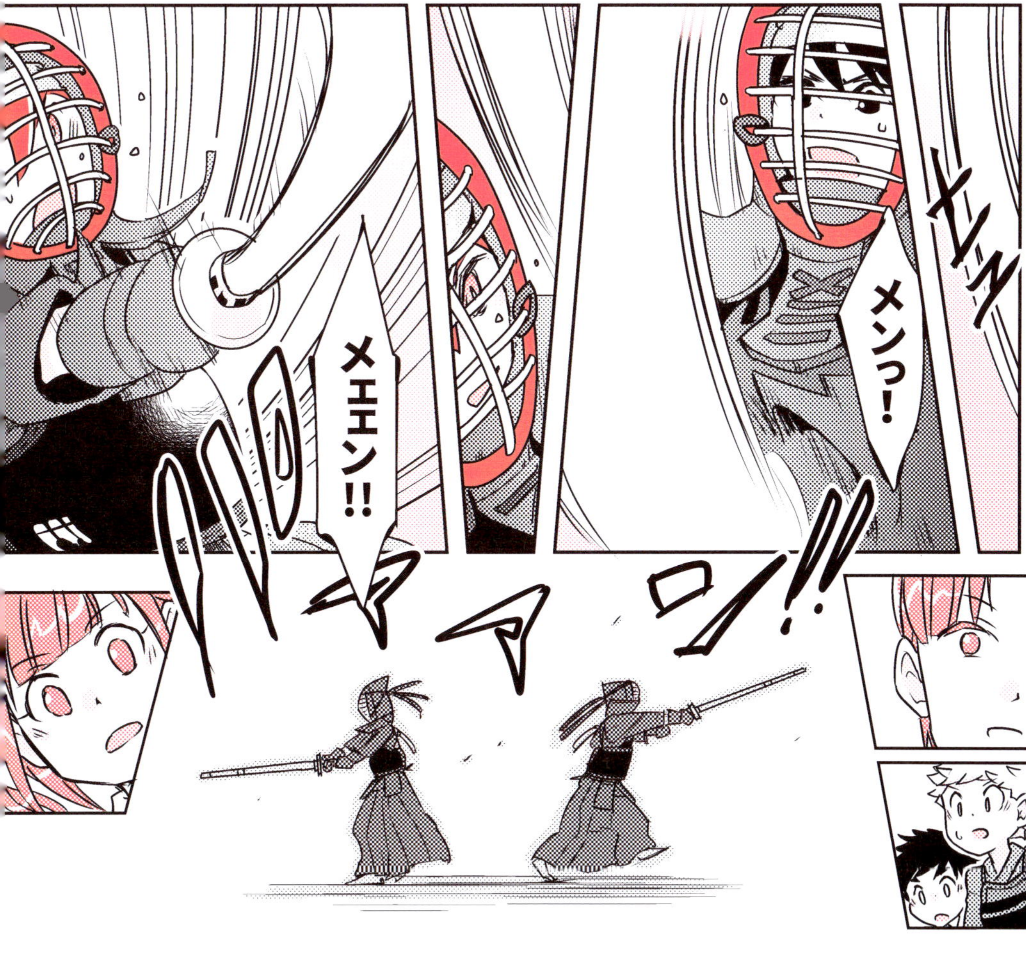
メンっ!
メエン!!

ワッ
バッ
やったぁ! ダイチ!!
ワァァァ
やったぞ! ソラに勝《か》ったぞ!!
ダイチ 優勝《ゆうしょう》おめでとう
ありがとう ソラ!
実《じつ》はオレ ずっと ダイチのこと うらやましいって 思《おも》ってたんだ
え? どうして!?

いつも楽《たの》しそうに稽古《けいこ》しているからさ
でも今日《きょう》ダイチと試合《しあい》してすごく楽《たの》しかった！
ああ！オレ剣道《けんどう》やってるときが一番楽《いちばんたの》しいっ！
ソラ これからは一緒《いっしょ》にもっともっと強《つよ》くなろうぜ！
ああ！
んわ～ああ～～～
ななんで泣《な》くんだよ～！
ははははは
わたしもなんでかわからない～

面《めん》に
対《たい》する技《わざ》
1

面《めん》すり上《あ》げ面《めん》

相手《あいて》の面《めん》を表《おもて》からすり上《あ》げて面《めん》

1
自分《じぶん》から攻《せ》めていき、
相手《あいて》を引《ひ》き出《だ》す。
2
表《おもて》から相手《あいて》の竹刀《しない》を
すり上《あ》げる
開《ひら》き足《あし》で右《みぎ》に開《ひら》くとともに、相手《あいて》の竹刀《しない》を表《おもて》からすり上《あ》げる。

テーマ

自分《じぶん》から攻《せ》めて相手《あいて》を引《ひ》き出《だ》し、開《ひら》き足《あし》を使《つか》って右下《みぎした》から半円《はんえん》を描《えが》くようにすり上《あ》げる。

自《じ》分《ぶん》から打《う》っていく「仕《し》かけ技《わざ》」に対《たい》して、**相手《あいて》が打《う》ってきたところに応《おう》じて反撃《はんげき》するのが「応《おう》じ技《わざ》」です。**しかし相手《あいて》に攻《せ》めこまれ、下《さ》がり気味《ぎみ》で応《おう》じ技《わざ》を繰《く》り出《だ》しても決《き》まりません。自分《じぶん》から攻《せ》めて相手《あいて》を引《ひ》き出《だ》すようにしましょう。

なかでもすり上《あ》げ技《わざ》は、相《あい》手《て》の竹刀《しない》を下《した》からすり上《あ》げて攻撃《こうげき》を防《ふせ》ぎ、そこから振《ふ》り下《お》ろして打《う》つ技《わざ》です。**「面《めん》すり上《あ》げ面《めん》」は、開《ひら》き足《あし》（⇩P30）を使《つか》って右下《みぎした》からすり上《あ》げ、相《あい》手《て》の竹刀《しない》を正中線《せいちゅうせん》からはずしたら、すかさず面《めん》に打《う》ちます。**

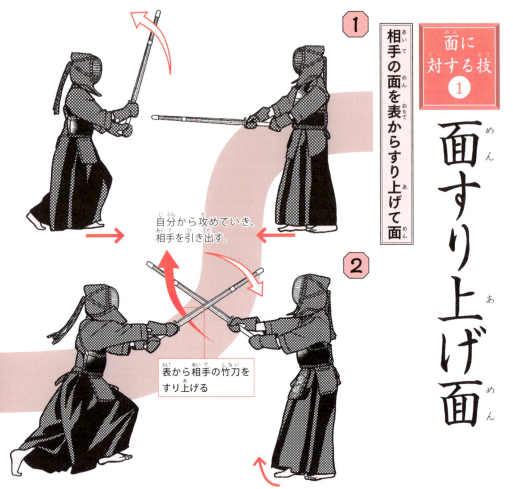

ポイント

面《めん》のすり上《あ》げ方《かた》

面《めん》に対《たい》してのすり上《あ》げ技《わざ》は表《おもて》からが一般的《いっぱんてき》。右下《みぎした》から半円《はんえん》を描《えが》くように振《ふ》り上《あ》げ、相手《あいて》の竹刀《しない》を正中線《せいちゅうせん》からはずすことがポイントだ。

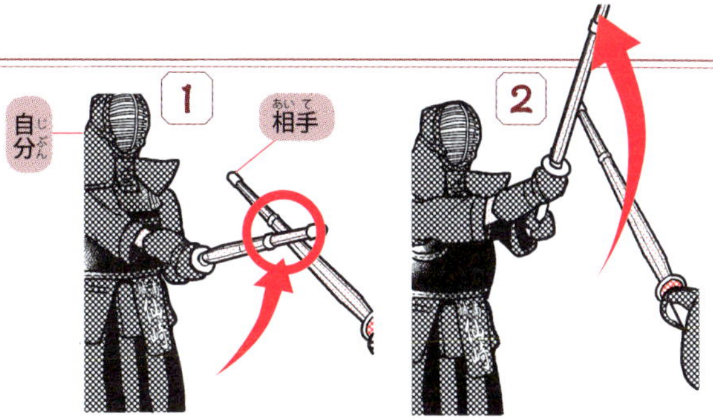
自分《じぶん》
1
相手《あいて》
2

1 右下《みぎした》から中結《なかゆい》のあたりをねらってすり上《あ》げる。

2 中心《ちゅうしん》をとり、さらに半円《はんえん》を描《えが》くように振《ふ》り上《あ》げる。

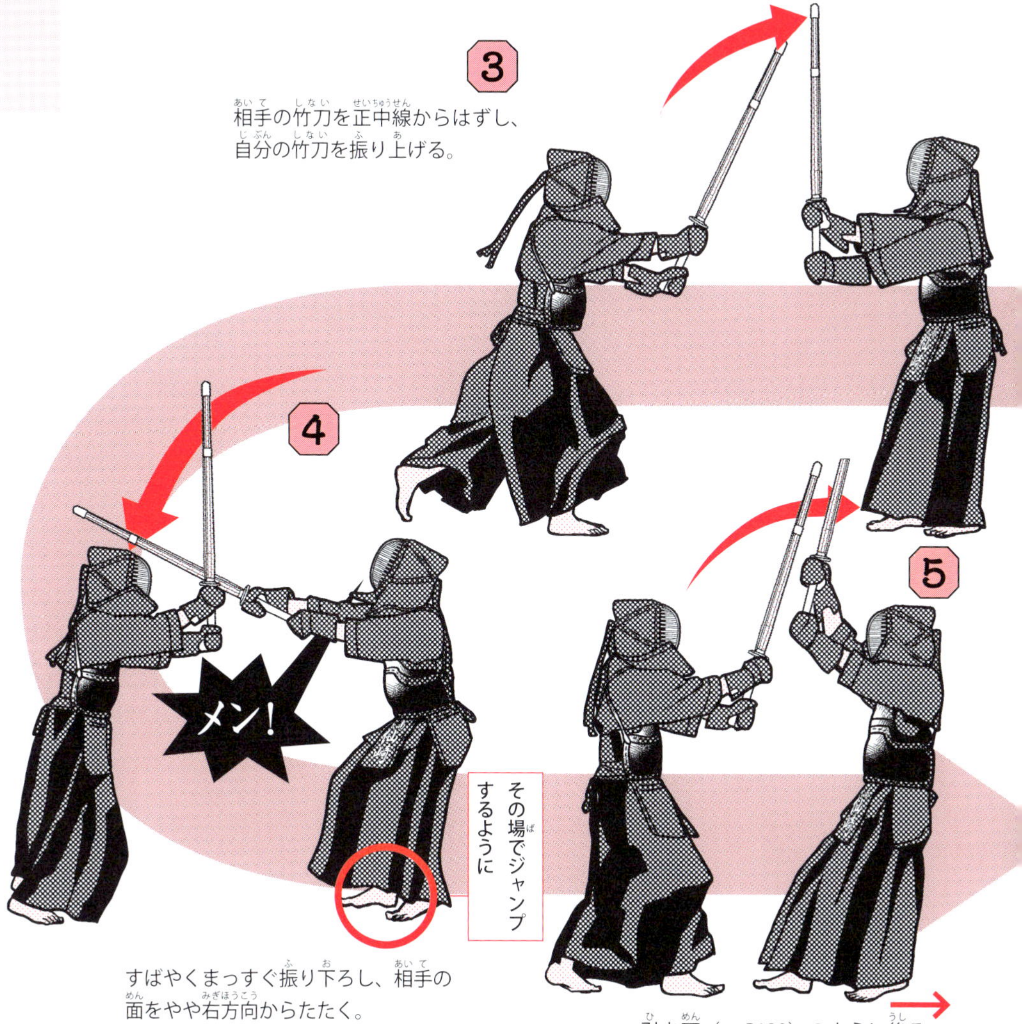
3
4
メン!
その場《ば》でジャンプするように
5

3 相手《あいて》の竹刀《しない》を正中線《せいちゅうせん》からはずし、自分《じぶん》の竹刀《しない》を振《ふ》り上《あ》げる。

4 すばやくまっすぐ振《ふ》り下《お》ろし、相手《あいて》の面《めん》をやや右方向《みぎほうこう》からたたく。

5 引《ひ》き面《めん》（⇨ P120）のように後《うし》ろに下《さ》がってから残心《ざんしん》をとる。

面《めん》に対《たい》する技《わざ》 2

面《めん》抜《ぬ》き胴《どう》

相手《あいて》の面《めん》を抜《ぬ》いて右胴《みぎどう》打《う》ち

1 自分《じぶん》から攻《せ》めていき、相手《あいて》が面《めん》を打《う》つ瞬間《しゅんかん》を見《み》きわめる。

2 右斜《みぎなな》め前《まえ》に踏《ふ》み込《こ》んでかわし、手首《てくび》を返《かえ》す。

抜《ぬ》き胴《どう》も自分《じぶん》から攻《せ》めていき、相手《あいて》に「このままではやられる」と思《おも》わせて打《う》たせることが大切《たいせつ》です。すり上《あ》げ技《わざ》や返《かえ》し技《わざ》のように竹刀《しない》で応《おう》じるのではなく、**体《からだ》を左《さ》右《ゆう》にさばいて相手《あいて》に誰《だれ》もいない空間《くうかん》を打《う》たせるようにします**。また体《からだ》を傾《かたむ》けて相手《あいて》の攻《こう》撃《げき》をさけるのではなく、右斜《みぎなな》め前《まえ》に踏《ふ》み込《こ》みながら胴《どう》を打《う》ちます。**逃《に》げながら打《う》つのではないことを意識《いしき》しましょう。**

相手《あいて》より先《さき》に打《う》とうとあせって竹刀《しない》を横《よこ》に払《はら》うのではなく、竹刀《しない》を振《ふ》り上《あ》げてからしっかり手首《てくび》を返《かえ》しましょう。

テーマ

攻《せ》めていって相手《あいて》に打《う》たせ、体《からだ》をさばいて空間《くうかん》を打《う》たせながら踏《ふ》み込《こ》んで右胴打《みぎどうう》ちする。

ポイント

左手《ひだりて》を右手《みぎて》に近《ちか》づける

抜《ぬ》き胴《どう》で相手《あいて》の左側《ひだりがわ》（自分《じぶん》から見《み》て右側《みぎがわ》）に抜《ぬ》ける場合《ばあい》、そのままの握《にぎ》りだと竹刀《しない》を抜《ぬ》きづらい。左手《ひだりて》をつばのほうに近《ちか》づけ、右手《みぎて》の力《ちから》を中心《ちゅうしん》にして抜《ぬ》くとスムーズにいくので試《ため》してみよう。

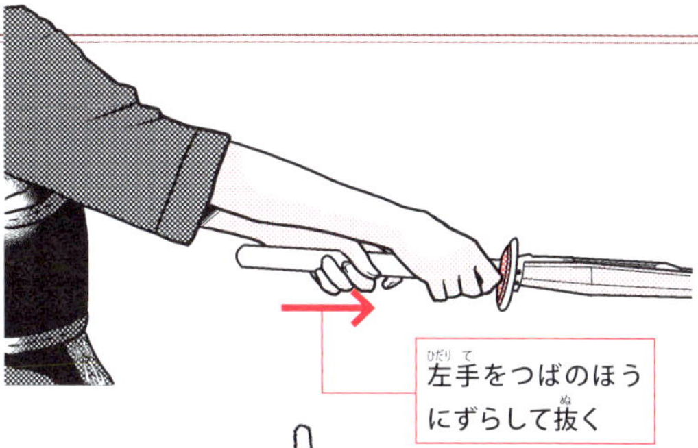
左手《ひだりて》をつばのほうにずらして抜《ぬ》く

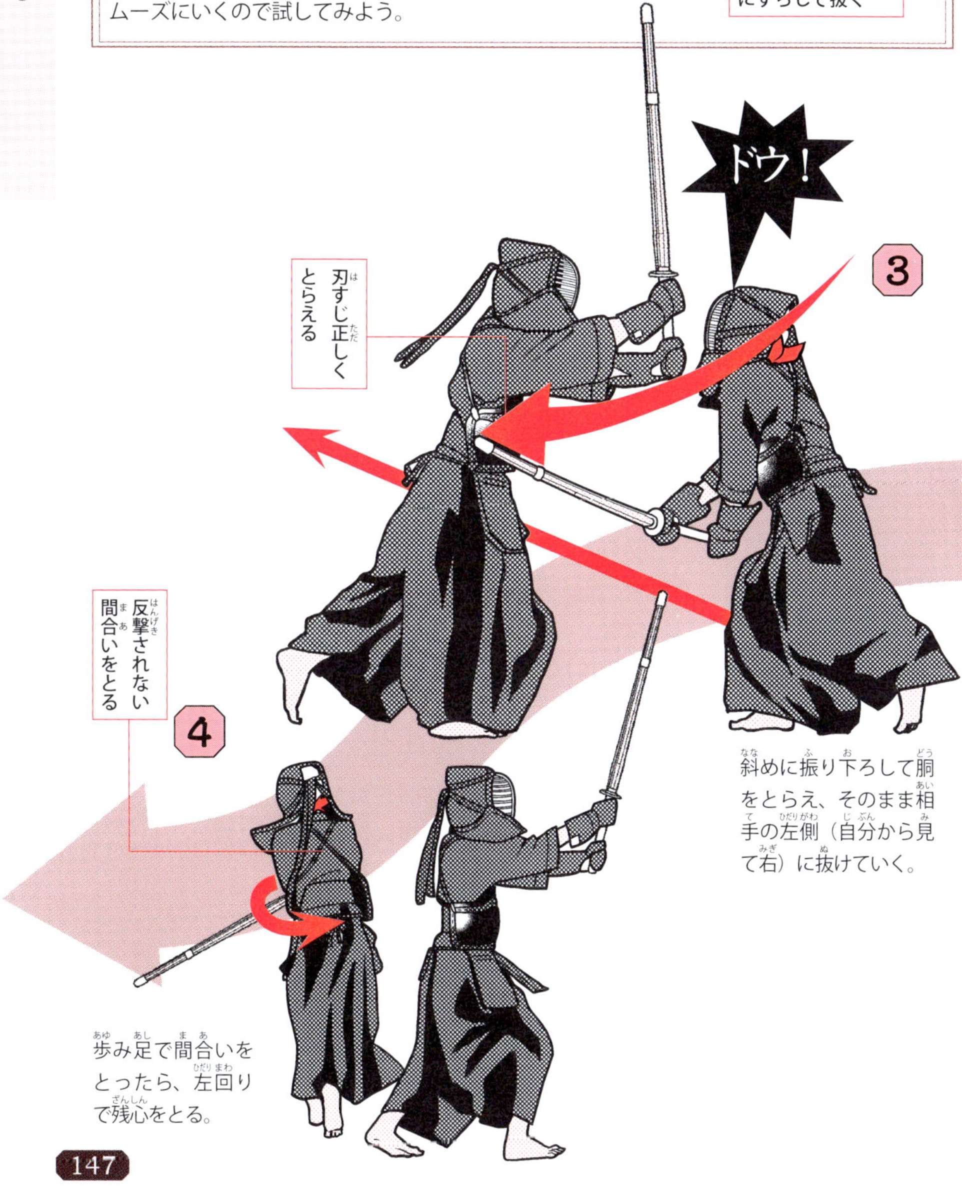
ドウ！
3
刃《は》すじ正《ただ》しくとらえる
4
反撃《はんげき》されない間合《まあ》いをとる

斜《なな》めに振《ふ》り下《お》ろして胴《どう》をとらえ、そのまま相《あい》手《て》の左側《ひだりがわ》（自分《じぶん》から見《み》て右《みぎ》）に抜《ぬ》けていく。

歩《あゆ》み足《あし》で間合《まあ》いをとったら、左回《ひだりまわ》りで残心《ざんしん》をとる。

小手《こて》に対《たい》する技《わざ》 1

小手《こ》《て》すり上《あ》げ面《めん》

相手《あいて》の小手《こて》を裏《うら》からすり上《あ》げて面《めん》

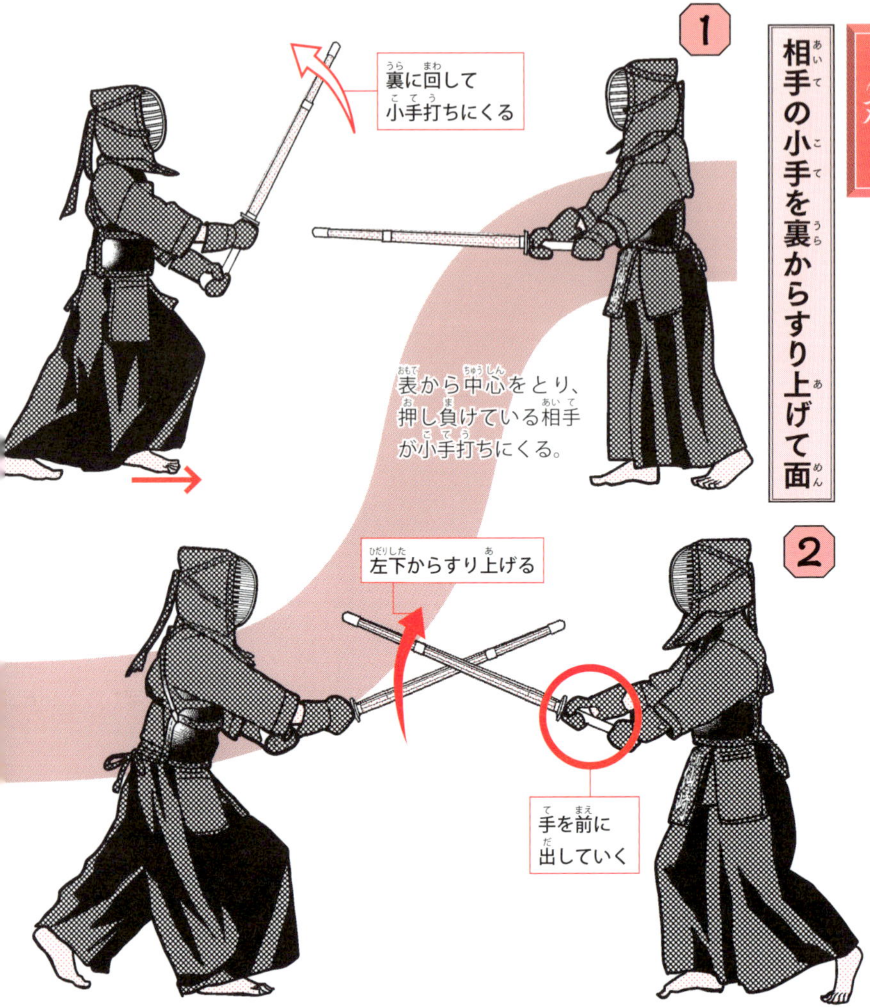
1
裏《うら》に回《まわ》して
小手打《こてう》ちにくる
表《おもて》から中心《ちゅうしん》をとり、
押《お》し負《ま》けている相手《あいて》
が小手打《こてう》ちにくる。
2
左下《ひだりした》からすり上《あ》げる
手《て》を前《まえ》に
出《だ》していく

裏《うら》から相手《あいて》の竹刀《しない》の中結《なかゆい》の奥《おく》あたりをねらってすり上《あ》げる。

テーマ

相手《あいて》の小手《こて》に対《たい》して、前《まえ》に踏《ふ》み込《こ》みながら竹刀《しない》を前《まえ》に出《だ》し、裏《うら》からすり上《あ》げて面《めん》を打《う》つ。

面《めん》すり上《あ》げ面《めん》（⇩P144）は表《おもて》からすり上《あ》げますが、**小手《こて》に対《たい》しては裏《うら》からすり上《あ》げます。**相手《あいて》が小手《こて》を打《う》ってきたら、右足《みぎあし》を前《まえ》に踏《ふ》み出《だ》すとともに手《て》を前《まえ》に出《だ》して相手《あいて》をむかえにいき、左下《ひだりした》から相手《あいて》の竹刀《しない》をすり上《あ》げます。**そして面《めん》すり上《あ》げ面《めん》とは逆《ぎゃく》の半円《はんえん》を描《えが》くように竹刀《しない》を振《ふ》り上《あ》げ、相手《あいて》の面《めん》に打《う》ち込《こ》みます。**

表《おもて》からすり上《あ》げる面《めん》すり上《あ》げ面《めん》では、開《ひら》き足《あし》を使《つか》って右斜《みぎなな》め前《まえ》に踏《ふ》みこみましたが、裏《うら》からすり上《あ》げる小手《こて》すり上《あ》げ面《めん》では、**まっすぐ前《まえ》に踏《ふ》み込《こ》みましょう。**

ポイント

小手《こて》のすり上《あ》げ方《かた》

相手《あいて》は小手《こて》打《う》ちで裏《うら》に回《まわ》して打《う》ってくるので、すり上《あ》げも裏《うら》から行《おこな》う。前《まえ》に進《すす》んで自分《じぶん》からむかえにいき、左下《ひだりした》から右《みぎ》に半円《はんえん》を描《えが》くようにすり上《あ》げていこう。

1 相手《あいて》が裏《うら》に回《まわ》って小手《こて》をねらってくる。

2 左下《ひだりした》からすり上《あ》げ、半円《はんえん》を描《えが》くように振《ふ》り上《あ》げる。

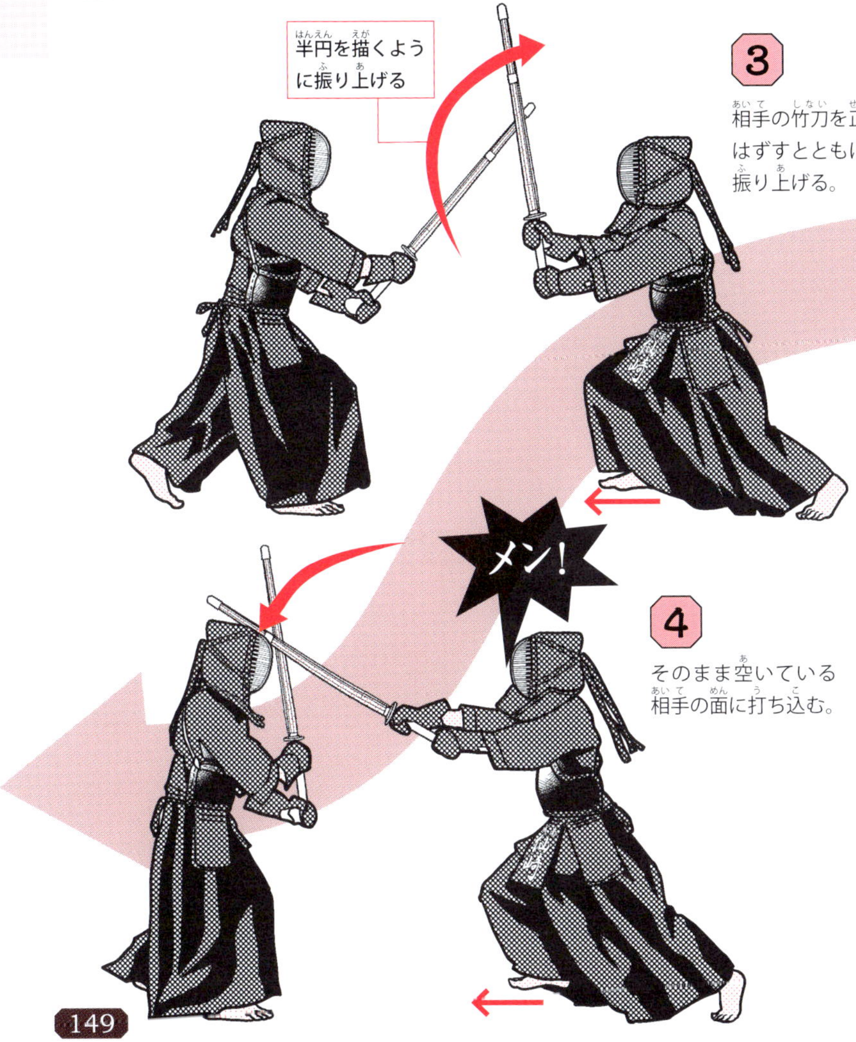

3 相手《あいて》の竹刀《しない》を正中線《せいちゅうせん》からはずすとともに、竹刀《しない》を振《ふ》り上《あ》げる。

4 そのまま空《あ》いている相手《あいて》の面《めん》に打《う》ち込《こ》む。

小手《こて》に対《たい》する技《わざ》 2

小《こ》手《て》返《がえ》し面《めん》

小《こ》手《て》返《がえ》し面《めん》は相《あい》手《て》に裏《うら》に回《まわ》させないように、**竹刀《しない》を開《ひら》いて表《おもて》で受《う》け、手《て》首《くび》を使《つか》って返《かえ》します。**剣先《けんせん》を右《みぎ》に開《ひら》いて受《う》けますが、ただ受《う》けただけでは小手面《こてめん》（⇩P114）などの連続技《れんぞくわざ》を決《き》められてしまうので、手首《てくび》を返《かえ》して相手《あいて》の竹刀《しない》を押《お》さえ、**相《あい》手《て》が押《お》し返《かえ》そうとした力《ちから》を利《り》用《よう》して、竹刀《しない》を振《ふ》り上《あ》げながら裏《うら》に回《まわ》して面打《めんう》ちします。**

前《まえ》に出《で》て面《めん》を打《う》つと、相手《あいて》と近《ちか》すぎて元打《もとう》ちになりやすいので、面《めん》を打《う》ったら引《ひ》き面《めん》（⇩P120）のように下《さ》がるのが一般的《いっぱんてき》です。

ポイント

表《おもて》で受《う》けて裏《うら》に返《かえ》す

相手《あいて》の小手《こて》を表《おもて》で受《う》けただけでは小手面《こてめん》などの連続技《れんぞくわざ》をきめられてしまう。そこで、すかさず竹刀《しない》を裏《うら》に回《まわ》して手首《てくび》を返《かえ》し、竹刀《しない》を振《ふ》り上《あ》げて面打《めんう》ちすることが大切《たいせつ》だ。

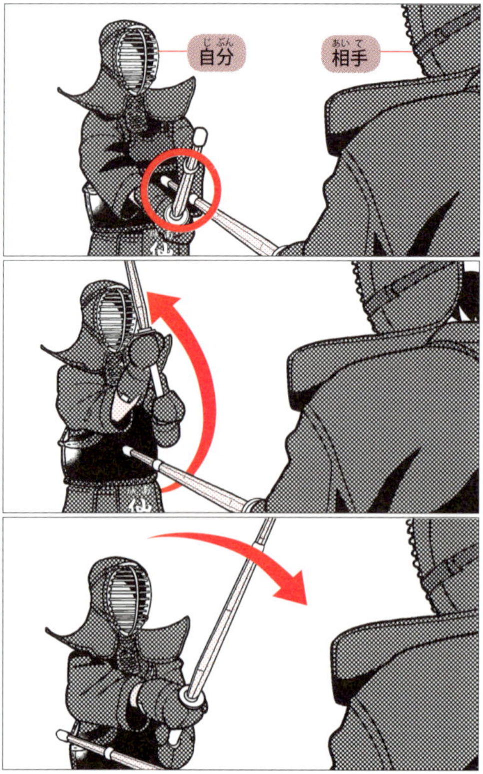

1 剣先《けんせん》を開《ひら》いて相手《あいて》の竹刀《しない》を表《おもて》で受《う》ける。

2 相手《あいて》の力《ちから》を利用《りよう》して竹刀《しない》を裏《うら》に回《まわ》す。

3 コンパクトな振《ふ》りですばやく面《めん》を打《う》ち込《こ》む。

テーマ

相《あい》手《て》の小手《こて》を表《おもて》で受《う》けて手首《てくび》を返《かえ》し、相手《あいて》が押《お》し戻《もど》してきたら、裏《うら》に回《まわ》って面《めん》を打《う》つ。

相手《あいて》の小手《こて》を表《おもて》で受《う》け、返《かえ》して面《めん》打《う》ち

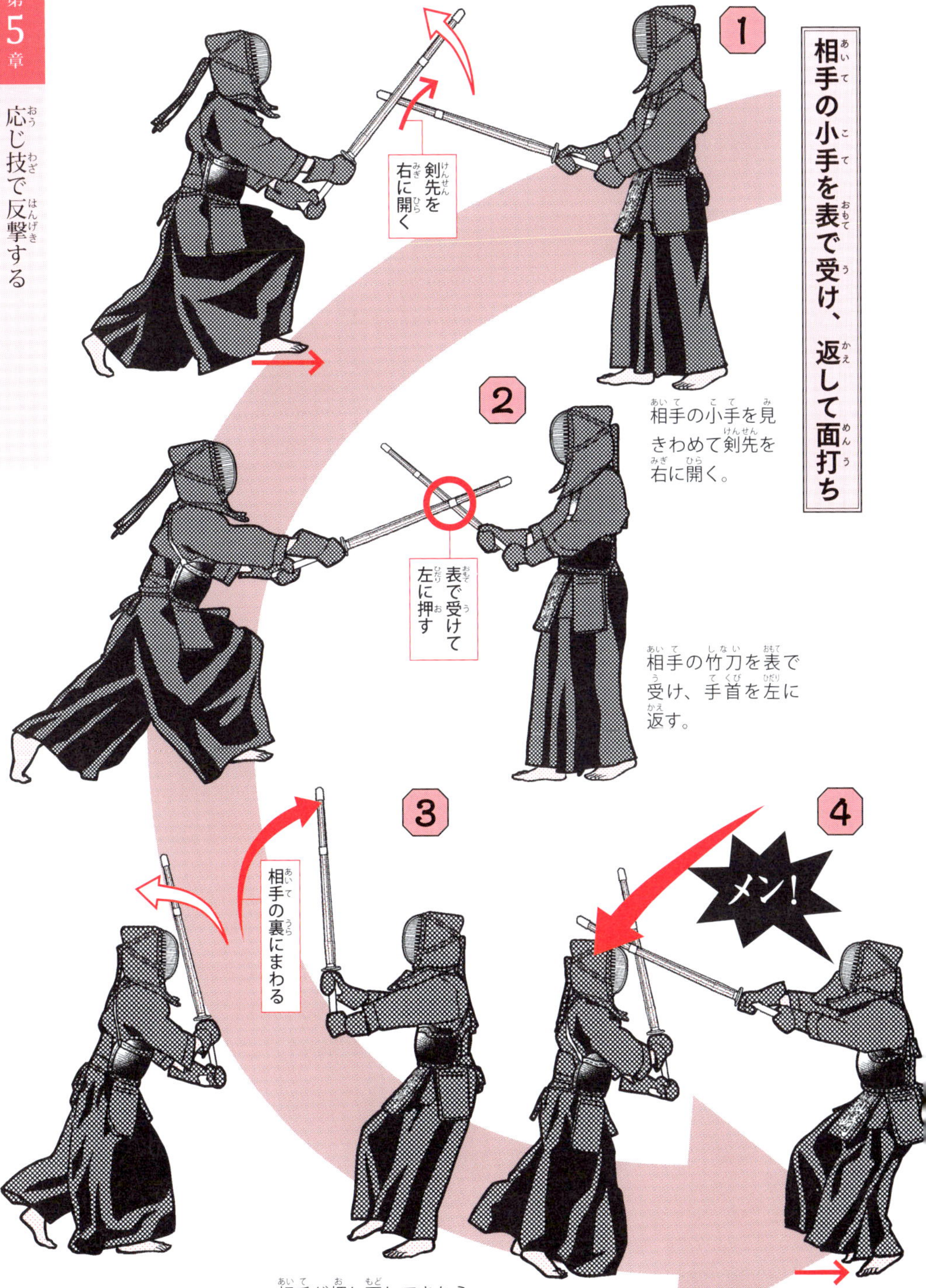

1 相手《あいて》の小手《こて》を見《み》きわめて剣先《けんせん》を右《みぎ》に開《ひら》く。

2 相手《あいて》の竹刀《しない》を表《おもて》で受《う》け、手首《てくび》を左《ひだり》に返《かえ》す。

3 相手《あいて》が押《お》し戻《もど》してきたら竹刀《しない》を振《ふ》り上《あ》げる。

4 すかさず面《めん》をたたき、引《ひ》き面《めん》のように下《さ》がる。

小手《こて》に
対《たい》する技《わざ》
3

小《こ》手《て》抜《ぬ》き面《めん》

1 **相手《あいて》の小手《こて》を抜《ぬ》いて面打《めんう》ち**

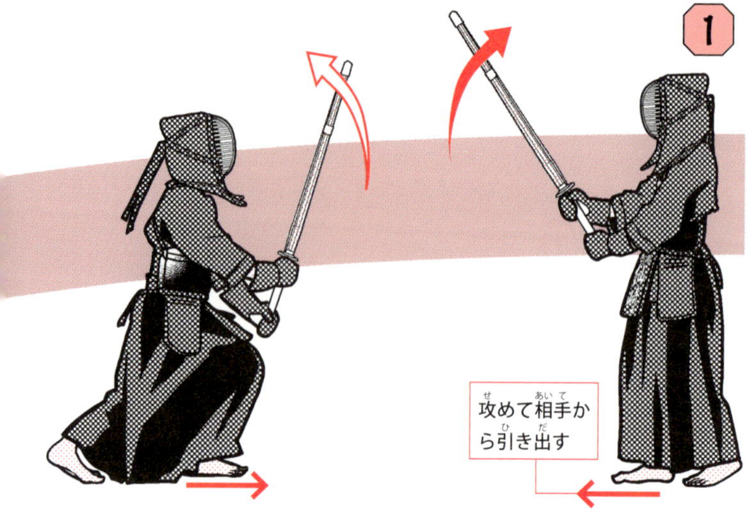

相手《あいて》の小手打《こてう》ちを見《み》きわめて竹刀《しない》を振《ふ》り上《あ》げる。

✕ **大《おお》きく振《ふ》り上《あ》げすぎる**

1 剣先《けんせん》が床《ゆか》を差《さ》すくらいに振《ふ》りかぶってしまっている。

2 相手《あいて》に時間的余裕《じかんてきよゆう》を与《あた》えてしまい、面《めん》が防《ふせ》がれる。

テーマ

相手《あいて》の小手打《こてう》ちが届《とど》かない高《たか》さに竹刀《しない》を振《ふ》り上《あ》げ、そのまま振《ふ》り下《お》ろして面《めん》をたたく。

小《こ》手抜《てぬ》き面《めん》は面抜《めんぬ》き胴《どう》（⇩P146）と同《おな》じように**相手《あいて》に「空《くう》を切《き》らせる」技《わざ》です。**小手《こて》を打《う》ってきたら竹刀《しない》を振《ふ》り上《あ》げて抜《ぬ》き、そのまま振《ふ》り下《お》ろして面《めん》をたたきます。

竹刀《しない》の振《ふ》り上《あ》げが小《ちい》さいと小手《こて》を当《あ》てられてしまうし、大《おお》きいとこちらの面打《めんう》ちを防《ふせ》がれてしまいます。**振《ふ》り上《あ》げは左《ひだり》こぶしが顔《かお》の高《たか》さにくるくらいが一般的《いっぱんてき》**ですが、その加減《げん》は稽古《けいこ》で身《み》につけましょう。

小手《こて》を打《う》った相手《あいて》がその場《ば》で止《と》まっているようなら前《まえ》に踏《ふ》み込み、向《む》かってくるようなら引《ひ》き面《めん》のように下《さ》がります。

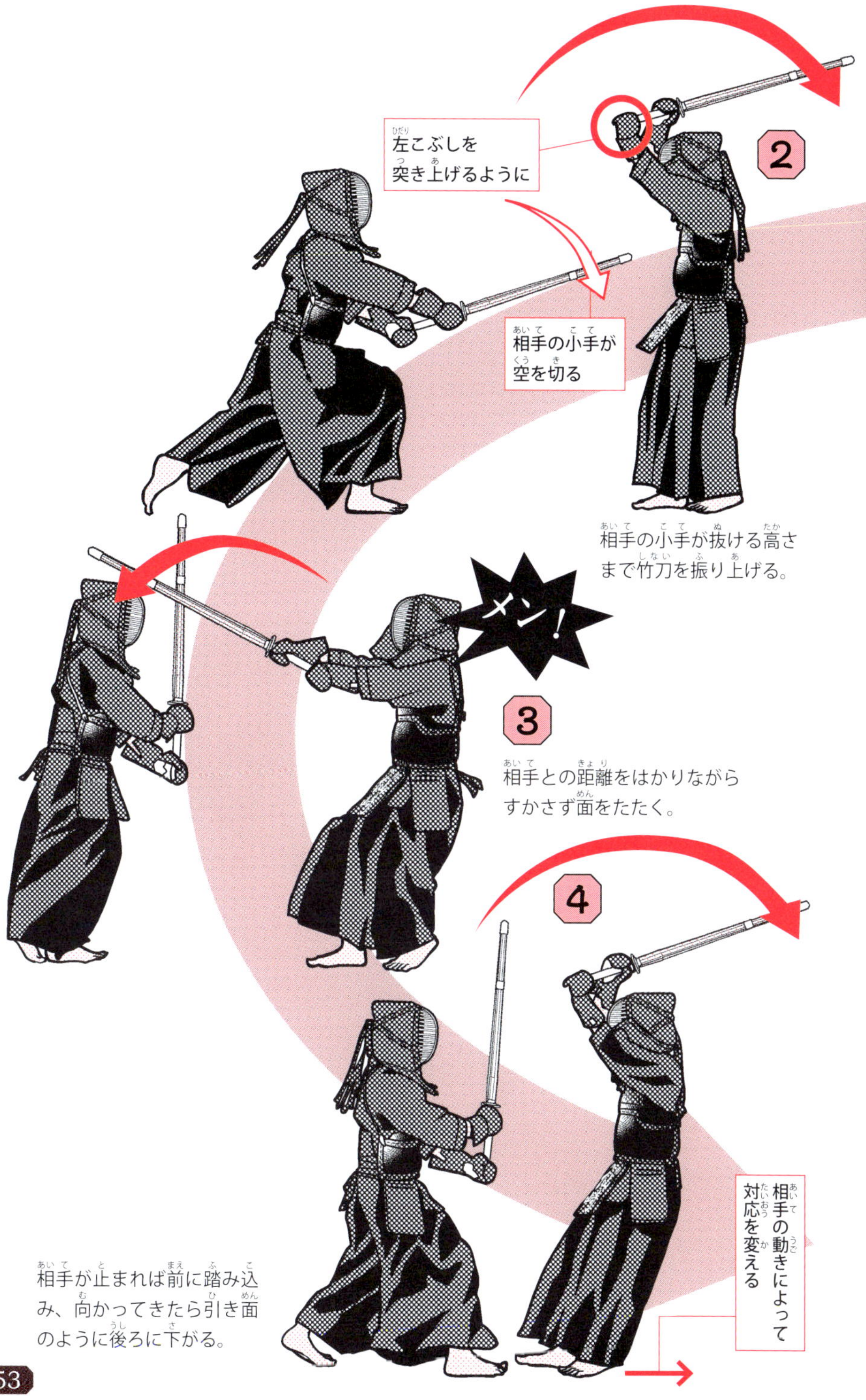

相手《あいて》の小手《こて》が抜《ぬ》ける高《たか》さまで竹刀《しない》を振《ふ》り上《あ》げる。

相手《あいて》との距離《きょり》をはかりながらすかさず面《めん》をたたく。

相手《あいて》が止《と》まれば前《まえ》に踏《ふ》み込《こ》み、向《む》かってきたら引《ひ》き面《めん》のように後《うし》ろに下《さ》がる。

防具《ぼうぐ》の名前《なまえ》を覚《おぼ》えよう！

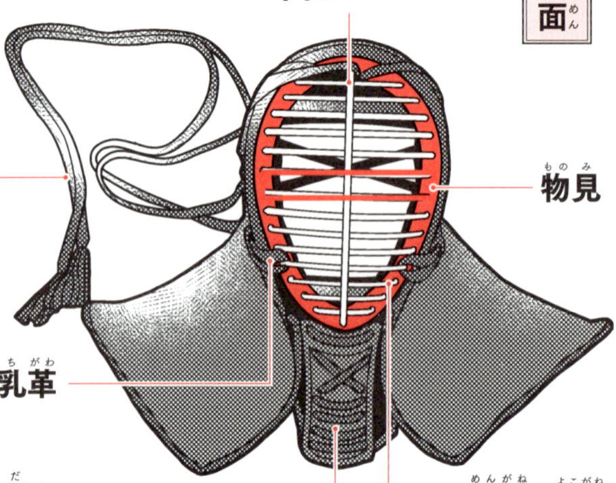
面《めん》
面金《めんがね》（縦金《たてがね》）
面紐《めんひも》
物見《ものみ》
面乳革《めんちがわ》
突垂《つきだ》れ
面金《めんがね》（横金《よこがね》）

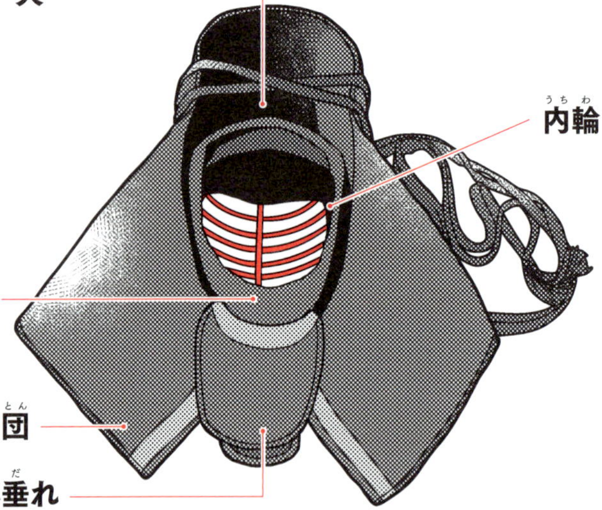
天《てん》
内輪《うちわ》
地《ち》
面布団《めんぶとん》
用心垂《ようじんだ》れ

竹刀《しない》で相手《あいて》を打《う》ちにいく剣道《けんどう》では、防具《ぼうぐ》は体《からだ》を守《まも》るためになくてはならないものです。

防具《ぼうぐ》には、頭《あたま》や顔《かお》を守《まも》る「**面**《めん》」、お腹《なか》や胸《むね》を守《まも》る「**胴**《どう》」、腰《こし》や股間《こかん》を守《まも》る「**垂**《た》**れ**」、手《て》や腕《うで》を守《まも》る「**甲手**《こて》」（注《ちゅう》：「小手《こて》打《う》ち」など決《き》まり手《て》や技《わざ》の名《な》前《まえ》の場合《ばあい》「小手《こて》」の字《じ》を使《つか》いますが、防具《ぼうぐ》の場合《ばあい》は「甲手《こて》」の文字《もじ》を使《つか》います）の4種類《しゅるい》があります。それぞれの防具《ぼうぐ》には、細《こま》かい部位《ぶい》を示《しめ》す名称《めいしょう》がついているので、イラストを参考《さんこう》にしてよく覚《おぼ》えておきましょう。

胴《どう》

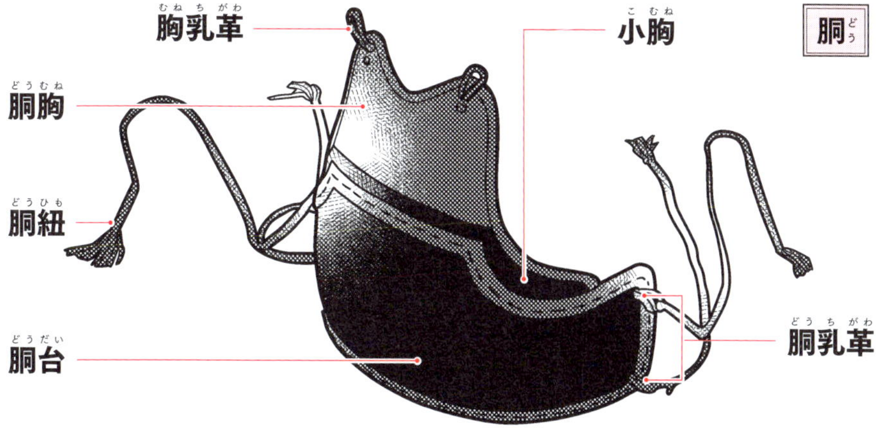
胸乳革《むねちがわ》
小胸《こむね》
胴胸《どうむね》
胴紐《どうひも》
胴台《どうだい》
胴乳革《どうちがわ》

甲手《こて》

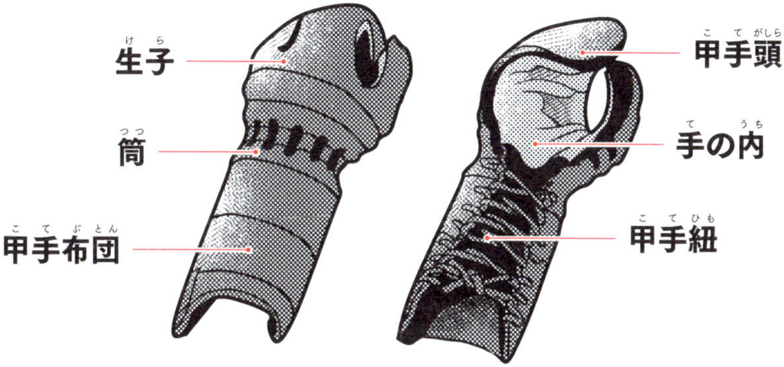
生子《けら》
筒《つつ》
甲手布団《こてぶとん》
甲手頭《こてがしら》
手の内《てのうち》
甲手紐《こてひも》

垂《た》れ

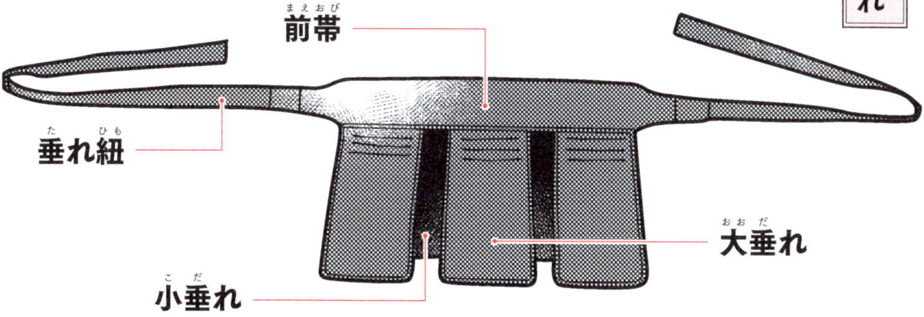
前帯《まえおび》
垂れ紐《たれひも》
大垂れ《おおだれ》
小垂れ《こだれ》

防具《ぼうぐ》と着装《ちゃくそう》 2

正《ただ》しい着装《ちゃくそう》

剣《けん》道《どう》では剣道着《けんどうぎ》を着《き》て、袴《はかま》をはき、垂《た》れ、胴《どう》、面《めん》、甲手《こて》といった防具《ぼうぐ》をつけます。これらを身《み》につけることを「着装《ちゃくそう》」といいます。礼儀《れいぎ》、型《かた》を重《おも》んじる剣道《けんどう》では、**きちんとした正《ただ》しい着装《ちゃくそう》を行《おこな》うことが上達《じょうたつ》への第一歩《だいいっぽ》といえます。**

首《くび》からえりが離《はな》れていたり、胴《どう》が曲《ま》がっていたり、だらしない格好《かっこう》は見《み》た目《め》が悪《わる》いだけでなく、強《つよ》そうにも見《み》えません。場合《ばあい》によっては、試合中《しあいちゅう》に審判《しんぱん》に注意《ちゅうい》されることもあります。強《つよ》い人《ひと》というのはすきのない正《ただ》しい着装《ちゃくそう》をしているものです。

剣道着《けんどうぎ》・袴《はかま》の正《ただ》しい着装《ちゃくそう》

えり
胸元《むなもと》でしっかりと合《あ》わせる
えり首《くび》
首《くび》に密着《みっちゃく》させる
背中《せなか》
ふくらまないようにする
胸《むね》ひも
横結《よこむす》びで結《むす》ぶ
すそ
くるぶしが隠《かく》れる程度《ていど》の長《なが》さ

剣道着《けんどうぎ》は体《からだ》に密着《みっちゃく》するようにひもを結《むす》ぶ。
袴《はかま》はすそが短《みじか》すぎたり、長《なが》くて引《ひ》きずったりしないように、最初《さいしょ》は鏡《かがみ》を見《み》ながら身《み》につけよう。

剣道着《けんどうぎ》の名称《めいしょう》

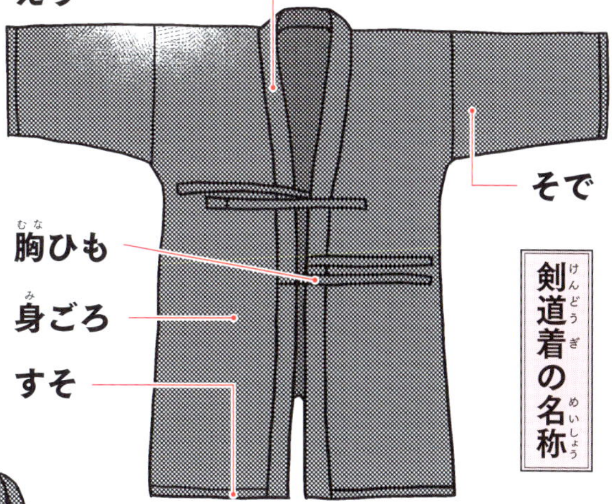
えり
そで
胸《むな》ひも
身《み》ごろ
すそ

袴《はかま》の名称《めいしょう》

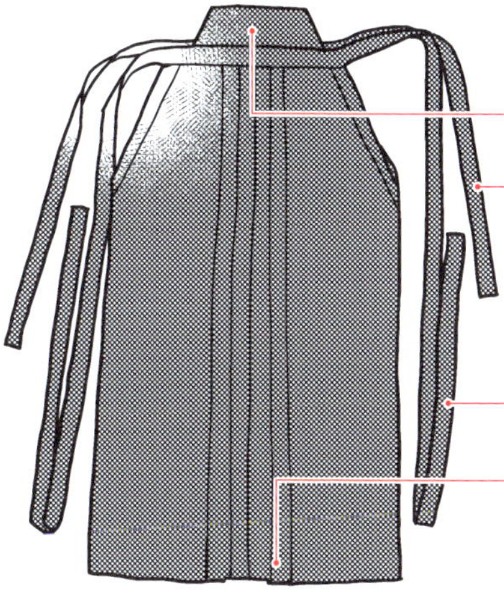
腰板《こしいた》
前《まえ》ひも
後《うしろ》ひも
ひだ

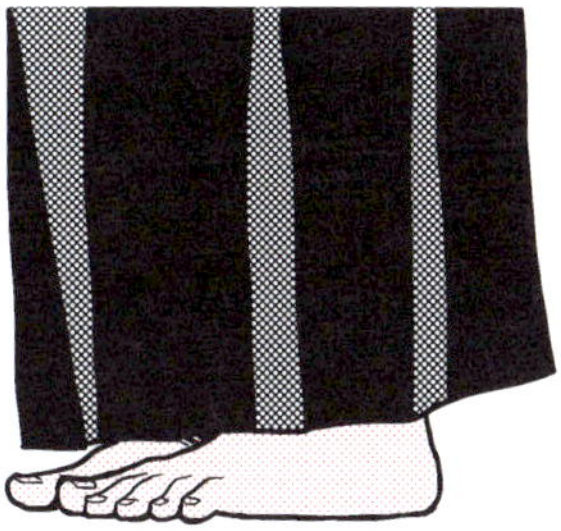

袴《はかま》は「前下《まえさ》がり後上《うしろあ》がり」が基本《きほん》。横《よこ》から見《み》て、袴《はかま》の前側《まえがわ》が下《さ》がるように調節《ちょうせつ》すること。

えりが開《ひら》く ✕

胸《むね》が見《み》えるほどえりを開《ひら》くと、だらしない感《かん》じになるので注意《ちゅうい》。

首《くび》とえりにすき間《ま》 ✕

首《くび》とえりの間《あいだ》が空《あ》かないように、剣道着《けんどうぎ》をしっかりと前《まえ》に寄《よ》せる。

防具《ぼうぐ》と着装《ちゃくそう》 3

竹刀《しない》の各《かく》部《ぶ》の名《な》前《まえ》と役《やく》割《わり》

江《え》戸《ど》時《じ》代《だい》まで、武《ぶ》士《し》は腰《こし》に大小《だいしょう》二本《にほん》の刀《かたな》を下《さ》げていて「刀《かたな》は武《ぶ》士《し》の魂《たましい》」といわれるほど大切《たいせつ》なものでした。

そして今《いま》でも**「竹刀《しない》は剣士《けんし》の魂《たましい》」**といっていいでしょう。竹刀《しない》を放《ほう》り投《な》げたり、野球《やきゅう》のバットのように振《ふ》り回《まわ》して遊《あそ》ぶことなく、**いつも大切《たいせつ》に扱《あつか》うようにしましょう。**

竹刀《しない》も防具《ぼうぐ》と同《おな》じように各《かく》部《ぶ》にいろいろな名称《めいしょう》がついています。稽古《けいこ》のときに先生《せんせい》が「剣先《けんせん》を上《あ》げて」などということも多《おお》いので、名称《めいしょう》とその役《やく》割《わり》をよく覚《おぼ》えてください。

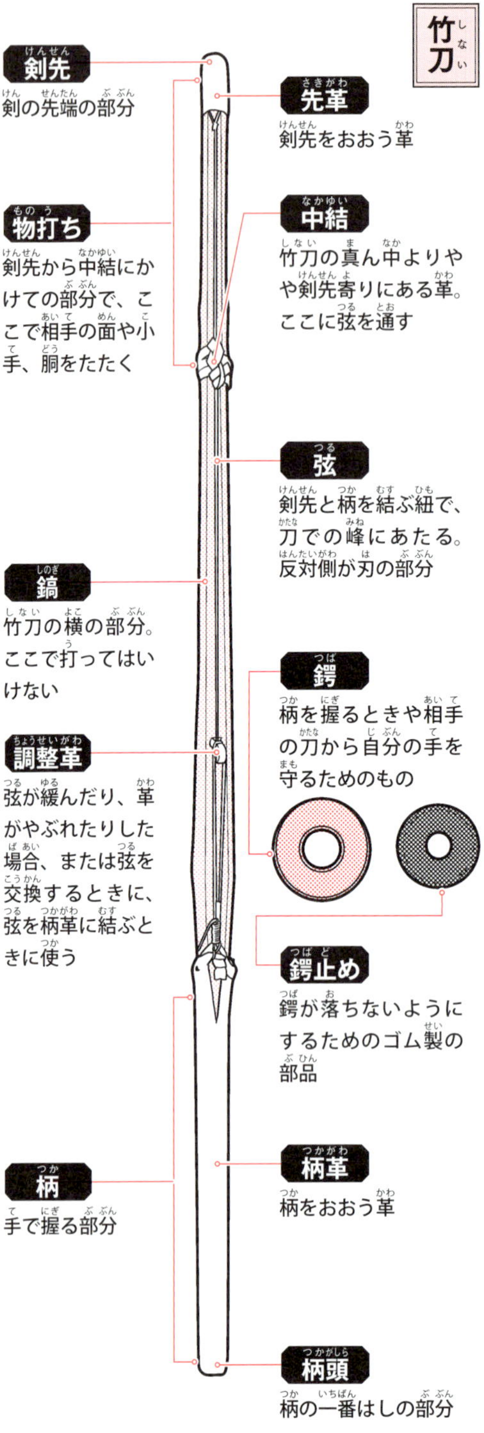
竹刀《しない》
剣先《けんせん》
剣《けん》の先端《せんたん》の部分《ぶぶん》
先革《さきがわ》
剣先《けんせん》をおおう革《かわ》
物打《ものう》ち
剣先《けんせん》から中結《なかゆい》にかけての部分《ぶぶん》で、ここで相手《あいて》の面《めん》や小《こ》手《て》、胴《どう》をたたく
中結《なかゆい》
竹刀《しない》の真《ま》ん中《なか》よりやや剣先寄《けんせんよ》りにある革《かわ》。ここに弦《つる》を通《とお》す
弦《つる》
剣先《けんせん》と柄《つか》を結《むす》ぶ紐《ひも》で、刀《かたな》での峰《みね》にあたる。反対側《はんたいがわ》が刃《は》の部分《ぶぶん》
鎬《しのぎ》
竹刀《しない》の横《よこ》の部分《ぶぶん》。ここで打《う》ってはいけない
鍔《つば》
柄《つか》を握《にぎ》るときや相手《あいて》の刀《かたな》から自分《じぶん》の手《て》を守《まも》るためのもの
調整革《ちょうせいがわ》
弦《つる》が緩《ゆる》んだり、革《かわ》がやぶれたりした場合《ばあい》、または弦《つる》を交換《こうかん》するときに、弦《つる》を柄革《つかがわ》に結《むす》ぶときに使《つか》う
鍔止《つばど》め
鍔《つば》が落《お》ちないようにするためのゴム製《せい》の部品《ぶひん》
柄革《つかがわ》
柄《つか》をおおう革《かわ》
柄《つか》
手《て》で握《にぎ》る部分《ぶぶん》
柄頭《つかがしら》
柄《つか》の一番《いちばん》はしの部分《ぶぶん》

●監修者《かんしゅうしゃ》

榎本松雄《えのもとまつお》

1962年《ねん》東京《とうきょう》生《う》まれ。剣道《けんどう》教士《きょうし》七段《ななだん》。東松舘道場《とうしょうかんどうじょう》を創設《そうせつ》した榎本松次《えのもとまつじ》氏《し》を祖父《そふ》に、榎本高幸《えのもとたかゆき》氏《し》を父《ちち》に持《も》ち、物心《ものごころ》ついたときから剣道《けんどう》をはじめる。高校《こうこう》は剣道《けんどう》の強豪校《きょうごうこう》である岐阜県《ぎふけん》の中京商業高校《ちゅうきょうしょうぎょうこうこう》（現《げん》、中京学院大学《ちゅうきょうがくいんだいがく》附属《ふぞく》中《ちゅう》京高等学校《きょうこうとうがっこう》）に単身《たんしん》で入学《にゅうがく》、寄宿舎生活《きしゅくしゃせいかつ》を送《おく》る。1981年《ねん》専修大学《せんしゅうだいがく》法学部《ほうがくぶ》に入学《にゅうがく》。卒業後《そつぎょうご》は家業《かぎょう》を営《いとな》みながら、1998年《ねん》に東松舘副舘長《とうしょうかんふくかんちょう》に、2014年《ねん》に舘長《かんちょう》に就任《しゅうにん》。たびたび全国制覇《ぜんこくせいは》を成《な》し遂《と》げるなど、少年剣道《しょうねんけんどう》の発展《はってん》と育成《いくせい》に励《はげ》んでいる。

東松舘道場《とうしょうかんどうじょう》：榎本松次《えのもとまつじ》氏《し》により昭和《しょうわ》43年設立《ねんせつりつ》。2代目舘長《だいめかんちょう》は高幸《たかゆき》氏《し》。現在《げんざい》は松《まつ》雄氏《おし》が3代目舘長《だいめかんちょう》を務《つと》め、全国大会《ぜんこくたいかい》でつねに優勝《ゆうしょう》をねらう強豪《きょうごう》、名門道場《めいもんどうじょう》である。

●制作《せいさく》スタッフ

マンガ・イラスト…………藤嶋美咲《ふじしまみさき》
マンガ原作《げんさく》…………………新川隆史《しんかわたかし》
執筆協力《しっぴつきょうりょく》……………………太宰由起子《だざいゆきこ》
編集協力《へんしゅうきょうりょく》……………………SOLONGO《ソロンゴ》企画《きかく》
本文《ほんぶん》デザイン………………熱田肇《あつたはじめ》（志岐《しき》デザイン事務所《じむしょ》）
DTP…………………………KG《ケージー》スカイ

012 ジュニアスポーツ

マンガでよくわかる 少年剣道《しょうねんけんどう》

2019 年 4 月 19 日　初版発行
2025 年 3 月 21 日　4 版発行

監修者　榎本松雄
発行者　鈴木伸也
発　行　株式会社 大泉書店
住　所　〒 105-0001　東京都港区虎ノ門 4-1-40
江戸見坂森ビル 4F
電　話　03-5577-4290(代)
F A X　03-5577-4296
振　替　00140-7-1742
印　刷・製　本
株式会社シナノ

URL http://www.oizumishoten.co.jp/

ISBN 978-4-278-04954-1　C0076